Trump
gegen den Deep State

1. Auflage August 2024

Copyright © 2024 bei
Kopp Verlag, Bertha-Benz-Straße 10, D-72108 Rottenburg

Satz und Layout: Mohn Media Mohndruck GmbH, Gütersloh
Umschlaggestaltung: Nicole Lechner

Coverabbildung: © Fulton County Sheriff's Office, Atlanta

ISBN: 978-3-98992-033-0

Gerne senden wir Ihnen unser Verlagsverzeichnis
Kopp Verlag
Bertha-Benz-Straße 10
72108 Rottenburg
E-Mail: info@kopp-verlag.de
Tel.: (0 74 72) 98 06-10
Fax: (0 74 72) 98 06-11

Unser Buchprogramm finden Sie auch im Internet unter:
www.kopp-verlag.de

Collin McMahon

Trump gegen den Deep State

Wie der Staatsapparat
und die Medien sich gegen Donald Trump
verschworen haben

KOPP VERLAG

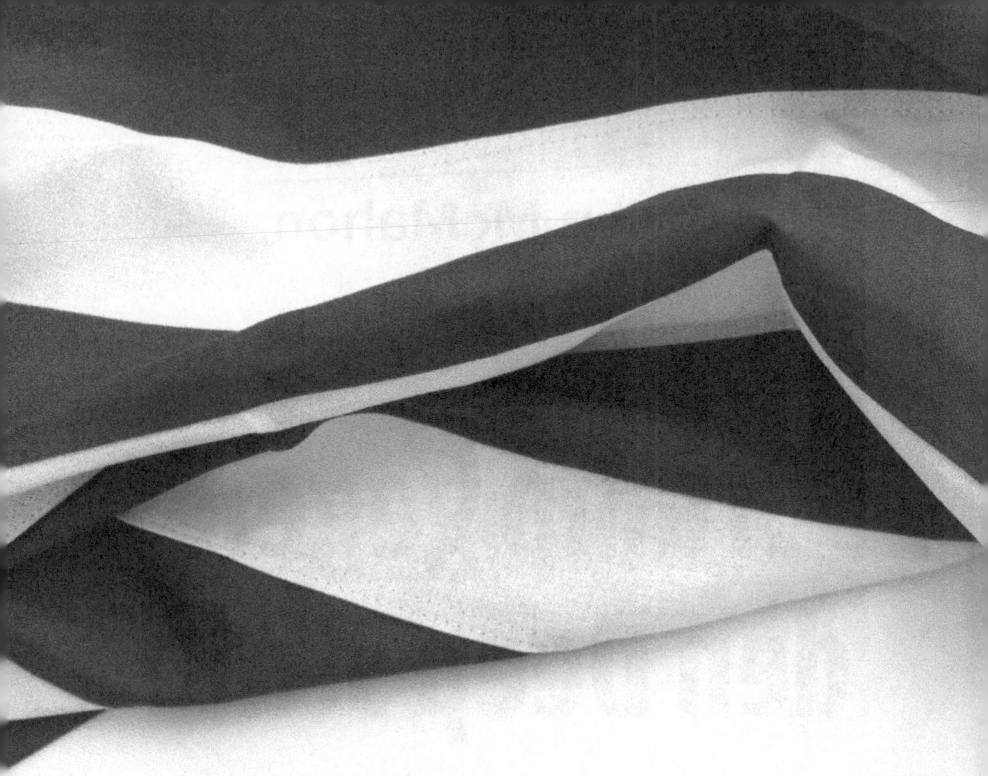

»Wenn mein Vater übers Wasser gelaufen wäre,
würden die Medien schreiben:
›Trump kann nicht schwimmen!‹«

Donald Trump Jr., Green Bay,
Michigan, 27. April 2019

Inhalt

Einleitung: Wenn man einen Sumpf trockenlegt, kommen Schlangen
und Krokodile heraus 12

TEIL 1 - »RUSSIAGATE«

Kapitel 1: Die Kabale beginnt 24

Das Steele-Dossier 26

Hat die deutsche Bundesregierung gegen
Donald Trump mitspioniert? 27

Der FISA-Lauschangriff 31

Antrag für einen Lauschangriff 33

Das Trump-Tower-Treffen 37

Kapitel 2: Lockvögel und Honigfallen 40

George Papadopoulos: im Visier des Deep State 40

Paul Manafort: die Ukraine-Connection 42

Die ukrainische Wahlmanipulation 44

Mike Flynn: Obamas Erzfeind 46

Flynn in London: Mit Russen zu reden ist kein Verbrechen 48

Alfa-Bank und der Hackerangriff auf Trump Tower 50

Kapitel 3: Der Präsident, der aus dem Nichts kam 53

Bill Clinton: »Du wirst diese Wahl verlieren und ahnst es nicht einmal« .. 53

Die Wahlnacht 2016 58

Das Trump-Derangiertheitssyndrom 61

Der Widerstand wird geboren 64

Der Plan, den Putsch weiterzuführen 67

»Ist das Ihre Absicht? Leaks gegen Trump?« 70

Der »Widerstand« ist ein gutes Geschäft 73

Kapitel 4: Das Oval Office Meeting **78**

Obama instrumentalisiert den Geheimdienstapparat

gegen Trump 78

Obamas Guerilla-Nachhut formiert sich 82

Trump erfährt vom FBI, was er in Moskau getan haben soll 85

»Die Flut kommt«: CNN und BuzzFeed veröffentlichen das

Steele-Dossier 87

»Pipigate«: Die deutschen Medien fallen darauf rein 89

Die internen FBI-Chats: »Trump hatte recht. Wir sind am Arsch« 91

Lisa Page und Peter Strzok: Stoppt Trump! 93

Kapitel 5: Der orchestrierte Sturz von General Mike Flynn **98**

Flynn weiß, wo die Leichen begraben sind 98

Barack Obamas schlimmster Albtraum: Flynn und Trump 104

Flynn telefoniert mit dem russischen Botschafter 105

Das Flynn-Verhör: »Lass uns einfach ein paar Jungs

rüberschicken« 110

»Wenn Flynn fällt, fallen alle« 113

Kapitel 6: Die Presse gegen den Präsidenten **119**

»Trump wurde zur Sucht« 119

»Ihr wisst, dass ihr unehrlich seid« 122

»Das sind Menschen, die wissen, wie man sich rächt, sogar

am Präsidenten der Vereinigten Staaten« 124

Die deutschen Medien gehen jedem Unsinn auf den Leim 126

Van Jones (CNN): »Das ist eine Riesenente« 129

»Was auch immer wir über Trump bringen, wird negativ sein« 130

TEIL 2 – DIE ERSTE AMTSZEIT DES DONALD TRUMP: DER »PERMANENTE PUTSCH«

Kapitel 7: Das Nunes-Memo **136**

8 Tage im Mai 136

Die Mueller-Kommission 140

Devin Nunes: ein Milchbauer gegen den Tiefen Staat 144

Aus »Russiagate« wird »Spygate« 146

John Kornblum: das freundliche Gesicht der Anti-Trump-
Verschwörung im deutschen Fernsehen 152

Die Diebe rufen: »Haltet den Dieb« 155

Die Bombe platzt 157

Kapitel 8: Die Mueller-Kommission steht mit leeren Händen da **162**

»Die Untersuchung konnte nicht belegen, dass sich
Mitglieder der Trump-Kampagne mit der russischen
Regierung verschworen haben« 163

Bill Barr: »Ja, es wurde spioniert« 167

Horowitz und Durham: Die Großen lässt man laufen 169

»Die Durham-Ermittlung ist eine Farce« 171

Kapitel 9: »Ukrainegate« – der Putsch geht weiter **175**

Die Ukraine: das korrupteste Land Europas 175

Das Biden-Obama-Korruptionsnetzwerk und der Ukrainekrieg 178

Das perfekte Telefonat 181

»Hat sich Trump Wahlkampfhilfe im Ausland beschafft?« 185

CIA-»Whistleblower« Eric Ciaramella 188

»Schummel-Schiff« erfindet ein alternatives Telefonat 191

Kapitel 10: Internetzensur - Wir mussten die Demokratie zerstören, um sie zu retten **196**

Cambridge Analytica: Wie George Soros und der *Guardian* den »Facebook-Skandal« inszenierten 198

Mike Benz: Sie fühlten sich von der Demokratie bedroht 201

TEIL 3 – DAS WAHLJAHR 2020

Kapitel 11: Die Farbrevolution **208**

Corona und die Briefwahl 209

2000 Briefwahlsammler 215

Von Charlottesville zu Black Lives Matter 218

Der virale Tod des George Floyd 219

Kapitel 12: Die Wahlen werden »abgesichert« und »beschützt« **226**

Das Transition Integrity Project 227

Kapitel 13: Der Wahlbetrug **233**

Wahlnacht 2020: »Wir haben gewonnen« 233

Atlanta, Georgia: Rollkoffer voller Stimmen 236

Detroit, Michigan: das TCF-Wahlzentrum 238

Pennsylvania: »In Philadelphia passieren üble Dinge« 240

Wisconsin und Arizona: »Ich wette, du hattest diese Stimmen um Mitternacht längst ausgezählt und wolltest es einfach spannend machen!« 243

Der Navarro-Bericht 245

Berge von Beweisen 246

TEIL 4 – DER PUTSCH GELINGT

Kapitel 14: Der Sturm auf das Kapitol **251**

»Friedlich und patriotisch zum Kapitol marschieren« 252

»Ich rufe alle am Kapitol auf, friedlich zu bleiben. Keine Gewalt!« 255

Der »QAnon-Schamane« Jacob Chansley 258

Kapitel 15: Bleierne Zeit: die Biden-Jahre **262**

Die Gefangenen des 6. Januar 262

Die Nationalgarde besetzt Washington 263

Die zweite Amtsenthebung 264

Der J6-Ausschuss 265

Razzia in Mar-a-Lago 268

Die völlige Instrumentalisierung der Justiz: 4 Prozesse und
91 Anklagepunkte im Wahljahr 2024 269

Bibliografie **274**

Endnoten **277**

Index **324**

Wenn man einen Sumpf trockenlegt, kommen Schlangen und Krokodile heraus

»Wenn man sich mit den Geheimdiensten anlegt, haben sie zig Möglichkeiten, es einem heimzuzahlen. Selbst für einen hemdsärmeligen, anpackenden Geschäftsmann [wie Trump], ist es wirklich dumm, sich mit [den Diensten] anzulegen.«

Senator Chuck Schumer zu Rachel Maddow, MSNBC, 4. Januar 2017

Wir schreiben das Jahr 2024. Seit 8 Jahren versuchen Politik und Presse zusammen mit Geheimdiensten, Polizei und Justiz zu verhindern, dass Donald J. Trump Präsident der USA wird.

Am 8. November 2016 hatte ein völliger Außenseiter mit einer Siegeschance von nur 15 Prozent[1] die US-Wahl gewonnen: Donald Trump. Doch noch schlimmer als dieser überraschende Sieg war seine Absichtserklärung, die US-Geheimdienste zu reformieren, gute Beziehungen zu Russland zu pflegen, die »immerwährenden Kriege« der USA zu beenden und den Einfluss des »militärisch-industriellen Komplexes« zu verringern. So begann eine noch nie da gewesene Kampagne des Staatsapparates, der US-Geheimdienste, der sogenannten »Nichtregierungsorganisationen« (Non-Governmental Organizations, NGOs) und aller großen Medien, den gewählten Präsidenten der Vereinigten Staaten zu sabotieren, zu diffamieren, zu diskreditieren, zu stürzen und vielleicht sogar einzusperren.

Als Donald Trump, der Baulöwe, Realitystar und ultimative Washington-Außenseiter ohne politische Erfahrung, versprach, den »Sumpf«[2] der Korruption in Washington trockenzulegen, hatte er vermutlich unterschätzt, wie viele Schlangen aus diesem Sumpf gekrochen kommen würden – und wie giftig sie sein würden.

Schon während des Wahlkampfs 2016 hatte die Clinton-Kampagne zusammen mit dem Justizministerium der Obama-Regierung unter fadenscheinigen Vorwänden das FBI (Federal Bureau of Investigation) instrumentalisiert, um einen Lauschangriff gegen die Trump-Kampagne zu starten, der die Watergate-Affäre wie eine Lappalie aussehen ließ. Nachdem dieser Lauschangriff nicht gefruchtet hatte, implantierte Barack Obama in den obersten Rängen der US-Regierung eine Guerillatruppe (militärisch: Stay-Behind-Netzwerk),[3] die auf historisch nie da gewesene Weise den Staatsapparat gegen den amtierenden Präsidenten mobilisieren sollte.

Bei einem Meeting im Weißen Haus am 5. Januar 2017 traf sich der scheidende Präsident Barack Obama mit Vizepräsident Joe Biden, der Justizministerin, der Nationalen Sicherheitsberaterin und den Geheimdienstchefs, um zu beschließen, wie die Geheimdienstkampagne gegen Donald Trump nach der Obama-Regierung weitergehen sollte.

Am Tag danach, am 6. Januar 2017, gab die CIA (Central Intelligence Agency) ein Memo heraus, in dem behauptet wurde, Russland habe sich in die Wahl 2016 eingemischt, und noch an demselben Tag verkündete das Heimatschutzministerium (United States Department of Homeland Security, DHS), Wahlen gehörten jetzt genauso zur »kritischen Infrastruktur« wie Kernkraftwerke und Stromleitungen und müssten deshalb von der Regierung »geschützt« werden. Damit war die Basis für den Einsatz von US-Regierung und Geheimdiensten gegen den Oberbefehlshaber sowie dessen Wähler, Unterstützer und Mitarbeiter gelegt.

Nur wenige Tage später veröffentlichte das Internetportal BuzzFeed[4] das sogenannte »Steele-Dossier«, das von der Clinton-Kampagne in

Auftrag gegeben worden war und dem neuen Präsidenten Donald Trump unter anderem obszöne Sexpraktiken in einem Moskauer Hotel vorwarf. Der US-amerikanische Fernsehsender CNN[5] folgte am 17. Januar 2017, und die deutschen Medien hatten diesen Unsinn bereits am 11. Januar übernommen – einen Unsinn, von dem man jetzt weiß, dass ihn die Clinton-Detektei Fusion GPS und der Wahlfälschungsanwalt Marc E. Elias lanciert hatten, um Trump zu schaden.

»Besonders schockierend« sei, schrieb Clemens Wergin in der *Welt*, »eine Szene, die sich im ›Ritz-Carlton‹-Hotel in Moskau zugetragen haben soll. Demnach soll Trump mit Bedacht die Suite angemietet haben, die die Obamas bei einem ihrer Besuche benutzt haben sollen. Trump soll eine Gruppe von Prostituierten angeheuert haben, um das von den Obamas benutzte Bett zu ›besudeln‹.«[6] Belege? Keine.

Am 24. Januar 2017 trafen sich der Trump-feindliche FBI-Agent Peter Strzok und ein Kollege mit Trumps neuem Nationalen Sicherheitsberater, dem dekorierten General »Mike« Flynn (Michael Thomas Flynn). Flynn hatte sich 2014 mit Obama überworfen, weil Obama die Bedrohung durch den Islamischen Staat (IS) als untere Liga abgetan hatte. Daraufhin hatte Flynn im Wahlkampf 2016 geschworen, im US-Geheimdienstapparat gründlich aufzuräumen.

Ohne ihn darüber aufzuklären, dass der Besuch in Wahrheit ein Verhör war, und ohne Anwalt lockte Strzok Flynn in eine Meineidfalle bezüglich eines Telefonats mit dem russischen Botschafter Sergej Kisljak. Da Flynn sich wohl nicht in der Pflicht sah, einem subalternen FBI-Agenten gegenüber Rechenschaft abzulegen, leugnete er die Inhalte des Gesprächs und musste nach durchgestochenen Presseberichten am 13. Februar 2017 zurücktreten. Als das FBI drohte, seinen Sohn in Haft zu nehmen, den sie ebenfalls abgehört hatten, ließ sich Flynn am 1. Dezember 2017 auf ein Schuldeingeständnis ein. Flynn verlor sein Haus, seinen Job und seinen Ruf. Er wurde erst 2020 rehabilitiert.

Dies war der Beginn der sogenannten »Russiagate«-Affäre, bei der Donald Trump völlig grundlos verdächtigt wurde, eine »Marionette

Putins«[7] zu sein, welcher auf nebulöse Weise die Wahl 2016 beeinflusst haben sollte. Trump sprach – wohl zu Recht – von einem »Putschversuch«. Nach einer 2-jährigen Untersuchung durch neunzehn Anwälte und vierzig FBI-Agenten mit 2800 Vorladungen, 500 Durchsuchungen und 500 Zeugenbefragungen musste Sonderermittler Robert Swan Mueller III. in seinem Abschlussbericht vom 22. März 2019 gestehen, dass es »keine Beweise für eine Beteiligung des Präsidenten an russischer Wahlbeeinflussung« gab.[8]

An Muellers Untersuchung schlossen sich nahtlos Vorwürfe gegenüber Donald Trump an, er hätte bei einem Telefonat den neu gewählten ukrainischen Präsidenten Wolodymyr Selenskyj unter Druck gesetzt, gegen den Sohn seines politischen Herausforderers Joe Biden zu ermitteln. Der drogenabhängige Hunter Biden hatte von 2014 bis 2016 von der dubiosen ukrainischen Erdgasfirma Burisma Holdings jährlich eine Million Dollar für unklare Tätigkeiten erhalten, während sein Vater dafür sorgte, dass die Ermittlungen gegen Burisma eingestellt wurden. Die Firma hatte 2014 ihre lukrativen Schürfrechte am Schiefergas im Schwarzmeer verloren, als Russland die Krim besetzte. Sobald Joe Biden nicht mehr Vizepräsident war, wurden diese Zahlungen halbiert und dann ganz ausgesetzt.

Zeitgleich erdreistete sich ein nebulöses Netzwerk aus ukrainischen Nichtregierungsorganisationen, unter denen viele Verbindungen zur US-Regierung, der EU und den Open Society Foundations hatten, dem neuen ukrainischen Präsidenten in einem offenen Brief rote Linien aufzuzeigen, die dieser nicht überschreiten dürfe. Selenskyj war ja mit Unterstützung des mutmaßlichen Burisma-Eigentümers Ihor Kolomojskyj als Friedenskandidat gegen den bisherigen ukrainischen Präsidenten Petro Poroschenko angetreten. In ihrem Brief warnten die Soros-NGOs vor Friedensverhandlungen mit Russland, einer Abkehr vom NATO-Beitritt und der Anerkennung von Russisch als zweite Landessprache der Ukraine. Ansonsten drohe »politische Instabilität« – eine kaum verhohlene Putschankündigung.[9] Dieser

»Rote-Linien-Brief« wurde vom Ukraine Crisis Media Center (UCMC) aufgesetzt, aus dem 2016 auch die ersten Vorwürfe herrührten, dass Donald Trump ein »russischer Agent« sei.

Aufgrund dieser schwammigen Ukraine-Bezichtigungen wurde ein Amtsenthebungsverfahren gegen den amtierenden Präsidenten angestrengt, das keinerlei Aussicht auf Erfolg hatte, da zwei Drittel der Stimmen im Senat nötig gewesen wären. Es stellte sich heraus, dass der Whistleblower hinter diesen Vorwürfen ein CIA-Agent war, der für Joe Biden gearbeitet hatte. Die anderen Hauptzeugen waren ukrainischstämmige Trump-Gegner aus dem Pentagon.

Sobald Trump am 5. Februar 2020 durch den Senat entlastet worden war, stand die nächste Intrige in den Startlöchern. Das Ende 2019 ins Leben gerufene und durch den deutsch-amerikanischen Milliardär und Ex-Karstadt-Eigentümer Nicolas Berggruen finanzierte Transition Integrity Project (»Projekt zur Integrität des Übergangs«) hatte Pläne geschmiedet, wie man einen weiteren Wahlsieg Donald Trumps verhindern könne. Anwalt Marc Elias und die Demokraten nutzten 2020 die Coronalockdowns, um weitgehende Änderungen des Wahlrechts in den US-Bundesstaaten durchzudrücken. Illegalerweise geschah dies an den Parlamenten vorbei und führte zu einer massiven Zunahme der Briefwahl, wobei Millionen Briefwahlzettel unaufgefordert an US-Bürger verschickt wurden.

Die Demokraten instrumentalisierten den Tod des drogenabhängigen Kleinkriminellen George Floyd, der am 25. Mai 2020 in Polizeigewahrsam an einer Überdosis Fentanyl gestorben war, um landesweite Rassenunruhen loszutreten, bei denen mindestens 25 Menschen getötet, 700 Polizisten verletzt und 2 Milliarden Dollar Sachschaden verursacht wurden.

Als Black-Lives-Matter-Randalierer am 31. Mai 2020 in Washington die 200 Jahre alte St. John's Church anzündeten und das Weiße Haus attackierten, sodass der Präsident in den Sicherheitsbunker gebracht werden musste, machten sich die Systemmedien darüber lustig und warfen Trump vor, den Vorfall medial auszuschlachten und die Nationalgarde auf vermeintlich friedliche Demonstranten zu hetzen.

In der Wahlnacht vom 3. auf den 4. November 2020 lag Trump jedoch entgegen allen Umfragen der Systemmedien um Mitternacht überraschenderweise vorne. Um 2:30 Uhr trat der Präsident vor die Kameras und warnte, etwas stimme nicht, denn in allen wichtigen Swing States (»Wechselwählerstaaten«) hatte man die Auszählung plötzlich gestoppt. In den USA herrscht nämlich das Mehrheitswahlrecht, das heißt der Kandidat mit den meisten Stimmen gewinnt den gesamten Bundesstaat. Da einige Bundesstaaten in der Regel immer demokratisch (»links«) stimmen und andere republikanisch (»rechts«), gilt es bei der Wahl, diejenigen Bundesstaaten zu gewinnen, die mal links und mal rechts wählen.

Es war genau das Szenario, für das sich das Transition Integrity Project seit Juni 2020 vorbereitet hatte: Was geschieht, wenn es in der Wahlnacht eine »rote Fata Morgana«,[10] eine scheinbare Flut von Stimmen für Donald Trump, gibt? Und was, wenn ein solcher Trump-Sieg bei der Auszählung der Briefwahlstimmen in den Folgetagen wieder gekippt würde?

Wie Hillary Clinton im August 2020 sagte: »Was auch immer passiert, Joe Biden sollte sich unter keinen Umständen geschlagen geben, denn ich glaube, das wird sich hinziehen.«[11] Trump-Intimus Stephen Kevin »Steve« Bannon sagte dazu später in einer seiner zahlreichen Sendungen, dies sei ein Hinweis für den gealterten Joe Biden gewesen, damit er die Situation auch ja kapiere.

Während der nächsten 2 Monate beeilten sich das Weiße Haus und das Trump-Lager, Beweise für einen Wahlbetrug zu präsentieren. Obwohl Trump-Berater wie Rudy Giuliani und Peter Navarro Berge von Belegen und Zeugenaussagen sammelten, wurden diese von den Systemmedien völlig ignoriert, mit dem Zirkelschluss: Da es keine Beweise für einen Wahlbetrug geben könne, müsse man sich, falls dergleichen auftauchten, diese gar nicht erst ansehen.

Am 3. Dezember präsentierte die Trump-Sprecherin Jacki Pick vor dem Senatsausschuss von Georgia ein Überwachungsvideo aus der State Farm Arena, dem Auszählungszentrum von Atlanta, auf dem zu sehen war, wie die Wahlleiter um 22:25 Uhr alle Wahlbeobachter und die Presse heimschickten. Bis etwa 23:00 Uhr hatten bis auf vier Mitarbeiter alle den Raum verlassen. Diese zogen ab 23:02 Uhr vier Rollkoffer voller Stimmzettel unter einem Tisch hervor, fuhren sie zu den Auszählungstischen, nahmen stapelweise Stimmzettel aus den Koffern und jagten sie – wie es schien zum Teil mehrmals – durch die Zählmaschinen. Das Ganze dauerte bis etwa 00:50 Uhr morgens.

Um 1:34 Uhr am 4. Dezember kamen in Georgia auf einen Schlag 136 155 Stimmen für Joe Biden dazu, für Donald Trump aber nur 29 115. Trumps scheinbar uneinholbarer Vorsprung in Georgia war verschwunden. Dabei ist es unzulässig, Stimmen ohne die Anwesenheit von Wahlbeobachtern auszuzählen.

Niemand, der dieses Video angeschaut hat, kann allen Ernstes behaupten, es gehe hier mit rechten Dingen zu. Doch nur die Allerwenigsten haben es gesehen, da es von YouTube immer wieder gelöscht wird.[12]

Seitdem sind immer mehr Indizien für Unregelmäßigkeiten bei der Wahl 2020 ans Licht gekommen. Dazu gehören die 419 Millionen Dollar, die Facebook-Chef Mark Zuckerberg für »Wahlsicherung« ausgegeben hat,[13] sowie Video- und Handyüberwachungsdaten, die zeigen, wie Stimmzettelkuriere Briefwahlkästen mit Bündeln von Stimmen vollstopften.[14] Aufgrund dieser Berge von Beweisen setzte sich unter Trump-Wählern die Erkenntnis durch, dass die Wahl von 2020 manipuliert, wenn nicht sogar gestohlen worden war.

Am 6. Januar 2021 versammelten sich in Washington Hunderttausende von Trump-Anhängern, um gegen die Zertifizierung der vermeintlich gestohlenen Wahl zu demonstrieren. Der amtierende Präsident Donald Trump präsentierte in einer 74-minütigen, ungewohnt sachlichen und trockenen Rede alle Beweise für Unregelmäßigkeiten, die sein Team um Rudy Giuliani und Peter Navarro zusammengetragen hatte. Am Ende der Rede um 13:12 Uhr forderte er seine Zuhörer auf, »friedlich und patriotisch« zum Kapitol zu marschieren, um dort gegen den Wahlbetrug und für die Demokratie zu protestieren.

Doch zu diesem Zeitpunkt hatte der sogenannte »Sturm auf das Kapitol« längst begonnen, nämlich genau um 12:54 Uhr. Dennoch wurde von den Demokraten noch nach Ablauf von Trumps Amtszeit ein zweites, ebenso erfolgloses Amtsenthebungsverfahren gegen Trump angestrengt.

Am 11. Januar 2022 befragte Senator Ted Cruz vor dem Justizausschuss des US-Senats die FBI-Vizedirektorin Jill Sanborn, ob das FBI am 6. Januar 2021 Agenten vor Ort gehabt habe, die zu Straftaten aufriefen oder daran beteiligt waren. Sanborn verweigerte die Aussage. Cruz fragte Sanborn, ob der Demonstrant Ray Epps ein FBI-Agent war und ob er mithalf, Zäune und Absperrungen um das Kapitol zu entfernen. Auch hierzu verweigerte Sanborn die Aussage. Dabei wäre ein Dementi sehr einfach gewesen.[15]

Als Joe Biden dann am 20. Januar 2021 als 46. Präsident der Vereinigten Staaten vereidigt wurde, startete er eine bespiellose Kampagne, den Staat und das Justizministerium gegen die politische Opposition zu instrumentalisieren, und führte bei Dutzenden von Trump-Mitstreitern Razzien durch. Die Regierung und das Militär wurden von vermeintlich Rechtsextremen gesäubert. Transkritische Eltern und Christen wurden vom FBI als »inländische Terroristen« verfolgt.

Im Kongress versuchten die Demokraten am 9. Februar 2021, Donald Trump nachträglich seines Amtes zu entheben, und richteten einen rein parteipolitisch besetzten Schauprozess ein, um ihn der Aufwiegelung zum Putsch zu beschuldigen. Als der betreffende Ausschuss zu keinem Ergebnis kam, veranstalteten sie im Anwesen des Amtsvorgängers eine Razzia und nutzten diese dazu, vier Prozesse und 91 Anklagen gegen den ehemaligen Präsidenten und führenden Kandidaten im Präsidentschaftswahlkampf 2024 anzustrengen.

Doch auch dies half nichts. Es zeigte sich nur deutlich, wie die Demokraten den Justiz- und Staatsapparat immer dreister missbrauchten, um den politischen Gegner zu bekämpfen. Offensichtlich fürchteten sie sich davor, was passieren würde, wenn die amerikanischen Wähler den verhassten »Orange Man«[16] wieder ins Weiße Haus wählten. Denn dann würde er vermutlich anpacken, was er 2016 versprochen hatte: den Sumpf trockenzulegen.

TEIL 1

»Russiagate«

»Wenn ich Ihnen 2016 gesagt hätte, dass eine der beiden großen politischen Parteien die Geheimdienst- und Justizbehörden, die CIA und das FBI, gegen ihren politischen Gegner instrumentalisieren würde, und dass diese Bundesbehörden im Einklang mit einem Geheimgericht und den Systemmedien arbeiten würden, um die größte kriminelle Verschwörung der US-Geschichte umzusetzen, nämlich einen Präsidenten und seine Kampagne aufgrund völlig falscher und fingierter Beweise auszuspionieren, hätten Sie das geglaubt? Und das in den USA? Ich auch nicht.

In der gesamten US-Geschichte ist so etwas noch nie vorgekommen. Unter normalen Umständen hätte dieser Skandal das Vertrauen eines jeden Amerikaners in das FBI erschüttern sollen. Doch da es um Donald Trump ging, schufen die Fake-News-Medien ein enormes, destruktives Lügengebäude, um den Wahlkampf der Demokraten zu unterstützen.«[17]

Kash Pramod Patel, Government Gangsters

KAPITEL 1

Die Kabale beginnt

Am 15. Juni 2015 kam der Immobilienunternehmer Donald Trump in seinem Trump Tower in Manhattan in Begleitung seiner Topmodel-Ehefrau Melania Trump die goldene Rolltreppe hinabgefahren, um der versammelten Presse seine Kandidatur zum Präsidenten der Vereinigten Staaten zu erklären. Er warf der US-Politik vor, die Geisel der Lobbyisten zu sein, endlose Kriege im Ausland anzuzetteln und Freihandelsabkommen mit Ländern wie China und Mexiko zu schließen, was nur den Konzernen, aber nicht den US-Bürgern zum Vorteil gereiche. Und er versprach, statt des politischen Establishments in Washington wieder die Bürger an erste Stelle zu setzen.

In Washington klingelten alle Alarmglocken. Hier kündigte ein unberechenbarer Außenseiter an, mit dem Filz und der Korruption aufzuräumen. Trump wollte Politik im Sinne des Wählers machen und nicht im Sinne der außenpolitischen »Blase«, wie Obama-Berater Ben Rhodes sie nannte, diesem überparteilichen Komplex aus Pentagon, Außenministerium und Geheimdiensten, der hinter den Kulissen in Washington die Fäden zog. Präsident Dwight D. Eisenhower nannte sie in seiner Abschiedsrede 1961 den »militärisch-industriellen Komplex« und warnte vor einer Kaste der Technokraten, die die Macht in Washington übernehmen würden.[18] Eisenhowers Nachfolger John F. Kennedy wurde 2 Jahre später erschossen, nachdem er geschworen hatte, den US-Geheimdienst CIA »in tausend Stücke zu zerteilen und in alle Winde zu verstreuen«.[19]

Seitdem hatten das Außenministerium, die CIA, das Pentagon und besagte »Blase« auf der ganzen Welt eine Machtstruktur aufgebaut, die Medien beeinflussen und Regierungen stürzen konnte. Von 1961 an geschah dies über die Entwicklungshilfeagentur USAID (United States Agency for International Development) und von 1983 an über die »unabhängige« Stiftung National Endowment for Democracy (NED, »Nationale Stiftung für Demokratie«), die mithilfe eines Netzwerks aus vermeintlich zivilgesellschaftlichen Nichtregierungsorganisationen (NGOs) auf der ganzen Welt amerikanische Macht ausstrahlte. Oft passierte dies in Zusammenarbeit mit dem ungarisch-amerikanischen Großspender George Soros, der in Osteuropa seit den 1980er-Jahren in Zusammenarbeit mit der NED seine Open-Society-Stiftungen in allen Ländern des Ostblocks etablierte und zum Ende des Kommunismus beitrug. Soros hatte sich in den 1970er- und 1980er-Jahren auf die Devisenspekulation mit Ostblockwährungen spezialisiert und konnte enorm davon profitieren, wenn er wusste, welche Regierungen und Währungen die CIA als Nächstes destabilisieren würde.[20]

So bildete sich ein weltweites Netzwerk aus NATO-nahen Thinktanks und NGOs heraus, um die Agenda des US-außenpolitischen Establishments in alle Welt zu tragen. Beide US-Parteien waren mit eingebunden, die Demokraten und die Republikaner. Zwar favorisierte Soros linke Kandidaten wie Bill Clinton und Barack Obama, er arbeitete aber auch mit Establishment-Republikanern wie John McCain und Mitt Romney zusammen, den beiden republikanischen Präsidentschaftskandidaten von 2008 und 2012. »Wenn es sich zwischen Barack Obama und Mitt Romney zu entscheiden gilt, gibt es nicht viel Unterschied zwischen ihnen«, sagte George Soros 2012.[21] Letztlich war es egal, wer die Präsidentschaftswahlen in den USA gewann, denn beide vertraten die Agenda von Pentagon, CIA und State Department.

Doch nun pfuschte ihnen auf einmal ein politischer Außenseiter mit bedrohlichen Vorhaben ins Geschäft, deren Umsetzung mit allen

Mitteln verhindert werden musste. Die Systemmedien waren von Anfang an in diesen Feldzug mit eingebunden. Mit der »Operation Mockingbird« hatte die CIA (»Operation Spottdrossel«) seit den 1960er-Jahren ein Programm der Zusammenarbeit mit großen Medien aufgelegt.[22] Bereits am 16. Juni 2015 schrieb der *Spiegel*: »Mit einer bizarren Rede ist der Immobilienmogul Donald Trump in den US-Präsidentschaftswahlkampf eingestiegen. Diesmal meint er es offenbar ernst – zum Schrecken der Republikaner.«[23] Überschrieben war der Artikel mit »Donald Trumps Präsidentschaftskandidatur: Ich, ich, ich« – eine merkwürdige Überschrift für eine Rede, in der Trump versprach, sein Luxusleben zu opfern und allein für das Wohl seines Volkes zu arbeiten.

Vielleicht schwante Trump bereits, was auf ihn zukommen würde, als er in seiner Antrittsrede sagte: »Ich liebe mein Leben, ich habe eine wunderbare Familie. Sie fragen mich, ›Papa, warum machst du etwas, was so schwierig sein wird?‹«[24]

Er wollte das Land retten und den Bürgern wieder die Priorität geben. Doch das durfte natürlich nicht sein. So begann ab Herbst 2015 die größte Kabale, die die Welt je gesehen hat.

Das Steele-Dossier

»Im Januar 2016 begannen **Glenn Simpson**, **Christopher Steele** und **Bruce Ohr** sich zu treffen« und über eine mögliche Verwicklung des Außenseiter-Präsidentschaftskandidaten Donald Trump mit Russland zu sprechen, sagte der Geheimdienstexperte **Kash Patel**, der für Devin Nunes, den Vorsitzenden des Geheimdienstausschusses im US-Abgeordnetenhaus, 2017–2018 die Verschwörung gegen Präsident Trump aufdecken sollte.[25]

Es war nicht das erste Mal, dass der ehemalige *Wall-Street-Journal*-Journalist **Glenn Simpson** einen Präsidentschaftskandidaten wegen angeblicher Russland-Beziehungen verleumdete. 2007 hatte er bereits den republikanischen Senator Bob Dole einer Verstrickung mit dem russischen Präsidenten Wladimir Putin beschuldigt.[26] Und als Senator John McCain 2008 Kandidat der Republikaner wurde, warf Simpson dem notorischen Kriegsfalken McCain ebenfalls »Russland-Verbindungen« vor.[27] Der einzige Beweis für diese Vorwürfe waren die Russland-Verbindungen des geschäftigen Lobbyisten **Paul Manafort**, der für Dole, McCain und später auch für Trump arbeiten sollte.

Seit 2009 betrieb Simpson die Detektei Fusion GPS, die sich in Washington auf die sogenannte Opposition Research (»Feindausforschung«) spezialisierte, also auf die Suche nach schmutziger Wäsche, die man dem politischen Gegner anhängen konnte.

Christopher Steele war ein ehemaliger MI6-Agent mit dem Spezialgebiet Russland, den Simpson 2009 kennengelernt hatte, als sie sich beide als mediale »Auftragskiller« im US-UK-Politikbetrieb selbstständig machten. **Bruce Ohr** war als Stellvertreter Generalstaatsanwalt (Associate Deputy Attorney General) beim US-Justizministerium der vierthöchste Mitarbeiter dieser Behörde. Unter der Obama-Generalstaatsanwältin (Justizministerin) Loretta Lynch hatte Ohr offenbar die Aufgabe zugeteilt bekommen, die politische Opposition auszuforschen.

Hat die deutsche Bundesregierung gegen Donald Trump mitspioniert?

Als Trump seine Kandidatur bekannt gab, nahmen viele diesen Realitystar und politischen Underdog nicht ernst, dem mit seinem Faible für hübsche Models und Schönheitswettbewerbe und seinen radikalen »Aufräum«-Drohungen jedwede Unterstützung in der republikanischen Parteispitze fehlte.

Im Herbst 2015 engagierte die konservative Nachrichten-Website The Washington Free Beacon die Detektei von Glenn Simpson in

Sachen Trump.[28] Der Free Beacon wird von Hedgefonds-Milliardär Paul Singer finanziert, der auch die führenden Neokonservativen Trump-Gegner Bill Kristol und Robert Kagan unterstützt.

Nachdem Trump sich die republikanische Nominierung im Mai 2016 gesichert hatte, beendete der Free Beacon den Auftrag. Zeitgleich engagierte Hillary Clinton Ende 2015 den berüchtigten Wahlfälschungsanwalt **Marc Elias** und seine Kanzlei Perkins Coie für ihren Wahlkampf. Elias half den Demokraten seit 2004, umstrittene Wahlen in ihrem Sinne zu entscheiden. Im April 2016 beauftragte Marc Elias die Fusion GPS und Glenn Simpson, Anrüchiges über Trump ausfindig zu machen.

Bereits im Oktober 2015 hatte Simpson **Nellie Ohr**, die Frau von Bruce Ohr, als Russland-Expertin mit einem Gehalt von 44 000 Dollar für seine Detektei angeheuert. Außerdem engagierte Simpson den bereits erwähnten Russland-Fachmann Christopher Steele, den Bruce Ohr seit 2007 kannte, als sie gemeinsam die FIFA-Korruptionsaffäre aufdeckten.

Elias' Kanzlei erhielt 12,6 Millionen Dollar von der Clinton-Kampagne, die Fusion GPS 1,92 Millionen Dollar und Christopher Steeles Firma Orbis 168 000 Dollar. Das »Dossier«, das Steele dafür ablieferte, war eigentlich eine Serie von siebzehn Memos, eines absurder als das andere. Das erste Memo vom 20. Juni 2016 trug den Titel »Die Aktivitäten des Kandidaten Donald Trump in Russland und dessen kompromittierendes Verhältnis mit dem Kreml«. Darin behauptete Steele, Trump sei seit mindestens 5 Jahren eine Marionette des Kreml und in Russland abartigen Sexpraktiken nachgegangen. All dies war ein reines Lügenkonstrukt, das auf Behauptungen des russischen Analysten **Igor Danchenko** aufbaute. Steele selbst war dem russischen Geheimdienst FSB als westlicher Agent bekannt und seit 2009 nicht in Russland gewesen.

Danchenkos unbestätigte Vorwürfe wurden dann über die Ohrs an das FBI durchgestochen, um im September 2016 einen Lauschangriff gegen das Wahlkampfteam von Donald Trump zu rechtfertigen. Inlandsspionage gegen US-Bürger ist eigentlich illegal, vor allem wenn es sich dabei um den politischen Wahlkampfgegner handelt. Über die Hintertür der »ausländischen Spionageabwehr« tat es die Obama-Regierung dennoch, was so in der US-Geschichte noch nicht vorgekommen war.

Im Jahr 2017 berichtete der *Guardian*, dass der britische Geheimdienst GCHQ (Government Communications Headquarters, »Hauptquartier für Regierungskommunikation«) schon seit 2015, also kurz nach Trumps Ankündigung seiner Kandidatur, »eine Schlüsselrolle« im Lauschangriff gegen den zukünftigen US-Präsidenten gespielt habe. Daran sollen außerdem Deutschland, Polen und Estland beteiligt gewesen sein.[29]

Im April 2019 stellte der AfD-Abgeordnete Petr Bystron der Bundesregierung die Frage, »welche Informationen [...] die Bundesregierung und insbesondere der Bundesnachrichtendienst in der Zeit von 2015 bis 2017 dem Clinton-Team, dem Democratic National Committee, der Firma Fusion GPS, dem FBI, dem US-Justizministerium oder dem Weißen Haus über Mitarbeiter der Trump-Kampagne zur Verfügung gestellt« hätten. Darauf antwortete Staatssekretär Andreas Michaelis vom Auswärtigen Amt am 7. Mai 2019, der Bundesregierung lägen »hierzu keine Informationen im Sinne der Fragestellung vor«.[30]

Laut der Washingtoner Stiftung Judicial Watch besagen E-Mails zwischen der Deutschen Botschaft in Washington und dem US-Justizministerium etwas anderes.[31] Am 7. März 2016 schrieb **Stefan Bress**, Chefsekretär der Deutschen Botschaft in Washington, an Bruce Ohr im Justizministerium und vereinbarte ein Treffen mit den Russlandexperten der deutschen Bundesregierung für Dienstag, den 26. April 2016 um 14:00 Uhr im Justizministerium. Thema war unter anderem die »russische Einflussnahme in Europa« sowie »psychologische Operationen/Info-Krieg«.

Beteiligt waren, folgt man den E-Mails, von US-amerikanischer Seite »Geheimdienstberaterin Lisa Holtyn sowie Joe Wheatley und Ivana Nizich, zwei Strafanwälte aus der OK-Abteilung [Organisierte Kriminalität], meine und Bruce's alte Abteilung,« wie Bruce Ohrs Büroleiterin Lisa Mnich am 20. April 2016 schrieb.

Die Ohrs waren zu diesem Zeitpunkt damit beschäftigt, im Auftrag des Obama-Justizministeriums Verbindungen zwischen der Trump-Kampagne, russischen Oligarchen und organisierter Kriminalität zu suchen, mit dem Nellie Ohr für die Detektei Fusion GPS das erste vorläufige »Proto-Dossier« über Trump schreiben konnte.[32]

»Ich freue mich sehr, das [deutsche] ›A-Team‹ kennenzulernen«, meldete Lisa Holtyn am 7. März. Zum deutschen »A-Team« gehörten fünf Mitglieder, deren Namen redigiert sind. Ohr und Bress verabredeten sich für Montag, den 25. April 2016 um 19:00 Uhr zum Abendessen bei den Ohrs, in Anwesenheit von Nellie Ohr. Nach der erfolgreichen Terminvereinbarung kündigte Nellie Ohr am 20. April 2016 an: »Ich lösche diesen E-Mail-Verkehr jetzt.«[33] Damit scheint jedenfalls erwiesen, dass Staatssekretär Andreas Michaelis im Namen des Auswärtigen Amts nicht die ganze Wahrheit gesagt hat.

Die Tatsache, dass die Schlüsselfiguren der »Russiagate«-Affäre Bruce und Nellie Ohr sich zu einem informellen Abendessen und einem offiziellen Referententreffen in puncto angeblicher »russischer Einflussnahme« und »Info-Krieg« mit hochrangigen Mitarbeitern der deutschen Botschaft in Washington getroffen haben, scheint die Meldung des *Guardian* zu bestätigen, nach der die deutsche Bundesregierung an der Spionage gegen Donald Trump beteiligt gewesen sein könnte. Es ist nicht bekannt, inwieweit Infos der deutschen Bundesregierung in die Arbeit von Nellie Ohr am ersten »Proto-Dossier« über Donald Trump eingeflossen sind.

Nach dem ergebnislosen Ende der Mueller-Untersuchung von 2019 hatte US-Generalbundesanwalt William Barr »Spionage gegen den politischen Gegner im Wahlkampf« als »schwerwiegende Angelegenheit« bezeichnet und Ermittlungen in Aussicht gestellt. Doch seitdem ist zur Beteiligung der deutschen Bundesregierung an der »Russiagate«-Affäre nichts weiter bekannt geworden.[34]

Der FISA-Lauschangriff

»Das sind Menschen, die sehr stark vernetzt sind und wissen, wie man sich rächt, sogar am Präsidenten der Vereinigten Staaten.«[35]

CNN-Moderatorin Dana Bash

Im Frühjahr 2016 suchte das Obama-Justizministerium in Zusammenarbeit mit der Clinton-Kampagne also nach Material, das die Trump-Kampagne belasten könnte. Dabei ging es vor allem um Informationen über eine ausländische Spionagetätigkeit, die dazu dienen konnten, einen Lauschangriff gegen den politischen Gegner zu beantragen. Denn um US-Bürger im Inland zu bespitzeln, braucht man wie gesagt eine »ausländische Bedrohung«. Erst dann kann nach dem Foreign Intelligence Surveillance Act (FISA, »Gesetz zur Überwachung ausländischer Geheimdienste«) eine Ausnahmegenehmigung zur Überwachung von US-Bürgern erwirkt werden.

Laut FBI und Justizministerium übergab MI6-Agent Christopher Steele das Steele-Dossier am 30. Juli 2016 an Bruce Ohr. Damit begann der FBI-Lauschangriff gegen Trump unter dem Decknamen Crossfire Hurricane, nach dem Rolling-Stones-Song *Jumping Jack Flash* und einer gleichnamigen Spionagekomödie aus dem Jahr 1986 mit Whoopi Goldberg.

Ermittler Kash Patel glaubt jedoch, dieses Datum sei nur vorgeschoben. »Das FBI wollte sich nur schützen«, so Patel. »Deshalb sagen sie, die Untersuchung habe erst am 31.7. begonnen, aber das stimmt nicht. Das sagen sie nur, damit sie die früheren Dokumente nicht herausgeben müssen. [...] Aber wir haben herausgefunden, dass Ohr,

Simpson und Steele bereits im Januar 2016 Textnachrichten ausgetauscht haben.«[36]

Patel ist überzeugt, dass Bruce Ohrs Frau Nellie bei Fusion GPS die Vorarbeit für das Steele-Dossier geleistet hatte. Ein Informant habe Patel vier Proto-Dossiers ausgehändigt, die die Handschrift von Nellie Ohr aufwiesen und im Wesentlichen aus Presseberichten über Menschen aus der Trump-Kampagne und ihre Russland-Verbindungen bestanden. »Ohr und ihre Kollegen griffen nach Strohhalmen«, schreibt der Journalist Lee Smith, »und standen am Ende mit leeren Händen da.«

So zählte laut den »Proto-Dossiers« zu den angeblichen »Russland-Verbindungen« Trumps die Tatsache, dass Trumps Vater Fred »Immobilien im russischen Viertel von Brooklyn gebaut« habe. Trump habe »Luxuswohnungen an Russen verkauft« und sein Marketingchef sei Russe. Es war eine verdammt dünne Suppe.[37]

»Jeder mit einem Gehirn, der nicht völlig von Hass auf Trump zerfressen war, konnte sofort sehen, dass das Dossier ein totales Märchen war«, sagte Kash Patel. »Russische Nutten. Pipivideos. Geheimreisen nach Prag. Sie unterstellten, dass Donald Trump – ein extrem prominenter Geschäftsmann und TV-Realitystar – seit Jahren heimlich vom russischen Geheimdienst gefördert worden war und Wladimir Putin höchstpersönlich sein Verbindungsbeamter war. Im ›Dossier‹ stimmten nicht mal die grundlegendsten Fakten. Leute sollen an bestimmten Orten gewesen sein, obwohl Flugtickets und andere Unterlagen belegten, dass sie ganz woanders gewesen waren. Mittels einfachster journalistischer Sorgfalt hätte jeder echte Journalist sofort erkennen können, dass da nichts dran war. Aber die Systemmedien hatten bei ihrer Kampagne, Trump zu schaden, schon lange jeglichen professionellen Anstand über Bord geworfen.«[38]

Während Trump immer näher an die republikanische Nominierung für das Präsidentenrennen rückte, begannen im April 2016 Berichte über angebliche Russland-Verbindungen der Trump-Kampagne in der Presse aufzutauchen. Am 3. April 2016 behauptete Evelyn Farkas im *POLITICO Magazine*, Trump stelle eine ähnlich große Bedrohung für die USA dar wie Putin, weil beide »Lügner« seien.[39] Jonathan Chait bezeichnete Trump im *New York Magazine* vom 28. April als »Marionette von Putin«.[40] An demselben Tag zeichnete Franklin Foer auf dem Onlineportal *Slate* ein ausführliches Porträt von Trump-Wahlkampfberater Paul Manafort und fragte, warum er »Putin-nahen Oligarchen nach der Pfeife tanzt«.[41]

»Das hatte nichts mit Journalismus zu tun«, kommentiert Lee Smith, sondern »lieferte vielmehr den Beweis dafür, dass große Medienunternehmen Teil einer Informationsoffensive gegen die Trump-Kampagne geworden waren. […] Die Medien waren von Anfang an dabei.«[42]

So schufen die Clinton-Kampagne und die Obama-Regierung mit ihrer Kanzlei Perkins Coie und der Detektei Fusion GPS auf der Basis von Kontaktschuld eine Echokammer, die sich immer weiter verstärkte. Fusion GPS lancierte vage Behauptungen an die Presse, deren Berichte als Grundlage dienten, um Ermittlungen der Obama-Regierung zu fordern, über die dann die Presse wieder berichten konnte. Das Problem: An all dem war überhaupt nichts dran.

Antrag für einen Lauschangriff

Mit der ersten Fassung des Steele-Dossiers vom 20. Juni 2016 trat der MI6-Agent Christopher Steele an die Osteuropa-Beauftragte des Außenministeriums **Victoria Nuland** heran, die er vom Maidan-Umsturz in der Ukraine 2014 her kannte und mit geheimdienstlichen Informationen versorgte, wie sie am 4. Februar 2018 in der Sendung *Face the Nation* auf CBS bezeugte: »Während der Ukrainekrise 2014 und 2015 hatte Chris Steele eine Reihe von Geschäftskunden, die ihn um Informationen darüber baten, was in Russland, der Ukraine und zwischen den beiden Ländern vor sich ging.«

»Mitte Juli, als [Steele] diese andere Aufgabe erledigte [das Dossier] und sich Sorgen [wegen Trump] machte, […] gab er mir zwei bis vier Seiten Stichpunkte dazu. Unsere erste Reaktion war, dass dies nicht in unserem Bereich lag, sondern das FBI dafür zuständig ist, wenn es einen Verdacht gibt, dass ein Kandidat oder die gesamte Wahl von Russland beeinflusst sein könnte«, berichtete Nuland.[43] Sie sollte später eine der wichtigsten Kriegsfalken im Ukrainekrieg werden, bis Außenminister Tony Blinken am 5. März 2024 ihre Pensionierung bekannt gab.

Bruce Ohr traf sich nach eigener Aussage Anfang August 2016 mit FBI-Vizedirektor **Andrew McCabe** und seiner Justiziarin **Lisa Page** und übergab ihnen das Steele-Dossier.[44] Obwohl McCabe und seine Agenten den Ursprung des Dossiers kannten und wussten, dass es nicht glaubwürdig war, ließen sie zu, dass es beim Foreign Intelligence Surveillance Court (FISC) – jenem »Gerichtshof zur Überwachung ausländischer Geheimdienste«, der das dazugehörige Gesetz vertritt – als Beweismittel dafür diente, Lauschangriffe gegen die Trump-Kampagne zu beantragen.[45]

Tatsächlich stellte das Obama-Justizministerium dann an einem der folgenden Sonntage einen Eilantrag für diesen Lauschangriff. »Der Richter war sehr überrascht«, zitiert der Autor Edward Klein in seinem Buch *All Out War: The Plot to Destroy Trump* einen anonymen FISC-Richter.[46] »Wie der Name schon sagt, richtet sich der FISC, der Gerichtshof für Auslandsspionage, gegen ausländische Geheimdienste. Dieser Antrag richtete sich jedoch eindeutig gegen Donald Trump und seine Kampagne.« Der Eilantrag wurde als unbegründet abgewiesen. Dies war vor allem deshalb erstaunlich, da der FISC ohne Anhörung der Gegenseite tagt und 99 Prozent aller Anträge stattgibt. Es gehörte also viel dazu, abgelehnt zu werden. Vor dem Geheimdienstausschuss des Repräsentantenhauses sagte FBI-Vizedirektor McCabe später aus, »ohne das Steele-Dossier wäre kein Lauschangriff genehmigt worden«.[47]

3 Wochen vor der Wahl am 15. Oktober 2016 versammelten sich die Anwälte des Justizministeriums, des FBI und der National Security Agency (NSA) noch einmal im FISC-Gerichtsaal des Barrett Prettyman Federal Courthouse in Washington, D. C., um den Lauschangriff gegen die Trump-Kampagne ein zweites Mal zu beantragen. Offiziell ging es um einen ehemaligen außenpolitischen Berater der Trump-Kampagne namens Carter Page, der Russisch sprach und einen Investmentfonds für Energie, Öl und Gas leitete. Da aber die FISA-Genehmigung auch die Überwachung des Bekanntenkreises erlaubte, reichte der Page-Antrag aus, um praktisch das ganze Trump-Team inklusive des Präsidentschaftskandidaten zu überwachen. Wer war **Carter Page**? Eigentlich ein Niemand, und dennoch sollte er, wie wir sehen werden, eine entscheidende Rolle spielen.

Im März 2016 hatten 122 republikanische Diplomaten, Geheimdienstler, Auslandsexperten und Außenpolitiker einen offenen Brief unterschrieben, in dem sie Trumps angebliche »Bewunderung für Wladimir Putin« als »für den Anführer der Freien Welt nicht hinnehmbar« bezeichneten.

Doch auch die Obama-Regierung war 2008 mit dem Plan angetreten, einen Neustart in den Beziehungen zu Russland zu wagen. Und als Russland 2014 die Krim und den Donbass annektierte, unternahm Obama nichts, da er Russland als Partner für seinen Atomwaffendeal mit dem Iran nicht vergraulen wollte. Trump glaubte, dass Putin »null Respekt« vor Obama hatte, und nannte den Iran-Atomwaffenvertrag den »schlimmsten Deal aller Zeiten«. Putin würde Obama »die Butter vom Brot klauen«, sagte Trump und versprach, kollegial und freundschaftlich, aber aus einer Position der selbstbewussten Stärke heraus mit Putin zu verhandeln. »Es gibt viele Hebel, die wir wirtschaftlich bei Russland ansetzen könnten,« sagte Trump in einem Fernsehinterview 2014. »Die [Russen] sind wirtschaftlich nicht stark. Wir könnten ihnen das Fell über die Ohren ziehen, wenn wir wollten.«[48] Trump übertriebene Nähe zu Putin vorzuwerfen, während die Obama-Regierung die militärische Besetzung der Krim einfach hinnahm, war also reine Heuchelei.

Nach dem offenen Brief vom März und den ersten Trump-Russland-Artikeln im April 2016 wurde es für Trump fast unmöglich, angesehene Außenpolitikexperten für sein Team zu gewinnen. Dabei hatte er in typischer Selbstüberschätzung im September 2015 »die beste außenpolitische Mannschaft, die es je gab«, versprochen. Als der Herausgeber der *Washington Post*, Fred Ryan, Trump am 21. März 2016 fragte, wer denn nun in seinem Außenpolitikteam sei, hatte Trump genau fünf Namen auf dem Zettel stehen, darunter die Öl- und Energieberater Carter Page und George Papadopoulos.[49] Und die waren nicht gerade außenpolitische Schwergewichte vom Schlage eines Henry Kissinger.

Das *Washington-Post*-Interview lieferte jedoch Glenn Simpson und der Obama-Regierung Zielscheiben für ihre Kampagne, und so landete Carter Pages Name im Oktober 2016 ganz oben auf dem FISA-Lauschangriffantrag, obwohl das Trump-Team sich schon im September nach Berichten über Pages Verbindungen zur russischen Mineralölfirma Rosneft von ihm distanziert hatte. »Er war nie Teil unseres Teams«, sagte Trump-Kommunikationschef **Jason Miller**.[50]

Am 15. Oktober 2016 hatten die FBI-Anwälte es mit einem neuen FISC-Richter zu tun, der die vorhergehenden Anträge gelesen hatte und sie handwerklich für so schlecht befand, dass er sich wunderte, wie Justizministerin Loretta Lynch sie unterschreiben konnte. Diesmal waren die Anwälte der Regierung jedoch gut ausgerüstet, sie legten nämlich die Ergebnisse umfänglicher Lauschangriffe durch die NSA vor. Zwar darf die NSA keine Amerikaner im Inland überwachen, erst recht nicht den politischen Gegner im Präsidentschaftswahlkampf, das Auslandsspionagegesetz erlaubt ihr jedoch, die Kommunikation von Amerikanern mit Ausländern auszuforschen, wenn sie deren Namen geheim hält. In diesem Fall entschied sich der weltgrößte Nachrichtendienst allerdings, die Namen der Trump-Mitarbeiter zu identifizieren (»demaskieren«), darunter Carter Page, und präsentierte diese nun dem FISC als Beweis.

Den Richter schien es nicht zu stören, dass das FBI und die NSA seit dem 1. August 2016 ohne richterliche Anweisung den politischen Herausforderer im Wahlkampf überwacht hatten. Die NSA-Daten lieferten dem FBI Aufschluss über russische Geschäftsbeziehungen von mehreren Trump-Mitarbeitern: **Mike Flynn, Paul Manafort, Carter Page, Roger Stone** und **Jared Kushner**. Streng genommen war das ein Verbrechen. Die NSA-Infos hätten weder als Grundlage für eine FBI-Ermittlung noch für einen FISC-Beschluss getaugt. Doch irgendwie ist das dem Richter »durchgerutscht«.

Aufgrund dieser illegal beschafften Daten gestattete der FISC-Richter den Lauschangriff gegen diese fünf (Ex-)Trump-Mitarbeiter (nur Flynn und Kushner waren bis zum Ende beim Trump-Wahlkampf dabei). Die Obama-Anwälte feierten ihren Sieg, und der erste staatlich organisierte Lauschangriff gegen einen Präsidentschaftskandidaten in der Geschichte der USA begann.[51]

Das Trump-Tower-Treffen

Das FBI erhielt durch den Lauschangriff Aufschluss über den Kontakt zwischen dem Präsidentensohn Donald Trump Jr. und der russischen Anwältin **Natalia Wesselnizkaja** am 9. Juni 2016 beim sogenannten »Trump-Tower-Meeting«. Dieses Treffen wurde von der *New York Times* am 8. Juli 2017 als Beleg für eine Zusammenarbeit zwischen der Trump-Kampagne und russischen Geheimdiensten gewertet. Die wahren Hintergründe kamen erst später heraus.

Laut dem Chicagoer Investor und erbitterten Putin-Gegner **William »Bill« Browder** war Wesselnizkaja in Wahrheit Agentin des Kremls und Auftraggeberin von Glenn Simpsons Fusion GPS. Es waren also nicht die Trumps, die geheime Verbindungen zum Kreml hatten, sondern die Verantwortlichen der Detektei Fusion GPS, die den Trumps eine Falle stellten.

Bill Browder hatte Putin schon seit 7 Jahren auf dem Kieker. Browders Investmentfirma Hermitage Capital hatte in den 1990er-Jahren im »Wilden Osten« unter Jelzin Geschäfte gemacht und war 2005, als Putin an die Macht kam, mit Kollegen wie George Soros aus Russland verbannt worden. Browders russischer Buchhalter **Sergei Magnitski** wurde wegen angeblicher Steuerhinterziehung in Höhe von 230 Millionen Dollar verhaftet und starb 2009 nach mutmaßlichen Misshandlungen in russischer Haft.

Browder zog in Washington gegen Putin zu Felde und erreichte die Durchsetzung des »Magnitski-Gesetzes«, das weitreichende Sanktionen gegen russische Politiker und Oligarchen enthielt. Laut Browder betrieb die Anwältin Natalia Wesselnizkaja im Auftrag der russischen Regierung in Washington Lobbyarbeit, um das Magnitski-Gesetz wieder einkassieren zu lassen. Dafür beauftragte sie die Fusion GPS. »Glenn Simpson betrieb Lobbyarbeit für eine Agentin des Kremls«, sagte Browder, »er hatte den Auftrag von russischer Seite, mich und das Magnitski-Gesetz zu diskreditieren.«[52]

Der britische Musikpublizist **Rob Goldstone**, der für den aserbaidschanischen Sänger Emin Ağalarov und dessen Oligarchen-Vater Araz Ağalarov arbeitete, versprach Donald Trump Jr. am 3. Juni 2016 schriftlich »offizielle Dokumente und Informationen« von Wesselnizkaja, die Hillary Clinton schaden würden. »Wenn es so ist, gefällt mir das sehr«, schrieb Don Jr. unvorsichtigerweise zurück.[53]

Am 9. Juni 2016 trafen sich Donald Trump Jr., Jared Kushner und Paul Manafort mit Natalia Wesselnizkaja und zwei anderen geheimdienstnahen Russen, um die angeblich brisanten Neuigkeiten über Hillary Clinton zu erfahren. Es war vielleicht nicht die ruhmreichste Aktion, aber eine, die im Wahlkampf nicht unüblich ist. Schnell begriffen sie, dass Wesselnizkaja gar nicht über skandalöse Infos verfügte, sondern nur über das Magnitski-Gesetz und die Aufhebung der Sanktionen gegen Russland sprechen wollte. »Mein Treffen hatte nichts mit Hillary Clinton, den Demokraten oder dem Wahlkampf zu tun«, sagte Wesselnizkaja der Journalistin Catherine Herridge.[54] »Ich glaube, [Goldstone] hat einfach übertrieben. Ich weiß nicht, wie er auf diese Idee gekommen ist, aber er hat es verwendet, um Don Jr. dazu zu kriegen, sich mit mir zu treffen.«

Journalist Gregg Jarrett nannte es »klassisches Hütchenspiel: Ein verlockendes Angebot machen, um der Anwältin einen Termin zu besorgen, obwohl es um etwas ganz anderes ging. Es hatte nichts mit Hillary Clinton oder dem Wahlkampf zu tun.«[55] Als nach 20 Minuten klar wurde, dass es Wesselnizkaja nur um die Aufhebung der Sanktionen ging, beendeten die Trump-Leute das Meeting.

Vor und nach dem Trump-Tower-Meeting traf sich Natalia Wesselnizkaja mit Fusion-GPS-Chef Glenn Simpson zum Essen.[56] Fusion GPS hatte zwei Aufträge mit einer Klappe geschlagen: einen für den Kreml und einen für die Clinton-Kampagne.

KAPITEL 2

Lockvögel und Honigfallen

George Papadopoulos: im Visier des Deep State

Um diese Zeit traten rätselhafte Figuren und verführerische Frauen aus dem Geheimdienstumfeld an alle Trump-Mitarbeiter heran, die mit Außenpolitik zu tun hatten, und boten ihnen Anrüchiges über Hillary Clinton aus angeblich russischen Quellen an. Diese Treffen fanden immer im Ausland statt, oft in London oder Rom, wo es den US-Geheimdiensten erlaubt war, amerikanische Bürger zu belauschen.

Die Zielfiguren dieses geheimdienstlichen Ränkespiels waren die Energieberater Carter Page und George Papadopoulos, der pensionierte General und Ex-Geheimdienstleiter Mike Flynn, der Trump-Berater Roger Stone und der Wahlkampfleiter Paul Manafort. Obwohl keiner von ihnen Spionage für Russland betrieb, sollten sie alle die nächsten Jahre ihres Lebens damit zubringen, sich gegen die kafkaesken Rufmordanschläge der Clinton-Kampagne und ihrer Handlanger in den Medien und Geheimdiensten zu wehren.

Laut den Investigativjournalisten Alex Gutentag, Matt Taibbi und Michael Shellenberger identifizierte CIA-Chef John Brennan bereits Anfang 2016 26 Trump-Bekannte, die zusammen mit ausländischen Geheimdiensten überwacht wurden.[57]

George Papadopoulos war einer der fünf Außenpolitikexperten, die Trump in seinem Interview mit der *Washington Post* erwähnt hatte. Bald darauf erhielt Papadopoulos eine Reihe von rätselhaften Einladungen ins Ausland und traf sich in London mit dem Cambridge-

Professor **Stefan Halper**, der mit dem ehemaligen MI6-Chef **Sir Richard Dearlove** einen Thinktank betreibt, mit dem maltesischen Diplomaten **Joseph Mifsud**, der in Rom bei einem CIA-nahen Institut arbeitete, und dem ehemaligen australischen Außenminister **Alexander Downer**, der für die Clinton Foundation 2006 eine australische Spende von 25 Millionen Dollar organisiert hatte.[58]

Sie alle wollten mit Papadopoulos über angebliche kompromittierende E-Mails von Hillary Clinton in den Händen »der Russen« reden. Mifsud stellte ihm eine junge Dame als Putins Nichte vor, die Papadopoulos aber nirgends googeln konnte. Im September 2016 traf sich Papadopoulos in London mit Halper und einer Frau, die sich als Azra Turk vorstellte und mit ihm in eine Bar auf ein paar Drinks ging. Papadopoulos beschrieb diesen Lockvogel als »Augenweide direkt aus einem James-Bond-Film: eine 30-jährige Sexbombe mit Kurven, die sie gerne zur Schau stellte. Nicht, dass man sie übersehen könnte. Eine Traumfrau unter Traumfrauen.«[59]

Sofort begann Turk, ihn mit seltsamen Fragen über Russland zu löchern. Sie wollte wissen, welche Verbindungen die Trump-Kampagne zu Russland hatte. Je mehr Papadopoulos dementierte, umso mehr insistierte sie. Als er misstrauisch wurde, schaltete sie auf sexy und verführerisch. Papadopoulos suchte bald das Weite und rief im Hotel seine Freundin zu Hause an, um die merkwürdige Begegnung zu beichten. Er schätzte Azra Turk als »Mitarbeiterin des türkischen Geheimdienstes oder der CIA ein«.[60]

2 Tage später traf sich Halper mit ihm im Hotel Sofitel, legte sein Smartphone auf den Tisch, als würde er ihn aufnehmen wollen, und begann ihn so penetrant über eine angebliche Russland-Connection der Trump-Kampagne zu löchern, dass Papadopoulos richtig wütend wurde.

Ein Treffen im Londoner Kensington Wine Room mit dem australischen Botschafter und Alexander Downer am 6. Mai 2016 war ähnlich seltsam verlaufen. Papadopoulos hatte keine Ahnung, warum der

Botschafter sich ausgerechnet mit ihm treffen wollte. Er wusste weder von Downers Freundschaft mit den Clintons noch von dessen australischer 25-Millionen-Dollar-Spende 2006 an die Clinton Foundation.[61] Wie Halper holte auch Downer sein Handy heraus und legte es auf den Tisch, als würde er das Gespräch aufzeichnen. Er war »aggressiv und feindselig. Es war ziemlich einschüchternd«, erinnerte sich Papadopoulos. In Downers Version des Gesprächs aber hat Papadopoulos ihm erzählt, die Russen hätten kompromittierendes Material zu Hillary Clinton. Papadopoulos schwört jedoch, nichts dergleichen gesagt und auch niemandem in der Trump-Mannschaft von diesen merkwürdigen Treffen in London erzählt zu haben.[62]

Laut der *New York Times* ging Downer mit dieser Information zum FBI, das Papadopolus' angebliche Aussagen als Vorwand nutzte, um Ende Juli 2016 eine Untersuchung mit dem Codenamen Crossfire Hurricane gegen die Trump-Mannschaft in die Wege zu leiten.[63] Damit spionierte das FBI nun offiziell gegen den politischen Gegner.

Paul Manafort: die Ukraine-Connection

Im Frühjahr 2016 trat der erfahrene politische Berater Paul Manafort, der seit 2003 im Ausland tätig gewesen war, der Trump-Kampagne bei. Er hatte in dieser Funktion zuvor den Präsidenten Gerald Ford, Ronald Reagan und George Bush Sr. gedient. 2008 sollte er für den republikanischen Präsidentschaftskandidaten John McCain den Parteitag organisieren, was aber an Manaforts Vergangenheit als Berater für den Putin-nahen Oligarchen Oleg Deripaska scheiterte.[64]

Zwischen 2006 und 2010 beriet Manafort den ukrainischen Präsidenten **Wiktor Janukowytsch**, der 2004 in der sogenannten »Orangen Revolution« durch einen vom Westen unterstützen Putsch gestürzt worden war. Janukowytsch engagierte Manafort, um für ihn in Washington Türen zu öffnen, und wurde 2010 erneut zum Präsidenten gewählt. 2014 wurde der Moskau nahestehende Janukowytsch abermals durch einen vom Westen unterstützen Putsch gestürzt und floh nach Russland.[65] Damit endete Manaforts Arbeit für Janukowytsch, er vertrat dessen prorussische Partei der Regionen aber weiterhin. Das war auch keineswegs verboten, denn wie Tom Fitton von Judicial Watch herausfand, arbeitete Tony Podesta, der Bruder des Clinton-Beraters John Podesta, damals – parallel zu seinem Einsatz für die Arbeit seines Bruders – ebenfalls für Janukowytschs Partei.[66] Doch die Podestas wurden wegen ihrer Arbeit für Janukowytsch niemals belangt.

Als Manafort sich im Februar 2016 in einem Brief bei Donald Trump persönlich bewarb, hätten seine undurchsichtigen Verbindungen in die Ukraine ein Alarmsignal sein sollen. Doch der unkonventionelle Außenseiter Trump suchte händeringend nach erfahrenen politischen Beratern, die nicht zum Washington-Insiderklüngel gehörten.[67] Nach dem Sturz Janukowytschs war Manafort wegen seiner Arbeit für den prorussischen Präsidenten ins Visier des FBI und der ukrainischen Behörden geraten. Das FBI konnte seit 2014 dank eines FISC-Gerichtsbeschlusses Manafort überwachen.[68] Ob Trump infolgedessen schon im Frühjahr 2016 mit abgehört wurde, ist unklar.

Als Manafort am 29. März 2016 dann Teil des Trump-Teams wurde, rief diese Nachricht die Ukraine-Amerikanerin **Alexandra Chalupa** auf den Plan, die seit 2004 die Demokraten beraten und dafür 412 000 Dollar erhalten hatte. Chalupa beschloss, sich in Vollzeit um Manafort zu kümmern. Denn prowestlich und antirussisch, wie die Ukraineaktivistin Chalupa eingestellt war, hatte sie Manafort schon seit dem Maidan 2014 im Visier. Nun sah sie eine Möglichkeit, mit ihrem Wissen groß rauszukommen.

Laut *POLITICO*-Bericht traf sich Chalupa schon am 25. März 2016 mit führenden ukrainischen Beamten in der ukrainischen Botschaft in Washington, um »Verbindungen zwischen Trump, dem leitenden Wahlkampfhelfer Paul Manafort und Russland« aufzudecken.[69] Die ukrainische Botschaft arbeitete »direkt mit Reportern zusammen, die zu Trump, Manafort und Russland recherchierten, um sie in die richtige Richtung zu lenken«, bezeugte ein Botschaftsbeamter, obwohl andere Beamte später bestritten, sich in die US-Wahlen eingemischt zu haben.

Am 29. März traf sich Alexandra Chalupa mit dem Kommunikationsstab des Bundesvorstandes der Demokraten. Chalupa sagte *POLITICO*, die ukrainische Botschaft arbeite direkt mit Reportern zusammen, die über Manafort und Russland recherchierten. Am 4. Mai verfasste sie eine E-Mail an den Bundesvorstand der Demokraten und beschrieb ihre Bemühungen, Manafort anzuschwärzen. Als Manafort am 19. Mai 2016 zu Trumps Wahlkampfmanager befördert wurde, schaltete diese Hexenjagd in den Turbogang.

Die ukrainische Wahlmanipulation

Die ursprüngliche Quelle für die ukrainischen Vorwürfe gegen die Trump-Kampagne war der Journalist **Serhij Leschtschenko**. Leschtschenko war stellvertretender Chefredakteur der *Ukrainska Prawda* und 2012 Stipendiat des National Endowment for Democracy in Washington. Die *Ukrainska Prawda* »spielte eine Schlüsselrolle« beim Maidan-Umsturz in der Ukraine 2014.[70]

Laut Wadim Prochorow, dem ehemaligen Mitarbeiter des ukrainischen Geheimdienstes SBU, erkundigte sich die stellvertretende US-Außenminister Victoria Nuland im Auftrag von Hillary Clinton bei der ukrainischen Regierung unter Petro Poroschenko nach »Schmutz« über Manafort.[71]

Daraufhin soll der ehemalige Vizechef des SBU Viktor Trepak ein Kassenbuch der Partei der Regionen aus Janukowytschs Tresor an den Chef des Nationalen Antikorruptionsbüros der Ukraine (NABU), **Artem Sytnyk**, weitergeleitet haben, laut welchem Manafort von Janukowytschs Partei 12 Millionen Dollar in bar erhalten haben soll.

Manafort aber bezeichnet dieses »Schwarzbuch« als Fälschung, das Geld wurde nie gefunden. Serhij Leschtschenko und Artem Sytnyk hingegen wurden 2018 in der Ukraine der Einmischung in die US-Wahlen für schuldig befunden.[72]

Die Verdächtigungen gegen Manafort gelangten dann von Leschtschenko an Alexandra Chalupa, die ihrerseits den Yahoo!-Journalisten **Michael Isikoff** alarmierte. Und am 26. April veröffentlichte Michael Isikoff auf Yahoo! News den ersten Bericht über Paul Manaforts Russland-Verbindungen, dem noch viele weitere folgen sollten.[73] Chalupa gab die Infos über Manafort außerdem an Nellie Ohr von der Detektei Fusion GPS weiter, die im Auftrag von Hillary Clinton nach Anrüchigem in der Trump-Kampagne suchte.

In Wirklichkeit war es aber nicht Trump, sondern Hillary Clinton, die über dubiose Kanäle Hilfe aus dem Ausland erhielt: »Ukrainische Regierungsbeamte haben versucht, Hillary Clinton zu helfen und Donald Trump zu untergraben, indem sie öffentlich seine Eignung für das Amt infrage stellten. Sie verbreiteten Dokumente, die einen hochrangigen Trump-Mitarbeiter [Manafort] in Korruptionsvorwürfe verwickelten. Darüber hinaus halfen sie Clintons Verbündeten bei der Recherche nach belastenden Informationen über Trump und seine Berater,« berichtete *POLITICO*.[74]

Alexandra Chalupa erhielt massive Schützenhilfe von der Obama-Regierung, die ihrer Kampagne mit Steuergeldern unter die Arme griff und 68 ukrainische Journalisten nach Washington flog, um den Feldzug gegen die Trump-Kampagne zu intensivieren: »Ich habe letzten Mittwoch in der Library of Congress mit einer Delegation von 68 investigativen Journalisten aus der Ukraine gesprochen,« schrieb Chalupa in einer E-Mail, die von Wikileaks veröffentlicht wurde. »Sie haben mich ins Programm gesetzt, um speziell über Paul Manafort zu sprechen, und ich habe Michael Isikoff eingeladen, mit dem ich in den letzten Wochen zusammengearbeitet habe, und ihn mit den Ukrainern zusammengebracht. Morgen mehr offline, da es einen großen

Trump-Bezug gibt, […] der in den nächsten Wochen bekannt werden wird.«[75]

»Nach der Veranstaltung gingen Chalupa und Isikoff zu einem Empfang in der ukrainischen Botschaft«, berichtet der »Russiagate«-Experte Dan Bongino: »In nur wenigen Monaten erreichte Chalupa mit ihrer Gruppe von Journalisten ihr Ziel, Manafort zu stürzen, aber sie konnte nie beweisen, dass Trump sich mit den Russen verschworen hatte.«[76] Nachdem weitere Details über seine Position in der Trump-Kampagne enthüllt worden waren, trat Manafort am 19. August 2016 zurück.

Trotzdem schoss sich der Sonderermittler Robert Mueller auf Manafort ein und legte ihm alle möglichen Lappalien zur Last. Beispielsweise habe er sich nicht als ausländischer Lobbyist eintragen lassen, habe Steuern hinterzogen und Zeugen beeinflusst. Nichts davon hatte irgendetwas mit Trump oder Russland zu tun. Obwohl ihm nie eine wie auch immer geartete »Verschwörung mit Russland« nachgewiesen werden konnte, wurde Paul Manafort am 7. März 2019 zu 47 Monaten Haft verurteilt. Präsident Trump begnadigte ihn dann am 23. Dezember 2020. Im Übrigen hat sich Alexandra Chalupa nie als ausländische Lobbyistin eintragen lassen.

Mike Flynn: Obamas Erzfeind

Laut dem Journalisten Lee Smith ist Generalleutnant Michael T. Flynn »der führende militärische Abwehroffizier seiner Generation«. Flynn habe »das Wesen der nachrichtendienstlichen Aufklärung auf dem Schlachtfeld grundlegend verändert, indem er die Geheimdienstbürokratie ausbootete. Seine Arbeit für den US-Oberkommandierenden General Stanley McChrystal in Afghanistan und dem Irak trug dazu bei, bei der Offensive 2007 die al-Qaida zu schlagen.«[77] Flynn erkannte, dass die Truppen vor Ort schnellere und handlungsfähigere nachrichtendienstliche Aufklärung brauchten und dass die Bürokratie in Washington dem im Weg stand. Wenn Nachrichten 2 oder 3 Tage ihren Weg durch die Amtsstuben des Pentagon gemacht hatten, waren sie nichts mehr wert – und es waren inzwischen vielleicht Soldaten und Zivilisten gestorben.

»Je höher man in einer Behörde emporsteigt, desto weiter weg vom Geschehen ist man und desto weniger Ahnung hat man«, erläuterte Flynn 2010 in seinem wegweisenden Aufsatz »Fixing Intel«.[78] Entscheidungen mussten gefechtsnah am Boden und nicht in Schreibstuben getroffen werden. Als er 2012 Chef des militärischen Geheimdienstes Defense Intelligence Agency (DIA) wurde, hatte die Geheimdienstbürokratie in Washington Flynn bereits zum Feind auserkoren. In seiner Position als DIA-Chef begann sich Flynn bald mit dem Oberkommandierenden Obama anzulegen und kritisierte dessen laschen Umgang mit dem aufkommenden Islamischen Staat, den Obama als »nur Kreisklasse« abgetan hatte.[79] Bereits 2012 gab die DIA unter Flynn einen Bericht heraus, der der positiven Darstellung des US-Kampfs gegen den Terror widersprach. Der nationale Geheimdienstchef (Director of National Intelligence) **James Clapper** und der Unterstaatssekretär für Geheimdienstaktivitäten (Under Secretary of Defense for Intelligence) **Michael Vickers**[80] drängten Flynn aus dem Amt, woraufhin dieser am 7. August 2014 seine Abschiedsrede hielt.[81]

In seinem Buch *The Field of Fight* kritisierte Flynn 2015 den Geheimdienstapparat der USA und kündigte Pläne an, diesen umzukrempeln, um die Bedrohung des radikalen Islam »bei den Hörnern zu packen«.[82] Damit hatte sich Flynn in besagtem Geheimdienstapparat mächtige Feinde gemacht – allen voran den Oberkommandierenden Barack Obama. Und als Flynn sich im Februar 2016 der Trump-Kampagne anschloss, wurde er für Obama zum Staatsfeind Nummer 1. Nun galt es, den hochdekorierten Kriegshelden Flynn als »Marionette Putins« zu entlarven. Dementsprechend lautete die erste Ankündigung bei Reuters: »Ex-General und Trump-Berater befürwortet engere Russland-Verbindungen«.[83] Die Marschrichtung war klar: Flynn war ein Putin-Versteher. Nun mussten nur noch Beweise her.

Flynn in London: Mit Russen zu reden ist kein Verbrechen

Im Februar 2014 hatte Sir **Richard Dearlove**, der Ex-Chef des britischen Auslandsgeheimdienstes MI6, Flynn – damals noch Chef der DIA – eingeladen, am Pembroke College der Cambridge University zu sprechen. Zusammen mit dem offiziellen MI5-Historiker **Christopher Andrew** und dem Ex-CIA-Mitarbeiter **Stefan Halper**, der 2012–2016 vom Pentagon mit einer Million Dollar für »Recherche« finanziert wurde,[84] betrieb Dearlove eine private Sicherheitsfirma namens Cambridge Security Initiative (CSI), die mit der DIA zusammenarbeitete. Halper war 2016 auch beteiligt gewesen, Trump-Mitarbeiter George Papadopoulos auszuhorchen.

Eine der Mitarbeiterinnen der CSI war die russischstämmige Geheimdiensthistorikerin **Svetlana Lokhova**, die sich an Flynns Rede mit anschließendem Essen in London erinnerte: »Es war eine große Veranstaltung für den DIA-Chef Flynn. Die Veranstalter wollten ihn mit ihrer Fachkenntnis beeindrucken.« Lokhova selbst sei als eine von zwei russischsprachigen CSI-Mitarbeitern dabei gewesen. Ihr Chef Christopher Andrew bat Lokhova nach dem Essen, Flynn die Ergebnisse ihrer Forschung in russischen Archiven zu zeigen. Sie zeigte ihm ein Stalin-Autogramm, das sie auf einer erotischen Postkarte an eine Geliebte von Stalin gefunden hatte. Flynn soll sich eine Kopie davon haben geben lassen.

Stefan Halper blieb dem Essen mit Flynn 2014 fern. Doch 2 Jahre später, als Flynn Trumps nächster Nationaler Sicherheitsberater werden sollte, wollte Stefan Halper sich plötzlich unbedingt mit Lokhova treffen und sie über Flynn aushorchen. »Ich hatte noch nie mit ihm gesprochen«, sagte diese und schilderte Halper als »unglaublich unhöflich«, er habe jedoch »ständig russenfeindliche Ausfälle« gehabt. Ihrer Meinung nach war dies ein Versuch, sie »hinzuhängen«.[85]

Am 10. Dezember 2015 war General Flynn außerdem zum 10-jährigen Jubiläum des russischen Auslandssenders Russia Today (RT) nach Moskau eingeladen worden, wo er nur wenige Meter entfernt von Präsident Wladimir Putin saß. Flynn war über seine Agentur als Redner gebucht worden und erhielt dafür 33 000 Dollar. Er hatte nach eigener Aussage die US-Dienste informiert und die Gelegenheit genutzt, um die Russen zu bitten, ihre iranischen Verbündeten bei der Stange zu halten und im Nahen Osten nicht mehr für Chaos zu sorgen.

Fotos von Flynn mit Putin, die bei diesem Anlass entstanden, sollten zusammen mit der Geschichte von der hübschen russischen Geheimdienstexpertin ein Jahr später dazu herhalten, um den Obama feindselig gesinnten Flynn als »Putin-Marionette« zu entlarven. Halper stellte die Situation nach dem Essen von 2014 so dar, dass Stalins Postkarte als eine Art »erotisches Vorspiel« gedient habe; dazu passe, dass Lokhova 2014 das Dinner zusammen mit Flynn verlassen habe.

Die ganze Geschichte sei »lächerlich«, kommentierte Lokhava: »Wenn der ehemalige Chef des MI6 ein solches Essen bei sich zu Hause veranstaltet, dann ist das natürlich mit den Diensten abgestimmt.« Trotzdem habe man sie, die renommierte Historikerin, als eine Art sexy Lockvogel des FSB dargestellt, als blonden Honigtopf, dem der verheiratete Christ und Geheimdienstveteran Flynn gleich auf den Leim gegangen sei. »Angeblich habe ich mich nach dem Abendessen mit Flynn zu einem geheimen Rendezvous davongestohlen, ohne dass seine Security oder der ehemalige MI6-Chef etwas davon bemerkt haben«, gab Lokhova empört zu Protokoll.[86]

Dennoch nutzten die Trump-Gegner diese spärlichen Verbindungen zwischen Flynn und Russland, um besagten Lauschangriff gegen den dekorierten Kriegshelden in die Wege zu leiten, bei dem unter anderem seine Telefonate als Trumps designierter Nationaler Sicherheitsberater mit dem russischen Botschafter Sergej Kisljak abgehört wurden, die Flynn nach nur wenigen Tagen im Amt seinen Job kosten sollten (mehr dazu in Kapitel 5).

Alfa-Bank und der Hackerangriff auf Trump Tower

Im Juli 2016 unterrichtete CIA-Chef **John Brennan** Präsident Obama über Hillary Clintons Spionagekampagne gegen Donald Trump. Der nationale Geheimdienstchef **James Clapper** sagte dazu, Hillary Clinton habe einen Plan genehmigt, Donald Trump dubioser Verbindungen zu Russland zu bezichtigen, um vom illegalen Löschen von 31 839 ihrer eigenen E-Mails während ihrer Amtszeit als Außenministerin abzulenken. Im September 2016 warnte die CIA auch das FBI unter James Comey, dass die Clinton-Kampagne versuche, mit den Russland-Vorwürfen die Trump-Kampagne in Verruf zu bringen.[87]

Dabei verließ sich die Clinton-Kampagne nicht nur auf das Steele-Dossier und den FBI-Lauschangriff. Sie beauftragten auch einen Hacker, um Donald Trumps Büro im Trump Tower und selbst sein Büro im Weißen Haus auszuspionieren, als Trump längst im Amt war.

Als Präsident Donald Trump am 4. März 2017 auf Twitter behauptete, der allseits beliebte Nobelpreisträger und strahlende Saubermann Barack Obama hätte ihn im Trump Tower und im Oval Office bespitzelt, löste diese Behauptung eine Welle der Entrüstung und des Hohns in den Medien aus. Und auf *Wikipedia* wird Trumps Anschuldigung bis heute (Stand April 2024) als »Verschwörungstheorie« bezeichnet. Dabei hielt der Sonderermittler des Justizministeriums **John Durham** in seinem Ermittlungsantrag vom 11. Februar 2022 fest, Clintons Anwalt **Michael Sussmann** habe den Hacker **Rodney Joffe** beauftragt, um Trumps Computer im Trump Tower, in seiner Privatwohnung am Central Park West und später sogar im Weißen

Haus auszuspionieren.[88] Sussmann soll auch die Order gegeben haben, Verbindungen zwischen Donald Trump und der russischen Alfa-Bank JSC aufzuzeigen, und den FBI belogen haben, er habe im Auftrag der Demokraten und Hillary Clinton gehandelt.

Hillary Clintons ehemaliger Wahlkampfleiter **Robby Mook** sagte am 21. Februar 2022 vor Gericht aus, Clinton selbst habe 2016 die Anweisung für den Hackerangriff gegeben.[89] Die Aussage war deshalb so frappierend, weil Mook eigentlich ein Zeuge der Verteidigung sein und die Clinton-Kampagne entlasten sollte. Nach Mooks Aussage war die Clinton-Kampagne nicht »völlig überzeugt« von den Computerdaten, die angeblich einen geheimen Kommunikationskanal zwischen Trump und dem Kreml über die Alfa-Bank belegen sollten. Trotzdem habe Hillary Clinton persönlich die Anweisung gegeben, die fadenscheinige und konstruierte Geschichte an die Presse durchzustechen: »Ich habe es mit Hillary besprochen. Ich kann mich nicht mehr an den genauen Wortlaut der Unterhaltung erinnern, aber die Essenz war: ›Wir haben diese Infos und‹ wollen sie an die Presse weitergeben‹.«[90]

Am 1. November 2016, eine Woche vor der Wahl, twitterte Hillary Clinton persönlich ein Statement ihres Beraters **Jake Sullivan**, in dem es hieß: »Datenexperten haben scheinbar einen geheimen Server entdeckt, der die Trump-Kampagne mit einer russischen Bank verbindet.«

»Dies könnte der bisher direkteste Draht zwischen Trump und Moskau sein«, schrieb Jake Sullivan daraufhin in der Pressemitteilung. »Diese geheime Hotline könnte der Schlüssel sein, um das Trump-Russland-Rätsel zu lösen. Wir können davon ausgehen, dass die Bundesbehörden dieser direkten Verbindung zwischen Trump und Russland als Teil ihrer Untersuchung von russischer Einflussnahme auf den Grund gehen werden.« Jake Sullivan ist heute Joe Bidens Nationaler Sicherheitsberater.

In Wahrheit steckten hinter den haltlosen Vorwürfen jedoch Hillary Clinton, die Demokratische Partei und ihre Kanzlei Perkins Coie unter Anwalt Marc Elias. FBI-Agenten hatten innerhalb von 24 Stunden die angeblichen »Beweise« eines Trump-Kommunikationskanals nach Russland als unzuverlässig enttarnt, und die CIA stellte fest, dass die angeblichen Beweise von »Datenexperten« »technisch nicht plausibel« seien und vermutlich »erzeugt« wurden.

Obwohl Hillary Clinton selbst die fingierten Beweise in Auftrag gegeben hat, behauptete sie noch jahrelang, Trump hätte mithilfe einer rätselhaften Verschwörung mit Wladimir Putin die Wahl gestohlen. Donald Trump nannte das Vorgehen der Clinton-Kampagne »Hochverrat«, verlangte eine juristische Aufarbeitung und sagte: »In anderen Zeiten wäre eine solche Tat mit dem Tod bestraft worden.«[91]

Im Laufe des Wahljahrs 2016 griff die Clinton-Kampagne zu immer verzweifelteren Mitteln, um Donald Trump zu besiegen. Vielleicht ahnten sie, dass sie entgegen allen Umfragen und den Meinungen von Politexperten dabei waren, zu verlieren.

KAPITEL 3

Der Präsident,
der aus dem Nichts kam

★★★

Bill Clinton: »Du wirst diese Wahl verlieren und ahnst es nicht einmal«

Im Herbst 2016 kam Bill Clinton mit den Ergebnissen einer Umfrage, die er selbst in Auftrag gegeben hatte, zu seiner Frau Hillary in ihre Villa in Washington und schimpfte:»Du wirst diese Wahl verlieren und ahnst es nicht einmal. Statt auf mich hörst du auf irgendwelche Idioten!« Doch Hillary Clinton lachte nur und winkte ab. Bill war außer sich, berichtet ein Zeuge:»Du solltest mir besser zuhören, es ist nämlich fast schon zu spät.« Hillary antwortete Bill, er spinne. Er war der einzige Mensch im Lager der Demokraten, vielleicht auf der Welt, der zu diesem Zeitpunkt seine Frau verlieren sah. »Er warf ihr die Papiere vor die Füße und stürmte wutentbrannt wieder hinaus. Hillary schlug die Tür hinter ihm zu.«[92]

Seitdem Bill Clinton seiner Affäre mit einer Praktikantin im Weißen Haus überführt worden war, führten die Clintons eine merkwürdige Ehe. Sie sahen sich selten und teilten noch seltener das Bett miteinander. Kevin Spacey, der Erfinder und Hauptdarsteller der Serie *House of Cards*, soll das gewissenlose Politikerpaar Frank und Claire Underwood, die sich mit List und Intrige ins Weiße Haus manövrieren und auch mal ihre Gegner und Liebhaber um die Ecke bringen, an den Clintons angelehnt haben, mit denen er persönlich befreundet war. Doch 2017 wurde Spacey aus dem öffentlichen Leben gemobbt. 6 Jahre später wurden die Vorwürfe sexuellen Missbrauchs, die gegen ihn erhoben worden waren, von einem Londoner Gericht zurückgewiesen.[93]

Hillary Clinton war 2001–2009 Senatorin in New York gewesen und glaubte, mit ihrem Team die Wahlen in den linken urbanen Zentren der Ost- und Westküste gewinnen zu können. Die aufstrebende, volksnahe Revolution der Trump-Kampagne betrachtete sie abfällig und nannte Trump-Wähler »Rassisten, Sexisten, Schwulenfeinde, Ausländerfeinde und Islamhasser« – kurzum »einen Korb der Verabscheuungswürdigen« (*a basket of deplorables*).[94]

Ihr Ehemann Bill versuchte sie zu warnen, dass der Schuss nach hinten losgehen könnte, und riet ihr, ihre eigenen Meinungsumfragen zu erheben, um am Puls der Wähler zu bleiben. Nach 8 Jahren Obama braue sich nämlich eine gehörige Menge Unzufriedenheit zusammen. Bill Clinton hörte nicht auf die Wahlkampfzentrale in New York, sondern fuhr auf eigene Faust durchs Land, um Reden zu halten und die Kampagne seiner Frau zu unterstützen. Dabei schlug ihm eine Welle von Frustration entgegen, vor allem unter weißen Männern aus dem sogenannten »Rostgürtel« (Rust Belt), dem Ruhrpott der USA, der von Pennsylvania bis Michigan und Wisconsin reicht – eigentlich die klassische Stammwählerschaft der Demokraten. Sie fühlten sich abgehängt und ungehört. Trotz aller Diffamierungen – und durchaus auch Fehler – des Trump-Lagers mehrten sich die »Flüsterer«, wie *The Hilltop* schrieb, jene Mittelschichtwähler nämlich, die sich im Gespräch vorbeugten und im Flüsterton gestanden: »Ich werde Trump wählen.«[95]

Zu all dem kam nun noch eine demokratische Kandidatin hinzu, die abgehoben und unsympathisch wirkte und als Politikerin auf unklare Weise mehrfache Multimillionärin geworden war. Als Bill und Hillary Clinton 2000 das Weiße Haus verließen, waren sie »pleite, ja sogar verschuldet«, gestand Hillary Clinton 2014 dem Sender ABC

News gegenüber.[96] Doch rasch fand sich für dieses Problems eine Lösung – nämlich in der **Clinton Foundation**, die seither über eine Milliarde Dollar an Spenden eingesammelt hat. Zwar war diese offiziell gemeinnützig, verfolgte kritischen Stimmen gemäß aber vor allem den Zweck, zwielichtigen Geschäftsleuten und anrüchigen Despoten über den guten Namen der Clintons Einfluss zu verschaffen – mit der Aussicht, dass die Clintons bald ins Weiße Haus zurückkehren könnten. Obwohl die Clintons ihr Leben in öffentlichen oder »gemeinnützigen« Ämtern verbracht haben, schafften sie es, in wenigen Jahren ein Vermögen von rund 230 Millionen Dollar anzuhäufen.

Als Hillary Clinton 2008 dann zwar nicht Präsidentin, aber immerhin Außenministerin wurde, erwies sich eine großzügige Spende an die Clinton Foundation als Schlüssel zu einer erfolgreichen Lobbyarbeit im US-Außenministerium. Bill Clinton hielt für Honorare von bis zu 750 000 Dollar Reden für Gruppen, die – natürlich aus purem Zufall – oft wichtige Anliegen an seine Frau, die Außenministerin, hatten.

Diese Einflussnahme dokumentierte der Korruptionsforscher Peter Schweizer in seinem minutiös recherchierten Buch *Clinton Cash: The Untold Story of How and Why Foreign Governments and Businesses Helped Make Bill and Hillary Rich* (»Clinton Cash: Die unerzählte Geschichte, wie ausländische Regierungen und Firmen halfen, Bill und Hillary Clinton reich zu machen«), zu dem 2016 auch ein Dokumentarfilm erschien.[97] Schweizers Recherchen irritierten besonders linke Clinton-Wähler, da er Zusammenhänge der Clintons mit allen möglichen dubiosen Machenschaften nachweisen konnte: mit Regenwaldzerstörern und brutalen Gewerkschaftsgegnern in Kolumbien, mit der Abspaltung des kriegsgebeutelten Südsudans, der indischen Atombombe, dem kasachischen Diktator Nursultan Nasarbajew und der Föderalen Agentur für russische Atomenergie Rosatom, saudischen Waffenlieferungen, mit den Großbanken Barclays und UBS, mit Milliarden Dollar veruntreuter Erdbebenhilfe in Haiti und so fort.

Vor dem Wahlkampf 2016 mussten die US-Demokraten nach 8 Jahren Obama feststellen, dass sie pleite waren. Und wer kam ihnen zu Hilfe? Die Regierung von Angela Merkel. Wie die Autorin Vera Lengsfeld 2016 enthüllte, spendete diese aus heiterem Himmel mindestens 4,7 Millionen Euro deutsche Steuergelder an die Clinton Foundation.[98]

Anstatt diese dubiosen Geschäfte über die offiziellen E-Mail-Konten des Außenministeriums abzuwickeln, richtete Außenministerin Hillary Clinton im Keller ihres Privatwohnsitzes in Chappaqua, New York, einen geheimen E-Mail-Server ein, der unter einer anonymen Domain lief und von ihren eigenen IT-Spezialisten verwaltet wurde, die keine Geheimhaltungsstufe hatten. Das war illegal.

Barack Obama behauptete zwar, von diesem Arrangement nichts gewusst zu haben, nutzte es aber, um unter einem Pseudonym mit Clinton zu kommunizieren.[99] Nachdem am 11. September 2012 bei einem Anschlag im lybischen Bengasi vier Amerikaner umgekommen waren, entdeckten die Ermittler die Existenz dieses E-Mail-Servers. Als der Kongress am 4. März 2015 Einsicht in diesen geheimen E-Mail-Verkehr der Außenministerin verlangte, löschten Hillary Clintons IT-Mitarbeiter bis zum 25. März 2015 mit der Open Source Software BleachBit ganze 31 839 E-Mails, zerstörten alle Computer und Blackberrys und auch ihre eigenen Geräte mit einem Hammer. Auch dies war ganz offensichtlich illegal. Die FBI-Agenten, die diesen Fall untersuchen sollten, ihn stattdessen aber begraben haben, waren dieselben, die später für die angebliche »Trump-Russland-Verschwörung« verantwortlich waren: **Peter Strzok, Lisa Page, Andrew McCabe** und **James Comey**.

Am 27. Juni 2016, also mitten im Wahlkampf, traf sich die US-Justizministerin Loretta Lynch auf dem Rollfeld des Flughafens in Phoenix, Arizona, heimlich mit Bill Clinton, während Hillary von FBI und Justizministerium wegen Geheimnisverrats verhört wurde. Dieses geheime Treffen wäre nie bekannt geworden, hätte der Lokalreporter

Christopher Sign in Phoenix nicht davon Wind bekommen.[100] Sign schrieb 2020 ein Buch darüber,[101] erhielt Todesdrohungen und beging 2021 im Alter von 45 Jahren unter rätselhaften Umständen Selbstmord. Eine typische Clinton-Geschichte.[102]

Lynch und ihr FBI-Chef Comey hätten niemals die Ermittlungen zu den Clinton-E-Mails übernehmen dürfen, da sie beide mit den Clintons privat und beruflich verbandelt waren.[103] Lynch wies den FBI-Chef an, statt »Ermittlung« lieber »Angelegenheit« zu sagen und Clintons Verhalten in seinem Bericht »sehr nachlässig« statt »grob fahrlässig« zu nennen. Clinton-Mitarbeitern, die normalerweise als Beschuldigte hätten gelten sollen, wurde grundlos Immunität gewährt, und sie durften ihre Chefin bei der nur dreieinhalbstündigen Vernehmung beraten. Das FBI half sogar mit, die Computer von Clinton-Mitarbeitern zu zerstören, die eigentlich Beweismittel waren, und Comey hatte mit dem Verfassen seines Pressestatements zur Entlastung Clintons begonnen, noch bevor er die Präsidentschaftskandidatin verhört hatte. Dabei lag eine solche Entscheidung gar nicht im Aufgabenbereich eines FBI-Chefs, sondern in dem der Staatsanwälte des Justizministeriums. Letztlich musste Comey deshalb am 9. Mai 2017 seinen Hut nehmen. Der stellvertretende Generalbundesanwalt Rod Rosenstein schrieb, der FBI-Chef habe »schwerwiegende Fehler begangen«.[104]

Eigentlich wäre die Clinton-E-Mail-Affäre damit begraben gewesen. Im Oktober 2016 kam das FBI jedoch wieder unter Zugzwang, nachdem es in einem Sexskandal um den New Yorker Abgeordneten **Anthony Weiner**, den damaligen Ehemann der Hillary-Clinton-Beraterin **Huma Abedin**, Weiners Laptop konfisziert hatte.[105] Auf diesem Laptop fanden sich auch E-Mails von Hillary Clinton, die für die FBI-Ermittlung relevant sein konnten. So musste FBI-Chef James Comey am 28. Oktober bekannt geben, dass das FBI die Ermittlungen wegen Hillary Clintons E-Mails wieder aufgenommen hatte. Allerdings vermeldete Comey am 5. November, die Ermittlungen seien ergebnislos eingestellt worden. Hillary Clinton war außer sich und gab Comey später eine Mitschuld daran, dass sie die Wahl verloren hatte.[106]

Andrew McCabe, der die Clinton-Ermittlung leitete, musste die Untersuchung eine Woche vor der Wahl abgeben, nachdem bekannt geworden war, dass seine Frau Jill McCabe 2015 von Clintons Freund Terry McAuliffe eine Wahlkampfspende in Höhe von 675 000 Dollar angenommen hatte.[107]

McCabes Ermittler Peter Strzok und Lisa Page einte ein außereheliches Verhältnis und brennender Hass auf den Kandidaten Donald Trump, der sich in 50 000 SMS niederschlug (siehe Kapitel 4). An jenem Tag, an dem Trump gewählt wurde, schrieb Strzok an Page: »OMG das ist furchterregend.« Und eine Woche später ließ ihn seine Geliebte wissen, sie müssten sich mit der Amtsenthebung von Richard Nixon im Zuge der Watergate-Affäre genauer befassen: »Wir haben eine große Aufgabe vor uns.« Strzok war vermutlich auch derjenige, der in Comeys Clinton-Bericht die Worte »grob fahrlässig« durch »sehr nachlässig« ersetzt und die FBI-Untersuchung gegen Donald Trump wegen angeblicher Russland-Verbindungen veranlasst hatte.[108]

Die Wahlnacht 2016

Am Wahlabend des 8. November 2016 war die ganze Welt der Überzeugung, dass Hillary Clinton gewinnen würde. Sogar im Trump-Lager war die Stimmung düster. Die republikanische Parteispitze erwartete nicht mehr als 204 Wahlmänner im Electoral College für Trump, für einen Sieg waren aber 270 nötig. Der Chefstratege der Republikaner, **Sean Spicer**, hatte schon begonnen, sich bei Fernsehsendern für einen neuen Job zu bewerben, und Clinton-Chefstratege John Podesta hatte vor Wochen aufgehört, Wählerumfragen in Auftrag zu geben. Bei Barack Obama im Weißen Haus knallten am Abend des 8. November bereits die Sektkorken, und Obama hatte für den

10. November ein Meeting mit Hillary Clinton angesetzt, um die Machtübergabe zu besprechen.

Währenddessen saß Donald Trump in seiner Kommandozentrale im Trump Tower und betrachtete niedergeschlagen die desolaten Wahlprognosen aus den sogenannten Wechselwählerstaaten, die es im US-Präsidentenwahlkampf zu gewinnen gilt. Der ABC-Redakteur Chris Vlasto rief Trump-Manager **David Bossie** an und berichtete ihm, dass Trump in acht von elf Wechselwählerstaaten 5–8 Prozent hinten lag. Das war ein uneinholbarer Abstand. Trumps Schwiegersohn Jared Kushner rief seinen Schwiegervater an und überbrachte ihm die schlechten Nachrichten. »Melania, Jared sagt, wir verlieren«, sagte Trump zu seiner Frau. »Was für eine Verschwendung von Zeit und Geld!«[109]

Doch die Prognosen waren falsch. Bald begann das Blatt sich zu wenden. Denn nun kamen die »heimlichen« Trump-Wähler zum Zug, die den Meinungsforschern und Umfrageinstituten nicht die Wahrheit zu sagen wagten, an der Wahlurne aber unbeobachtet handeln konnten. Um 22:21 Uhr ging der klassisch demokratische Arbeiterstaat Ohio an Trump, gefolgt von North Carolina um 23:07 Uhr und Florida um 23:30 Uhr. Um 2:20 Uhr am Morgen des 9. November rief die Presseagentur Associated Press die Trump-Wahlkampfleiterin **Kellyanne Conway** an und teilte ihr mit, dass Donald Trump die Wahl gewonnen hatte. Der abergläubische Trump hatte nicht einmal eine Siegesrede vorbereitet. Also versammelten sich die Mitglieder seines Wahlkampfteams, Kellyanne Conway, Stephen Miller, Steve Bannon, Jared Kushner und seine Tochter Ivanka, an Millers Computer, um schnell eine Siegesrede aus dem Hut zu zaubern.

Clinton-Wahlkampfchef Robby Mook hatte in der Woche zuvor dem Trump-Team zugesichert, sie würden innerhalb von 15 Minuten eine Niederlage eingestehen, sobald die Associated Press den Sieger gekürt hätte, und erwartete dasselbe von Trump. »Er hat uns im Prinzip das Messer auf die Brust gesetzt«, sagten Trump-Manager Corey

Lewandowski und David Bossie in ihrem Buch über den Wahlkampf, denn das Clinton-Lager rechnete fest mit einem Sieg.[110]

Laut einem Zeugen, mit dem der Journalist Edward Klein gesprochen hat, weigerte sich Hillary zunächst, ihre Niederlage zu akzeptieren, bis Barack Obama sie persönlich anrief und ihr sagte: »Du musst die Niederlage eingestehen.« Um 2:30 Uhr rief Huma Abedin bei Kellyanne Conway an, während die Trump-Mannschaft schon unterwegs zur Siegesfeier im Hilton war: »Ist Mr. Trump für Hillary zu sprechen?«

»Oh ja«, sagte Conway, »und wie er das ist«. Huma gab Hillary das Telefon. Im Hintergrund hörte sie den Jubel der Trump-Mannschaft aus dem Hilton Hotel. »Herzlichen Glückwunsch, Donald«, sagte sie.

Um 3:00 Uhr trat der neu gewählte Präsident der USA auf die Bühne des Hilton Hotels und versprach, »Präsident für alle Amerikaner« zu sein. Man solle »die Wunden der Spaltung« schließen und »als geeintes Volk zusammenkommen«.[111]

> »Unsere Kampagne ist eine unglaublich große Bewegung, die sich aus Amerikanern aller Rassen, Religionen, Hintergründe und Überzeugungen zusammensetzt, die erwarten, dass die Regierung dem Volk und den Menschen dient. Gemeinsam werden wir die dringende Aufgabe in Angriff nehmen, unsere Nation wiederaufzubauen und den amerikanischen Traum zu erneuern. Ich habe mein gesamtes Leben im Geschäftsbetrieb verbracht und mir angesehen, wie viel ungenutztes Potenzial es in Projekten und bei Menschen auf der ganzen Welt gibt.
>
> Das ist es, was ich jetzt für unser Land tun möchte. Ich habe unser Land so gut kennengelernt. Es hat so ein enormes Potenzial. Es wird eine sehr schöne Sache sein. Jeder einzelne Amerikaner wird die Möglichkeit haben, sein volles Potenzial auszuschöpfen.
>
> Die Männer und Frauen unseres Landes, die jetzt in Vergessenheit geraten sind, werden nie wieder vergessen werden.«[112]

Donald Trump, 9. November 2016

Donald Trump dachte aufgrund seiner vielen positiven Erfahrungen mit Abertausenden Wählern im Wahlkampf tatsächlich, das Land hinter sich einen zu können und zu Wohlstand und Stärke zu führen. Doch bereits in der Wahlnacht riefen die Linken zum »Widerstand« auf.

Das Trump-Derangiertheitssyndrom

Noch in der Wahlnacht gingen Tausende Linke auf die Straßen, um gegen den demokratischen Wahlsieg des politischen Gegners zu protestieren. In Portland, Oregon, wurden Polizisten und Journalisten angegriffen, Schaufenster eingeschlagen und Flaschen geworfen, in Indianapolis, Indiana, zwei Polizeibeamte von Steinewerfern verletzt und in Oakland, Kalifornien, Benzinbomben und Kanonenböller auf Polizisten geworfen. Trump-Gegner erklärten, das Ende der Demokratie sei gekommen. Der neue Präsident würde Frauen an den Herd ketten, LGBTQ-Rechte aufheben, die Sklaverei wieder einführen, Moslems deportieren und eine Berliner Mauer an der Grenze zu Mexiko errichten. Die Zeitschrift *Rolling Stone* zitierte einen anonymen Bürgerrechtler, laut dem Trump einen Überwachungsstaat einführen würde, um seine Kritiker mundtot zu machen.[113] Andere Medien beschuldigten Trump, eine »Feindesliste« zu führen. »Es verging kein Tag, an dem Trump nicht mit Hitler verglichen und als Monster, Faschist oder Chauvinist beschimpft wurde«, berichtete die *Wall-Street-Journal*-Autorin Kimberly Strassel.[114] Und Joe Garifoli vom *San Francisco Chronicle* rief in der Woche nach der Wahl den »Widerstand« aus.[115]

Niemand fühlte sich mehr betrogen als Hillary Clinton. Sie hatte eine ganze Milliarde Dollar ausgegeben, viermal so viel wie Trump. Ihre Großspender, zu denen Devisenspekulant George Soros, Medienunternehmer Haim Saban und Hyatt-Erbe Jay Robert Pritzker gehörten, konnten nicht fassen, wie man mit so viel Geld verlieren konnte. So begann sie, auf eine Nachzählung zu drängen. Ihr Mann Bill Clinton warnte davor, die Wahl anzufechten, »weil es vermutlich nur eine Handvoll fraglicher Stimmen gibt, die am Ende eher Trump stärken« würden. Clinton-Anwalt Marc Elias hingegen, der sich seit der umstrittenen Wahl des Komikers Al Franken zum Senator in Minnesota 2008 darauf spezialisiert hatte, für die Demokraten Wahlen anzufechten, sagte, die Clinton-Kampagne habe »eine Verantwortung gegenüber den 64 Millionen Amerikanern, die Hillary Clinton gewählt haben«, die Nachzählung zu fordern. Am Ende ergab die Nachzählung in Bundesstaat Wisconsin, wo Trump mit 22 000 Stimmen Vorsprung gewonnen hatte, 131 zusätzliche Stimmen für Trump.[116]

Als Nächstes wandten sich die Demokraten dem Electoral College zu, dem Delegiertenkolleg, in dem der Präsident von den Wahlmännern aus den einzelnen Bundesstaaten gewählt wurde. Trump hatte 306 Wahlmänner gewonnen, brauchte aber nur 270, um Präsident zu werden. Wenn die Demokraten 37 Wahlmänner überzeugen könnten, nicht für Trump zu stimmen, könnten sie seine Wahl verhindern, so der Plan.[117] Zwar war es in der Geschichte der Vereinigten Staaten noch nie vorgekommen, dass dem Gewinner nach Wahlmännern das Präsidentenamt verwehrt blieb, doch einen Versuch war es wert. Denn wenn Donald Trump nach Ansicht der Demokraten eine »Marionette Putins« war, musste unbedingt verhindert werden, dass er ins Weiße Haus einzog. Am 9. Dezember 2016 berichtete die *Washington Post* über einen »geheimen CIA-Bericht«, laut dem Russland Trump geholfen haben sollte, die Wahl zu gewinnen. Die Beweise dafür: »anonyme Geheimdienstquellen«.[118]

Clinton-Berater John Podesta forderte ein Geheimdienstbriefing für die 538 Wahlmänner, um sie zu überzeugen, dem Wahlsieger ihre Stimme doch nicht zu geben. Die Abstimmung im Electoral College war seit 200 Jahren reine Formsache gewesen. Doch jetzt wurden die

Wahlmänner mit Briefen, Anrufen und sogar Todesdrohungen überhäuft: »Der vergangene Monat war ein Testlauf der politischen Einschüchterung«, hieß es in *POLITICO*. »Ein Wahlmann aus Texas wurde mit 200 000 E-Mails bombardiert«, schrieb Kyle Cheney ebendort. »Ich hätte mir nie vorstellen können, dass man Menschen so belästigen kann«, sagte Jim Rhoades, ein republikanischer Wahlmann aus Michigan, der einen Hausmeisterdienst hat. »Das ist total verrückt. Ich habe eine Menge Kunden verloren.«[119]

Am 19. Dezember 2016 störten wütende Linke in einer Aktion, die von der Clinton-Podesta-NGO MoveOn organisiert wurde, die Zertifizierung des Wahlergebnisses in Madison, Wisconsin. »Ihr habt unser Land verkauft!« rief eine hysterische Demonstrantin. »Ihr seid so armselig, ihr verdient es nicht, in diesem Land zu leben. Das ist *mein* Amerika!« Und wieder andere Wahlgegner skandierten: »Schämt euch! Schämt euch! Schämt euch!« Die Geschäftsführerin von MoveOn, Anna Gallanda, warnte auf MSNBC, das sei nur »ein Vorgeschmack dessen, was auf uns zukommen wird«.[120] Wie recht sie doch hatte.

Ein Redakteur des *American Conservative*, Justin Raimondo, erfand einen Begriff für den grassierenden Anti-Trump-Wahn: »Trump Derangement Syndrome« (TDS, »Trump-Derangiertheitssyndrom«).[121] Komikerin Kathy Griffin veröffentlichte ein Bild von sich mit einem abgehackten blutigen Trump-Kopf und schwor, sowohl Trump wie seinen 11-jährigen Sohn Barron zu verprügeln. Sängerin Madonna sagte 3 Tage nach Trumps Amtseinführung, sie denke »oft daran, das Weiße Haus in die Luft zu sprengen«.[122] Schauspieler Robert De Niro sagte 2018 bei der Verleihung des Tony Awards, es könne nun »nicht mehr heißen: Weg mit Trump!, es heißt: Fuck Trump!«[123] *Stranger-Things*-Schauspieler David Harbour forderte das Publikum bei einer Preisverleihung 2017 auf, »ein paar Leuten die Fresse zu polieren«.[124] Dabei waren es doch die Trump-Anhänger, die gefährlich sein sollten.

Der Widerstand wird geboren

Eine Woche nach Trumps Überraschungssieg, vom 13. bis zum 15. November, trafen sich die Anführer der Demokraten im Mandarin Oriental Hotel in Washington, D. C., um den »Widerstand« zu organisieren. Einberufen wurde das Treffen von Obama- und Clinton-Supporter George Soros und seiner Democracy Alliance, die seit 2005 mit 500 Millionen Dollar von Soros und anderen linken Milliardären wie Tom Steyer und Donald Sussmann linksradikale Organisationen wie Black Lives Matter und das Correctiv-Vorbild Media Matters for America unterstützt hatten. Hillary Clinton und die Demokraten waren von Soros im Wahlkampf 2016 mit 25 Millionen Dollar unterstützt worden. Der ungarisch-amerikanische Börsenspekulant hatte auf fallende Kurse gesetzt und, wie das *Wall Street Journal* berichtete, nach Trumps Sieg, der die Kurse nach oben schnellen ließ, eine Milliarde Dollar verloren.[125] Er sollte die nächsten 4 Jahre damit verbringen, auf einen Sturz Trumps hinzuarbeiten.[126]

Unter den Teilnehmern waren Vertreter linker NGOs und des linken Flügels der Demokratischen Partei wie die Sprecherin des Abgeordnetenhauses Nancy Pelosi, die Senatorinnen Elizabeth Warren und Kirsten Gillibrand und der Abgeordnete Keith Ellison, Sprecher des progressiven Flügels, außerdem CNN-Kommentator Van Jones, Media-Matters-Chef David Brock und die antisemitische Islamistin Linda Sarsour. Das Treffen war ursprünglich als Siegesfeier für Hillary Clinton gedacht gewesen und sollte der Planung dienen, wie man die ersten 100 Tage ihrer Amtszeit mit einer radikalen, progressiven Agenda füllen könne. Nun wurde Soros plötzlich hinzugezogen, um den »Widerstand« gegen Trump zu organisieren. Das Ziel war, wie *POLITICO* schrieb, »die Macht wieder an sich zu reißen«.[127]

Soros präsentierte einen Plan, wie sich die wichtigsten Geldgebergruppen zu einem mächtigen neuen Fonds verschmelzen ließen, der speziell darauf abzielte, Trumps Agenda zu untergraben und republikanische Initiativen schnell zu kontern. Es war die Geburtsstunde des »Widerstands« und brachte eine deutsche Erfindung in die USA, die es zuvor nicht gegeben hatte: Die sogenannte »Antifa«, schwarz maskierte, paramilitärisch organisierte Straßenschlägertrupps, benannt nach Ernst Thälmanns Antifaschistischer Aktion der Kommunistischen Partei Deutschlands (KPD), die in der Weimarer Republik die SPD bekämpft hatte – streckenweise gemeinsam mit der SA.[128]

Nach dem Tod des jungen schwarzen Wiederholungstäters Freddie Gray 2015 in Baltimore gab Soros' Open Society Foundation 650 000 Dollar zur Unterstützung der neomarxistischen Black-Lives-Matter-Gruppe aus, die sich auf die militanten Black Panthers und die Kommunistin und Polizistenmörderin Assata Shakur beriefen. Black Lives Matter (BLM) war 2013 nach dem Tod des schwarzen Jugendlichen Trayvon Martin von der schwarzen Marxistin Patrisse Cullors als Onlinebewegung mitbegründet worden, die 2015 in einem Video sagte: »Wir sind ausgebildete marxistische Agitatorinnen. Wir sind mit Ideologie und Theorie bestens vertraut.«[129] Cullors wurde von dem ehemaligen Anführer von Weather Underground, Eric Mann, ausgebildet, der führenden linksradikalen Terrorgruppe der 1970er-Jahre in den USA, die nach dem Vorbild von Serienmörder Charles Manson einen Rassenkrieg anzetteln wollte; der Weathermen-Movement-Terrorist William »Bill« Ayers wurde später Redenschreiber für Barack Obama. 2021 musste Cullors als Chefin von Black Lives Matter zurücktreten, nachdem bekannt geworden war, dass sie sich für BLM-Spendengelder in Höhe von 6 Millionen Dollar in Los Angeles eine Villa gekauft hatte.[130]

Nach der Trump-Wahl 2016 kamen zu Black Lives Matter die Antifa nach deutschem Vorbild hinzu, angeführt durch die Washingtoner Gruppe Refuse Fascism, welche gewalttätige Aktionen während der Amtseinführung von Donald Trump am 20. Januar 2017 plante. Gegründet wurde Refuse Fascism von Mitgliedern der Revolutionären Kommunistischen Partei sowie dem linksradikalen schwarzen

Politiker Cornel West. 2016 finanzierte die von Soros unterstützte Alliance for Global Justice die Refuse-Fascism-Aktivisten mit 50 000 Dollar. Der »Frauenmarsch« vom 21. Januar 2017, der von den Medien als spontaner Protest gegen Trump dargestellt wurde, wurde ebenfalls mit viel Geld vom Soros-Netzwerk finanziert.

Sogleich am 11. November 2016 gründeten linksradikale Anarchisten in Washington Disrupt J20 mit dem Ziel, die Amtseinführung des gewählten Präsidenten zu stören. »Wir wollen die Amtseinführung verhindern«, sagte Organisator Legba Carrefour zu *US News & World Report*, »und die Stadt lahmlegen«. Das Ziel sei Chaos (*clusterfuck*).[131]

Am 17. Januar 2017 enthüllte der Investigativjournalist James O'Keefe Pläne von Disrupt J20, Antifascist Coalition und Smash Racism DC, die Hauptstadt zum Stillstand zu bringen, S-Bahnen mit Ketten zu behindern und Straßenbarrikaden zu errichten. »Leute mit der Faust in die Kehle zu schlagen ist auch eine gute Idee«, gab Smash-Racism-Organisator Mike Isaacson in einem verdeckten Video zu verstehen.[132] Aufgrund von O'Keefes Enthüllungen wurde einer der Organisatoren der Randale, Scott Ryan Charney, verhaftet.[133]

Am Tag der Amtseinweihung randalierten in Washington Tausende maskierter Linksradikaler, griffen Trump-Unterstützer an und setzten eine 70 000-Dollar-Stretchlimousine in Brand, die Muhammad Ashraf, einem muslimischen Einwanderer aus Pakistan, gehörte. Daraufhin sammelte der Trump-Befürworter und Limousinenvermieter **Mike Dennings** aus Daytona Beach, Florida, Geld für Ashraf.[134] Autos wurden abgefackelt, Trump-Anhänger attackiert, Scheiben eingeschlagen und Steine auf die Polizei geworfen, die mit Tränengas und Blendgranaten antwortete. 230 Randalierer wurden verhaftet, aber das Justizministerium ließ alle Anklagen fallen.

Die *Wall-Street-Journal*-Reporterin Kimberley Strassel erinnert sich: »Ich sah viele besorgte Bürger mit Anti-Trump-Schildern, die friedlich demonstrierten, wie es seit jeher in unserem Land üblich ist und worauf wir stolz sein sollten. Doch hinzu kamen jetzt Menschen, die Scheiben einschlugen und jedem hinterherjagten, der ein MAGA-Käppi (»Make America Great Again«) trug, und die Medien belästigten und beleidigten. Es waren Leute mit Schildern darunter, die eine »Amtsenthebung« forderten und versprachen, nicht eher zu ruhen, bis Trump gewaltsam aus dem Amt entfernt worden sei. Dies ist ein Angriff auf die Demokratie mithilfe der Taktik der verbrannten Erde. Und so sah der sogenannte ›Widerstand‹ aus.«[135]

Noch nie hatte eine paramilitärisch organisierte Extremistentruppe in den USA am Tag der Amtseinführung eines neuen Präsidenten in der Hauptstadt randaliert. Die Presse aber schwieg dazu und machte sich über Trump lustig, der angeblich Fotos retuschieren ließ, um das Publikum bei seiner Vereidigung größer aussehen zu lassen. Bei der Amtseinführung von Barack Obama seien 1,2 Millionen Menschen im Publikum gewesen, höhnte die Presse, bei Trump höchstens 600 000. Aber niemand hatte Obamas Publikum mit Pfefferspray, Mollis und Steinen angegriffen.

Der Plan, den Putsch weiterzuführen

2 Tage nach der Wahl gab der scheidende Präsident Barack Obama seinem neu gewählten Nachfolger Donald Trump eine Führung durch das Weiße Haus und warnte ihn bei dieser Gelegenheit davor, General Michael Flynn – Obamas Erzfeind – zu seinem Nationalen Sicherheitsberater zu machen. Während die beiden Männer für die Fernsehkameras posierten, trank Michelle Obama Tee mit Melania Trump. Man bemühte sich, Normalität und Gelassenheit beim demokratischen Machtwechsel zu suggerieren. Doch laut Insiderberichten waren die Obamas hinter den Kulissen außer sich vor Wut und Enttäuschung.[136]

Alsbald begannen Obama-Mitarbeiter der Presse einzuflüstern, bei der Trump-Wahl sei es nicht mit rechten Dingen zugegangen. Am

6. Dezember 2016 beauftragte Obama den CIA-Chef John Brennan, einen ehemaligen Marxisten, alle Geheimdienstinformationen in Bezug auf eine eventuelle russische Einmischung in die Trump-Wahl zusammenzutragen, also eine sogenannte »Intelligence Community Assessment« (ICA, »Bewertung vonseiten der Geheimdienste«) durchzuführen. Und das ging schnell, denn schließlich hatten CIA und FBI schon im August 2016, wenn nicht früher, angefangen, Anrüchiges über angebliche Russland-Verbindungen der Trump-Kampagne zu sammeln. Nun mussten sie diese Behauptungen nur noch aus der Schublade holen und an die Presse durchstechen.[137]

Am 9. Dezember 2016 meldete die *Washington Post*: »Die CIA ist in geheimer Einschätzung zu dem Schluss gekommen, dass sich Russland in die Wahl 2016 eingemischt hat, um Donald Trump zu helfen, das Präsidentenamt zu gewinnen.«[138] Diese Story war die erste von vielen, die an die *Washington-Post*-Reporter Adam Entous, Ellen Nakashima und Greg Miller »geleakt« wurden. Aber ihre Quellen waren keine mutigen Whistleblower, die auf Missstände im Staatsapparat hinweisen wollten, sondern die obersten Spitzenleute der Obama-Geheimdienste, die den neu gewählten Präsidenten aufgrund von Halbwahrheiten anschwärzen wollten. Die *New York Times* meldete an demselben Tag, »amerikanische Geheimdienste [seien] mit ›großer Sicherheit‹ der Ansicht [...], dass Russland heimlich in der Schlussphase des Wahlkampfs interveniert hat, um Hillary Clinton zu schaden und Donald Trump zu helfen«.[139] Am 14. Dezember 2016 behauptete NBC unter Berufung auf »hochrangige Geheimdienstquellen«, Wladimir Putin habe »persönlich an der geheimen russischen Kampagne teilgenommen, um die US-Wahl zu beeinflussen«.[140]

Das Weiße Haus schlug in die gleiche Kerbe: »Mr. Trump wusste eindeutig, dass Russland mit Cyberangriffen Ministerin Clinton schaden und ihm helfen wollte«, sagte Obama-Pressesprecher Josh Earnest am 15. Dezember 2016. Trump-Wahlkampfleiterin Kellyanne Conway erwiderte, die Obama-Regierung stehe offenbar »unter dem

Druck von Hillary Clinton, die das Wahlergebnis nicht akzeptieren kann«.[141]

Der ICA-Geheimdienstbericht zur »russischen Wahlmanipulation« war dazu gedacht, die Vorwürfe aus dem Steele-Dossier auch nach der verlorenen Wahl und dem bevorstehenden Machtwechsel am Leben zu erhalten. Barack Obama wies den CIA-Chef John Brennan an, den hanebüchenen Steele-Vorwürfen das Gütesiegel der CIA zu verpassen. »Der Geheimdienstbericht war dazu da, den friedlichen Machtwechsel zu torpedieren und die USA ins Chaos zu stürzen«, kommentierte Journalist Lee Smith.[142] Ziel war es, Trump zu behindern und nach Möglichkeit aus dem Amt zu vertreiben. Und dahinter steckte der Friedensnobelpreisträger Barack Obama. »Wenn Präsident Obama die Geheimdienstbewertung nicht angestoßen hätte, hätten wir sie nicht gemacht,« sagte Geheimdienstchef James Clapper im Gespräch mit Anderson Cooper auf CNN im Juli 2018. »Das hat diese ganzen Untersuchungen erst ins Rollen gebracht. [...] Verantwortlich dafür ist Präsident Obama. Er hat uns beauftragt, diese Geheimdiensteinschätzung vorzunehmen.«[143]

Zu dieser Zeit begann der Vorsitzende des Geheimdienstausschusses im Repräsentantenhaus, **Devin Nunes**, ein Republikaner aus Kalifornien, sich zu wundern, denn vor Dezember 2016 hatten die Geheimdienste keinen Alarm wegen angeblicher russischer Wahlmanipulation geschlagen. »Sie haben uns um Thanksgiving herum [Ende November] ein Briefing gegeben,« gab Nunes zu Protokoll. »Und das war bloße Routine, nichts Neues: ›Die Russen spielen ihre Spielchen, wie sie es immer tun‹.«[144]

Als dann nachträglich die Russenhysterie in Washington ausbrach, wurde Nunes zum ersten Mal misstrauisch: »Wir dachten damals, dass die Geheimdienste mit offenen Karten spielen. Wenn wir geahnt hätten, dass etwa faul ist, hätten wir sie damit gleich im Dezember, als sie ihre Einschätzung änderten, konfrontiert«, sagte Nunes. »Ich wette, sie wünschen sich, dieses Meeting im November hätte nie stattgefunden. Denn sie haben uns das Briefing gegeben, bevor sie sich ihre Story zurechtgelegt haben.«[145]

Nach der Meldung in der *Washington Post* vom 9. Dezember verlangten Nunes und die Republikaner im Geheimdienstausschuss, zu erfahren, was los war. Warum wusste die Presse Dinge, die den Abgeordneten vorenthalten wurden?»Wir forderten ein Briefing, um zu erfahren, ob an der Story in der *Post* etwas dran war. Aber die Dienste weigerten sich und sagten, man müsse erst auf den Geheimdienstbericht warten.«[146] Offenbar wollten die Verschwörer sichergehen, keinen zweiten Fehler zu machen, und alle Widersprüchlichkeiten in den konstruierten Vorwürfen gegen das Trump-Team ausräumen.

Doch Nunes begann, den Braten zu riechen.»Wenn man wirklich eine Geheimdienstbewertung vornimmt, dann sollten alle siebzehn US-Geheimdienste daran beteiligt sein. Doch hier geschah das Gegenteil. Es waren nur das FBI, die CIA, die NSA sowie der DNI (Director of National Intelligence) beteiligt. Sie haben es abgekapselt, genau wie bei Crossfire Hurricane, und haben alle anderen ausgeschlossen, um nichts rausgeben zu müssen.«

»Ist das Ihre Absicht? Leaks gegen Trump?«

An Weihnachten 2016 trat laut Edward Klein die Nationale Sicherheitsberaterin **Susan Rice** an den scheidenden Präsidenten Barack Obama mit einem Plan heran, Trump zu sabotieren, bevor er überhaupt im Amt war: Sie würden die Sicherheitsstufe der Abhörprotokolle des Trump-Teams herabstufen, damit sie im Behördenapparat in Washington in möglichst breiten Umlauf kämen. Dann müsste man nur noch abwarten, bis Trump-feindliche Beamte sie an die Presse weitergäben. Rice war eine langjährige Verbündete Obamas, eine Cholerikerin, die für ihre Gossensprache berüchtigt war. So hatte sie beispielsweise den deutschen UNO-Botschafter und heutigen Chef der Münchner Sicherheitskonferenz Christoph Heusgen 2014 als *motherfucker* bezeichnet.[147]

Bei einem vorweihnachtlichen Essen mit den Obamas und Chefberaterin **Valerie Jarrett** war Rice erst zum Nachtisch eingeladen, da Michelle Obama sie nicht ausstehen konnte.»Michelle wollte nicht ein ganzes Abendessen mit Susan teilen müssen«, sagte eine anonyme Zeugin zu Edward Klein.»Sie wollte, dass Barack das Risiko versteht, wenn er bei Susans Plan mitspielt, die Trump-Regierung zu sabotieren.«[148]

Susan Rices Vorhaben sah folgendermaßen aus: Da die an den Haaren herbeigezogenen »Russiagate«-Vorwürfe nicht gereicht hatten, um Trumps Sieg zu verhindern, mussten sie jetzt an die Öffentlichkeit durchgestochen werden, um die Legitimität von Trumps Präsidentschaft vom ersten Tag an in Zweifel zu ziehen. Und vielleicht würde es sogar für eine Amtsenthebung reichen. Dazu empfahl sie, so viele Trump-Mitarbeiter wie möglich zu identifizieren, die abgehört worden waren, ihre Namen breit zu streuen und die Geheimhaltungsstufe der Abhörprotokolle so weit herunterzustufen, dass sie an die Öffentlichkeit gelangten. Allein Obamas UNO-Botschafterin Samantha Power hat letztlich über 260 solche »Demaskierungen« von Trump-Mitarbeitern unterzeichnet, behauptet aber, nichts davon gewusst zu haben. Jede einzelne davon war vermutlich illegal.

Valerie Jarrett und Michelle Obama hielten genauso wenig von Rices Plänen wie von ihr, sagte die anonyme Zeugin. Wenn ihre Intrige aufging, Trump tatsächlich eine Verschwörung mit Putin nachgewiesen werden könnte und er daraufhin versuchen würde, die Untersuchung zu behindern, würde Trump vermutlich des Amtes enthoben. Wenn jedoch nichts dran war, und Trump beweisen könnte, dass Obama seine Macht missbraucht hatte, um gegen seinen politischen Gegner zu spionieren, wäre Obamas Ansehen nachhaltig beschädigt.

Das Weiße Haus war festlich geschmückt, die Stimmung der Obamas aber gedrückt. Trump hatte lautstark damit gedroht, alles zunichtezumachen, wofür die Obamas 8 Jahre lang gekämpft hatten: die unbeliebte Gesundheitsreform, das israelfeindliche Iranabkommen, das teure Pariser Klimaabkommen und die auch bei Linken umstrittenen Freihandelsabkommen TTIP und TPP. Michelle klagte über Migräne, Barack nahm das Schlafmittel Zolpidem. Doch Rice wollte noch ihren Plan vorstellen, um Trump aufzuhalten, bevor der Präsident mit seiner Familie in den Weihnachtsurlaub flog.[149]

»Susan war ungewöhnlich nervös, als sie sich an den Tisch setzte«, erzählte Jarretts Freundin. »Sie zwang sich zu lächeln, sah sich nicht um, sondern las von einem Zettel die Namen von Trump-Mitarbeitern vor, die in den Geheimdienstberichten auftauchten, darunter auch Michael Flynn.« Da wurde sie von Michelle Obama unterbrochen: »Diese Geheimdienstberichte gegen die Trump-Leute zu verwenden – ist das politisch motiviert? Schlagen Sie wirklich vor, die Geheimdienstinfos zu nutzen, um Trump zu sabotieren? Das klingt nämlich so.« Rice dementierte. Es gehe um die nationale Sicherheit, nicht um Parteipolitik. Es sei erwiesen, dass die E-Mails von Clinton-Berater John Podesta und der Demokratischen Partei von Russen gehackt worden seien und dass mehrere Trump-Mitarbeiter Kontakte zu Russland hätten. Es ist nicht klar, ob Rice zu diesem Zeitpunkt wusste, dass diese Behauptungen durch die Clinton-Kampagne erfunden worden waren.

Laut Investigativjournalist Seymour Hersh wurden die E-Mails der Demokratischen Partei vom Mitarbeiter Seth Rich geleakt, der am 10. Juli 2016 tot aufgefunden wurde.[150]

»Susan hatte Angst, Trump würde die gesamten Beweise für seine Verschwörung mit Russland verschwinden lassen, sobald er im Amt ist,« erklärte besagte Zeugin weiter. »Michelle unterbrach wieder und fragte: ›Ist das wirklich der Grund, aus dem Sie die Sicherheitsstufe herabsetzen lassen wollen? Um Beweise zu sichern? Nicht etwa, um Trump eins auszuwischen?‹« Rice nickte. »Aber würde es so eine Herabsetzung nicht wahrscheinlicher machen, dass diese Infos geleakt werden?« Rice nickte wieder. »Ist das Ihre Absicht? Leaks gegen

Trump?« Rice antwortete nicht. »Solche Leaks könnten uns eines Tages noch in den Arsch beißen«, warnte daraufhin Michelle Obama.[151] Barack Obama stand auf und begann, im Speisezimmer auf und ab zu tigern, wie er es oft tat, wenn er eine schwierige Entscheidung zu treffen hatte. Er holte sich einen Brandy und kam wieder an den Tisch zurück. Es herrschte eine unangenehme Stille. »Ich sah den Präsidenten an«, so die Gesprächsteilnehmerin. »Es gab ein Dilemma. Es war ganz offensichtlich nicht in Ordnung, Trump mit illegalen Leaks zu untergraben. Aber Barack konnte argumentieren, dass es seine patriotische Pflicht sei, darauf hinzuweisen, dass es möglicherweise eine Zusammenarbeit zwischen der Trump-Kampagne und den Russen gegeben hatte, um den Ausgang der Wahl zu beeinflussen.«

Da meldete sich Valerie Jarrett zu Wort und warf ein, FBI-Chef James Comey glaube, »dass da was dran ist. Das FBI untersucht mögliche Verbindungen zwischen der Trump-Kampagne und den Russen. Da muss also etwas dran sein«. Jarrett wusste, wie man mit den Obamas umgeht, insbesondere mit Michelles Sorge um den Ruf ihres Mannes. So gab Jarretts Unterstützung Rice schließlich grünes Licht. Barack hätte zu diesem Zeitpunkt aktiv intervenieren müssen, um ihren Plan aufzuhalten. Aber er sagte nichts, sondern segnete ihn stillschweigend ab. »Valerie dankte Susan für ihr Kommen. Diese war damit entlassen, sammelte ihre Notizen ein und ging.«

So kam es, dass zum ersten Mal in der amerikanischen Geschichte ein scheidender Präsident beschloss, seinen Amtsnachfolger zu sabotieren.[152]

Der »Widerstand« ist ein gutes Geschäft

Nach seinem Weihnachtsurlaub auf Hawaii begann Obama, den erfolgten Machtwechsel aktiv zu untergraben. Er ermächtigte die Geschäftsführerin der Demokratischen Partei, **Donna Brazile**, ein

Krisenzentrum (*war room*)[153] zu schaffen, um gegen seinen Amtsnachfolger Trump zu intrigieren, geleitet von einigen Hillary-Clinton-Mitarbeitern, die ja nun unerwartet arbeitslos geworden waren und Leuten aus dem Umfeld der demokratischen Rufmordmaschine Media Matters for America des gewissenlosen Ex-Republikaners **David Brock** stammten. Die Medienkontrollorganisation Media Matters for America wurde 2004 von George Soros und John Podesta gegründet, um gegen Medienkampagnen wie die um Bill Clinton und Monika Lewinsky vorzugehen, und sie ist das Vorbild für ihr deutsches Pendant Correctiv. Sie verfügt heute über ein Budget von 18 Millionen Dollar, gibt sich im Unterschied zu dem steuerfinanzierten und angeblich gemeinnützigen Correctiv jedoch offen als linker Lobbyistenverein zu erkennen und erhält keine Steuergelder.

Die Anti-Trump-Hysterie war nach der Wahl dermaßen aufgepeitscht, dass linke NGOs und Lobbyvereine wie Pilze aus dem Boden schossen. »Tretet dem Widerstand bei! Lasst uns Donald Trumps Angriff auf die Umwelt stoppen! Spendet jetzt!«, schrieb Friends of the Earth, der Dachverband internationaler Umweltschutzorganisationen, in einer Rundmail vom November 2016. Daraufhin schnellten laut dem Sierra Club, dem ältesten Naturschutzverband der USA, die Spenden derart in die Höhe, dass seit der Wahl im November gegenüber dem Vorjahr ein Anstieg von 700 Prozent zu verzeichnen war. Und das linke Spendenforum 1630 Fund meldete eine Vervierfachung der Spenden in Trumps erstem Amtsjahr von 21 Millionen Dollar 2016 auf 79 Millionen Dollar 2017.[154]

Es begann eine weltweite Medienkampagne zur Dämonisierung von Donald Trump. Viele dieser Berichte entstammten dem Democracy Integrity Project (TDIP, »Projekt zur Bewährung der Integrität der Demokratie«), das von dem Ex-FBI-Analysten Daniel Jones, einem Ex-Mitarbeiter der demokratischen Senatorin Dianne Feinstein, gegründet worden war und für das 50 Millionen Euro von George Soros, Hollywood-Regisseur Rob Reiner, Obama-Freund

Tom Steyer und anderen Spendern gesammelt wurden.[155] Den TDIP-Steuererklärungen zufolge erhielt Jones für seine Dauerbeschallung der Medien mit Verleumdungen der Trump-Leute ein Gehalt von stattlichen 381 263 Dollar im Jahr.[156] Jones heuerte vom Democracy Integrity Project ausgerechnet die »Pipigate«-Erfinder Christopher Steele und Fusion GPS an, um weitere Schmutzwäsche zu finden beziehungsweise zu erfinden, und schickte Tag für Tag E-Mails mit Anti-Trump-Gerüchten an befreundete Reporter. 2017 zahlte TDIP 3,3 Millionen Dollar an die Detektei Fusion GPS und 250 000 Dollar an eine Firma im UK, deren Geschäftsführer Steele ist.

Die neuen Mitarbeiter des Anti-Trump-Strategiezentrums »haben alle ihre Wurzeln in den verschiedenen politischen Organisationen des David Brock«, schrieb dazu der *Washington-Post*-Journalist Philip Rucker.[157] Als mit Trumps Amtsantritt die »Russland-Verschwörung« Fahrt aufnahm, waren Jones' Democracy Integrity Project und Brocks Media Matters for America die Dreckschleudern Nummer eins. In einer Nachricht vom März 2017 prahlte Jones damit, Anti-Trump-Artikel bei den Nachrichtendiensten Reuters und The McClatchy Company platziert zu haben. »Jones produziert jede Menge journalistischen Müll«, sagte ein Kongressmitarbeiter dem Journalisten Paul Sperry.[158]

Während Trump die Hoffnung hegte, da die Wahl nun vorbei war, würden die Medien ihm endlich mal eine faire Chance geben, schossen sich alle Medien auf das lächerliche Märchen ein, Trump sei ein russischer Agent. Wer es wagte, diesem offensichtlichen Lügenkonstrukt zu widersprechen, war ganz schnell draußen. Als etwa die Fox-News-Journalistin **Lara Logan** die Trump-Russland-Verschwörungstheorie infrage stellte, wusste sie, dass dies einem »beruflichen Selbstmord« gleichkam. Dennoch ging Logan mit den Kollegen, die sich auf einzelne, anonyme Quellen im Staatsapparat verließen, hart ins Gericht und nannte die Dinge beim Namen: »Das ist kein Journalismus, das ist Hühnerkacke.«[159]

Der unabhängige Journalist **Matt Taibbi**, der 2023 durch die Twitter-Files berühmt geworden ist, erinnerte sich an den Moment, in dem die journalistische Neutralität »vollkommen verloren ging«, nämlich, »als Trump gewählt wurde«.[160] Als klassischer freiheitsliebender Linker war Taibbi einer der ersten Journalisten gewesen, die kritisch über den Irakkrieg berichtet hatten, als dies in der aufgeheizten, turbopatriotischen Stimmung nach dem 11. September in den USA keineswegs einfach war. Nun fühlte er sich angesichts der Kampagne gegen Trump stark in die Zeit zurückversetzt, als seine Kollegen alle mit Scheuklappen im Gleichschritt marschierten. »Dieser Moment hat meine Karriere verändert«, erklärte Taibbi, der sich 2020 mit seiner Nachrichtenseite Racket News selbstständig machte. »Jeder, der sich öffentlich über Trump in einer Weise äußerte, die nicht mit der Agenda übereinstimmte, hatte enorme Repressalien zu befürchten. Es war verrückt.«[161]

Taibbi und andere linke Kollegen wie der Snowden-Enthüller Glenn Greenwald und sein Kollege Aaron Maté von The Intercept machten sich selbstständig, um ihre journalistische Integrität wahren zu können. Seitdem gingen bedauerlicherweise alle Journalistenpreise an jene Kollegen, die dem Märchen der Russland-Verschwörung hinterherliefen, und nicht an die wenigen Einzelkämpfer, die den Mut hatten, gegen den Strom zu schwimmen. Dabei wissen wir heute, dass »Russiagate« eine konzertierte Kampagne gegen Obamas Amtsnachfolger Trump war, die durch die Geheimdienste und Obama selbst gesteuert wurde. Sie sollte zwei Fliegen mit einer Klappe schlagen, nämlich die illegalen Lauschangriffe vertuschen und die Legitimität des gewählten Nachfolgers infrage stellen.

»Als die freie Presse ihre Rechte und Privilegien in den Dienst der Geheimdienste stellte, um die politische Opposition auf Geheiß der regierenden Partei anzugreifen, hat sie ihre Unabhängigkeit und ihr Ansehen ohne Notwendigkeit und in einem noch nie da gewesenen Maß geopfert«, resümiert Lee Smith. »Doch genau das ist im Winter

2017 geschehen. Journalisten wurden zu politischen Erfüllungsgehilfen. Ihre Artikel wurden Teil eines journalistischen Apparates, der dazu diente, ihre Drecksarbeit zu vertuschen. Diese konzertierte Kampagne vernichtete Männer und Frauen, amerikanische Mitbürger, trennte sie von ihren Familien, beraubte sie ihrer Freiheit, ihrer Häuser und ihres Hab und Guts, nur weil sie ihre verfassungsmäßigen Rechte bei einer demokratischen Wahl ausgeübt hatten. Doch aus der Perspektive dieser Anti-Trump-Presse hatten sie den falschen Kandidaten unterstützt, der auch noch gewann. Folglich wurden sie zum Abschuss freigegeben.«[162] (siehe Kapitel 6)

KAPITEL 4

Das Oval Office Meeting

>»Wir haben eine gemeinsame Kommandozentrale beim CIA eingerichtet, um NSA- und FBI-Beamte zusammenzubringen und diese Puzzleteile zu verbinden.«[163]

CIA-Chef John Brennan zu Rachel Maddow in einer Sendung der MSNBC, August 2018

Obama instrumentalisiert den Geheimdienstapparat gegen Trump

»Legt man sich mit den Geheimdiensten an, so haben diese zig Möglichkeiten, es einem heimzuzahlen. Selbst für einen hemdsärmelig anpackenden Geschäftsmann [wie Trump], ist es wirklich dumm, sich mit [den Geheimdiensten] anzulegen«, sagte der Minderheitsführer im Senat, Charles E.»Chuck« Schumer, am 4. Januar 2017 zu Rachel Maddow im US-amerikanischen Nachrichtensender MSNBC. Es war, als wüsste Schumer bereits, dass etwas wie ein Komplott gegen den Präsidenten im Gange war.

Am 5. Januar 2017 erhielten die Spitzenbeamten der scheidenden Obama-Regierung im Oval Office im Weißen Haus ein Geheimdienstbriefing über die angebliche »russische Einflussnahme« auf die Wahl 2016. Die Leitung hatten FBI-Chef James Comey, der Nationale Geheimdienstleiter (Director of National Intelligence) James Clapper, der CIA-Chef John Brennan sowie der NSA-Chef Admiral Mike Rogers. Mit dabei waren Präsident Barack Obama, Vizepräsident Joe Biden, die Nationale Sicherheitsberaterin Susan Rice und die Stellvertretende Justizministerin Sally Yates. »Man kann nur spekulieren, was wirklich besprochen wurde«, schreibt Tom Fitton von Judicial Watch, der einen Großteil der Beweismittel zu »Russiagate« per Informationsfreiheitsanfrage herausgeklagt hat. Der offizielle Grund für diese Zusammenkunft war, den Geheimdienstbericht zu besprechen, den Barack Obama am 6. Dezember in Auftrag gegeben hatte. Doch laut Fitton ging es darum, dass Trump General Mike Flynn zum Nationalen Sicherheitsberater ernannt hatte. »Barack Obama hat Flynn gehasst«, erklärt Fitton.[164] Obama hatte Trump bei seinem Besuch im Weißen Haus am 10. November davor gewarnt, Flynn zu ernennen. Flynn war dafür bekannt, das Geheimdienstestablishment und dessen politische Instrumentalisierung unter dem Obama-Clinton-Regime zu kritisieren.

Nach dem Briefing behielt Obama Comey, Yates, Rice und Biden für einen »kurzen Folgetermin« da, um das weitere Vorgehen gegen seinen Erzfeind Flynn zu besprechen. Comey und Yates waren auch jene Berufsbeamten, die nach dem Regierungswechsel zur Trump-Regierung bleiben sollten: Obamas »Stay Behind«-Guerillas, die hinter feindlichen Linien gegen die neu gewählte Regierung kämpfen sollten. Tatsächlich sollten Yates, Comey und sein Stellvertreter Andrew McCabe den illegalen Lauschangriff gegen die amtierende Regierung im Abstand von je 3 Monaten noch dreimal verlängern – im Januar, April und Juli 2017.[165]

»Wenn irgendjemand bezweifelt, dass diese fünf Personen besprochen haben, wie man Präsident Trump zu Fall bringt und General Flynn drankriegt, und dass sie gemeinsam den FISC missbraucht und diverse Gerüchte aus dem frei erfundenen, diskreditierten Steele-Dossier in die Welt gesetzt haben, dann bin ich ein Prinz aus Nigeria und möchte ihnen gerne ein Geschäft anbieten«, so Tom Fitton von Judicial Watch.[166]

Obama wusste längst, dass Flynn unschuldig war, denn die FBI-Ermittlungen hatten zu diesem Zeitpunkt »keine Anhaltspunkte« für eine weitere Ermittlung gegen Flynn ergeben.

Das Treffen im Oval Office ist durch eine seltsame E-Mail dokumentiert, die die scheidende Nationale Sicherheitsberaterin Rice am letzten Tag ihrer Amtszeit, am 20. Januar 2017, an sich selbst schickte:

>»Präsident Obama betonte zu Beginn des Gesprächs, es sei wichtig, sicherzugehen, dass diese Angelegenheit von den Geheimdiensten und Strafverfolgungsbehörden vorschriftsmäßig behandelt werde. Der Präsident betonte, dass er in Bezug auf Strafverfolgung nichts fordere, befehle oder anweise. Er bekräftigte, dass unsere Strafverfolgungsbehörden nach Dienstgebrauch vorzugehen hätten.
>
> Im Interesse der nationalen Sicherheit ist es Präsident Obama jedoch ein Anliegen, dass wir bei der Zusammenarbeit mit der neuen Regierung auf mögliche Gründe achten, bestimmte Informationen in Bezug auf Russland nicht vollständig zu teilen.«[167]

Rices E-Mail war offenbar der Versuch, das Meeting vom 5. Januar 2017 nachträglich zu rechtfertigen. Warum sonst schreibt man am letzten Tag seiner Amtszeit eine E-Mail an sich selbst, in der man betont, dass man alles »vorschriftsmäßig« und »nach Dienstgebrauch« gemacht hat? Als diese E-Mail am 13. Mai 2020 durch den ehemaligen US-Botschafter in Berlin und Interimsgeheimdienstchef Richard Grenell enthüllt wurde, glich sie einem rauchenden Colt.[168]

Barack Obama soll daraufhin die abgehörten Gespräche zwischen Flynn und Kisljak ins Spiel gebracht und gefragt haben, ob diese nicht einen Grund lieferten, die Ermittlungen gegen seinen politischen Gegner aufrechtzuerhalten. Vielleicht ließe sich ein solcher Grund ja in einem Verstoß gegen das sogenannte **Logan-Gesetz** (den »Logan Act«) von 1799 finden, das die Einmischung von Privatpersonen in die US-Außenpolitik verbietet, auf einen Amtsnachfolger aber offenkundig nicht anwendbar ist.

Als die Vizejustizministerin Sally Yates von diesem Lauschangriff erfuhr, war sie erstaunt, dass Präsident Obama besser in die Abhöraktion gegen Flynn eingeweiht zu sein schien als sie, obwohl dafür offiziell das Justizministerium zuständig war. Obama hat also die Kampagne gegen seinen Intimfeind Mike Flynn vermutlich persönlich beaufsichtigt.[169] Dazu passt auch der Satz, den die FBI-Anwältin Lisa Page zu Beginn des Lauschangriffs im September 2016 an ihren Kollegen und Liebhaber Peter Strzok schrieb: »POTUS [Präsident Obama] will alles wissen, was wir tun.«[170]

2020 wurden anlässlich von Michael Flynns Rehabilitierungsklage Notizen veröffentlicht, die Peter Strzok von dem Treffen im Oval Office am 5. Januar 2017 gemacht hatte. Es ist nicht klar, wie diese Notizen angefertigt wurden, da Strzok nach Aussage seines Anwalts bei dem hochrangigen Treffen mit Obama gar nicht anwesend war. Sein Anwalt wollte dazu keine Erklärung abgeben. Jedenfalls soll laut diesen Aufzeichnungen Vizepräsident Joe Biden das obskure Logan-Gesetz ins Spiel gebracht haben. »VP: Logan Act«, schrieb Strzok stichpunktartig. Da Biden jedoch wenig mit den Flynn-Ermittlungen zu tun hatte, sowohl Strzok als auch seine Geliebte Lisa Page sich aber im Vorfeld mit dem unbekannten Gesetz beschäftigt hatten, liegt der Verdacht nahe, dass Biden hier einmal mehr als Marionette diente. In seinen Erinnerungen schreibt Andrew McCabe, das Logan-Gesetz sei bereits im Justizministerium Thema gewesen, laut dem Journalisten Eli Lake sei dies jedoch von FBI-Chef James Comey ausgegangen.[171]

Doch noch brisanter ist Strzoks folgende Notiz: »P: Guckt alles an + schickt die richtigen Leute« (*P: Make sure you look at things + have the right people on it*). Wenn »VP« für »Vizepräsident« steht, steht »P« wahrscheinlich für Präsident Obama, der hier offenbar den Auftrag gibt, General Flynn weiterhin auszuforschen, obwohl das FBI die Ermittlung Crossfire Razor gegen Flynn aus Mangel an Beweisen einstellen wollte.[172]

»Jahrelang haben der amerikanische Held General Michael Flynn und seine Familie einen schrecklichen Preis für eine Operation bezahlt, die direkt von der ostdeutschen Stasi gewesen sein könnte«, kommentiert Tom Fitton dieses Geschehen. »Er musste Millionen Dollars an Anwalts- und Gerichtskosten zahlen, sein Haus verkaufen, um die Rechnungen dafür zu bezahlen, und mitansehen, wie sein makelloser Ruf, nachdem er sein Leben lang Dienst an der Nation geleistet hatte, von wirklich korrupten Übeltätern durch den Schmutz gezogen wurde.«[173] Dahinter steckte niemand anderes als der FBI-Chef James Comey und der 44. Präsident der Vereinigten Staaten, Barack Obama.

Obamas Guerilla-Nachhut formiert sich

Nachdem Barack Obama am 5. Januar 2017 im Beisein seiner wichtigsten Berater beschlossen hatte, dass die Kampagne gegen Trump nach seiner Amtszeit weitergehen sollte, wurden am Folgetag drei wichtige Weichen gestellt:

- Die Geheimdienste veröffentlichten eine geheimdienstliche Bewertung (einen Intelligence-Community-Assessment- beziehungsweise ICA-Bericht) zur angeblichen »russischen Wahlmanipulation«.
- Der FBI-Chef James Comey briefte Trump über das hanebüchene Steele-Dossier.
- Heimatschutzminister **Jeh Johnson** fasste den Beschluss, dass Wahlen jetzt »kritische Infrastruktur« seien und folglich von der Bundesregierung und den Geheimdiensten »geschützt« werden müssten.[174]

Laut Trump-Cybersicherheitsexperte **Mike Benz** war dies die Geburtsstunde eines weltweiten Zensur- und Überwachungsapparates vonseiten der westlichen Geheimdienste, der bis in deutsche Wohnzimmer und Wahlkämpfe hineinreicht.[175]

Obama schuf unter seinem Chefpropagandisten Richard »Rick« Stengel das Global Engagement Center des Pentagon und Außenministeriums, um mit einem Budget von 35 Millionen Dollar[176] den Kampf gegen »rechte Fake News« weltweit aufzunehmen.[177]

Anlass für diesen fatalen Schritt war der Geheimdienstbericht »Einschätzung der russischen Aktivitäten und Absichten bei den jüngsten US-Wahlen«,[178] den Barack Obama am 6. Dezember 2016 in Auftrag gegeben hatte und der genau einen Monat später durch den Nationalen Geheimdienstleiter James Clapper in drei Fassungen veröffentlich wurde: einer öffentlichen, einer vertraulichen und einer streng geheimen. Die beiden letzten enthielten als Anhang das Steele-Dossier, während die öffentliche Fassung nur eine Zusammenfassung war, die die Presse auf den Geschmack bringen sollte, ohne sich der Lächerlichkeit preiszugeben. Dass dieser ICA-Bericht in nur einem Monat inklusive der Weihnachtsferien fertiggestellt werden konnte, war in den Augen von Geheimdienstausschussvorsitzendem Devin Nunes bereits ein Alarmzeichen. Wie wir heute wissen, lag dies ganz einfach daran, dass FBI, CIA und NSA bereits seit August 2016 Material über die angeblichen Russland-Verbindungen der Trump-Kampagne sammelten.

»Während Obamas Amtszeit haben sich die Geheimdienstchefs überhaupt nicht für Russland interessiert«, beteuerte Nunes. »Wir hatten ihnen stets mehr Geld geboten, um Russland zu überwachen, aber das wollten sie nie. Doch nun wissen sie plötzlich so viel über Wladimir Putins Geheimpläne, dass sie binnen weniger Wochen über Weihnachten eine umfassende geheimdienstliche Bewertung der russischen Maßnahmen und Intentionen bei der Wahlmanipulation erstellen konnten, und dazu noch in einer öffentlich verfügbaren Fassung? Das war alles einfach nicht glaubwürdig«, sagte Nunes.[179] Noch dazu enthielt der Geheimdienstbericht erstaunliche Erkenntnisse über die vertraulichsten Vorgänge im Inneren des Kreml, wofür die US-Dienste traditionell eher schlecht aufgestellt waren:

»Wir gehen davon aus, dass der russische Präsident Wladimir Putin im Jahr 2016 eine Einflusskampagne in Bezug auf die US-Präsidentschafts-

wahl angeordnet hat. Russlands Absicht war es, das Vertrauen der Öffentlichkeit in den demokratischen Prozess der USA zu untergraben, **Außenministerin Clinton zu verunglimpfen und ihre Wählbarkeit und potenzielle Präsidentschaft zu beeinträchtigen.**
Wir sind überzeugt davon, dass Putin und die russische Regierung **eine klare Präferenz für den neu gewählten Präsidenten Trump** entwickelt hat. Wir haben großes Vertrauen in diese Urteile.
Wir sind ebenfalls der Ansicht, dass Putin und die russische Regierung beabsichtigten, **die Wahlchancen des künftigen Präsidenten Trump zu verbessern, indem sie Außenministerin Clinton diskreditierten** und sie im Vergleich zu ihm öffentlich ungünstig darstellten. Alle drei Behörden stimmen diesem Urteil zu. CIA und FBI vertrauen diesem Urteil sehr, die NSA ein wenig.«[180]

Angesichts solcher Worte klingelten bei Devin Nunes alle Alarmglocken. »Devin hat schon im Dezember kapiert, dass dies eine Operation war, um Trump zu torpedieren«, sagte Nunes-Sprecher Jacob Langer.[181] »Wir erhielten bereits Ende Dezember ein Geheimdienstbriefing darüber, dass Russland die Wahl gestohlen haben soll«, erklärte Nunes der Filmemacherin **Amanda Milius** gegenüber. »Wir [die Republikaner im Ausschuss] hielten das für einen Witz. Ist das echt der Weg, den ihr beschreiten wollt? Na dann …!«[182] Anfang Januar sei dann auch der Geheimdienstausschuss über den ICA-Bericht inklusive »Steele-Dossier« informiert worden. »Wir haben gleich gesagt, wo habt ihr denn das her? Das sind ziemlich schwerwiegende Anschuldigungen. Pipivideos, Prostituierte, Moskauer Hotels – warum haben wir davon noch nie etwas gehört? In genau diesem Moment fingen sie an, uns zu belügen und in die Irre zu führen.«[183]

Beim Briefing des Geheimdienstausschusses behauptete James Comey allen Ernstes, die Republikaner hätten das Steele-Dossier in Auftrag gegeben. »Hätten sie uns gleich gesagt, dass Hillary Clinton und die Demokraten dieses Dossier geordert hatten, hätten [Senatsführer] Mitch McConnell und [der Sprecher des Abgeordnetenhauses] Paul Ryan laut gelacht und wären gegangen«, so Nunes.[184]

Das eigentliche Ziel des von Obama in Auftrag gegebenen Geheimdienstberichts war es, die »Russland-Verschwörung« auch nach Obamas Amtszeit am Leben zu erhalten und das Steele-Dossier unter die Presseleute zu bringen, ohne sich komplett lächerlich zu machen. Im nächsten Schritt sollte der neu gewählte Präsident Donald Trump damit konfrontiert werden, damit die Presse darüber schreiben konnte.

Trump erfährt vom FBI, was er in Moskau getan haben soll

Ebenfalls am 6. Januar 2017 wurde Donald Trump in einem fensterlosen Raum im Trump Tower von den Geheimdienstchefs John Brennan (CIA), James Clapper (DNI), James Comey (FBI) und Admiral Mike Rogers (NSA) über den Inhalt des Geheimdienstberichts und die angebliche russische Wahlmanipulation unterrichtet.

Am 4. Januar 2017 hatte Trump getwittert:»Das Geheimdienstbriefing über angebliche Russenhacks wurde auf Freitag verschoben, vielleicht um den Fall aufzubauschen. Sehr seltsam!« In der Tat wollten die Geheimdienstchefs wohl erst das Meeting mit Obama im Weißen Haus am 5. Januar abwarten.

Im Anschluss an das Treffen im Trump Tower blieb der FBI-Chef James Comey bei Trump, um ihn über den Inhalt des Steele-Dossiers zu informieren. Comey musste zu diesem Zeitpunkt wissen, dass das Dossier von der Clinton-Kampagne in Auftrag gegeben worden war, denn sein stellvertretender Bundesstaatsanwalt Bruce Ohr hatte davon auf jeden Fall Kenntnis, da seine Frau Nellie Ohr für Fusion GPS arbeitete und das »Proto-Dossier« vermutlich mitverfasst hatte. Der britische Agent Christopher Steele war bis September 2016 als Informant beim FBI beschäftigt gewesen. Das FBI hatte Steele im

Oktober eine Million Dollar geboten, wenn er Beweise für seine aberwitzigen Behauptungen liefern könne.[185] Er konnte es aber nicht. Trotzdem fand das Steele-Dossier Eingang in den offiziellen Geheimdienstbericht.

Comeys Ansagen an Trump waren also absichtlich irreführend. Vor dem besagten Termin hatte Comey mit Andrew McCabe und dem Crossfire-Hurricane-Team überlegt, ob man von dem neu gewählten Präsidenten »wertvolle Informationen für die anstehende Ermittlung zu russischer Wahlmanipulation« gewinnen könne.[186] Schließlich hatte Obama am Vortag Comey angewiesen, Trump auszuspähen.

Comey kam also nicht in den Trump Tower, um Trump zu informieren, sondern um ihn zu täuschen. Er erzählte Trump von den Vorwürfen der »Natursekt«-Spiele in der Präsidentensuite des Moskauer Ritz-Carlton-Hotels, doch nicht von den viel gravierenderen Vorwürfen einer Zusammenarbeit der Trump-Kampagne mit den Russen. Ebenso wenig erwähnte er seinem neuen Chef gegenüber natürlich, dass das FBI die Trump-Kampagne seit August 2016 bespitzelt hatte. »Comeys Entscheidung, dem neu gewählten Präsidenten, seinem künftigen Dienstherrn, diese Informationen vorzuenthalten, war ein Skandal, ein Machtmissbrauch, der in der modernen Politik seinesgleichen sucht«, lautet die Einschätzung der *Wall-Street-Journal*-Journalistin Kimberly Strassel.[187]

»Das Einzige, wo es bei mir wirklich geklingelt hat«, sagte Trump über das Briefing, »war das mit den vier Nutten«. Trumps erste Reaktion auf die hanebüchenen Vorwürfe war also die Sorge, was seine Frau dazu sagen würde. Im Oktober hatte die *Washington Post* private sexistische Kommentare Trumps zu Frauen dem Moderator Billy Bush gegenüber veröffentlicht. (»Wenn man ein Promi ist, lassen sie alles mit sich machen. […] An die Pussy fassen, alles ist möglich.«)[188] Trumps erster Gedanke bei den abstrusen »Pipigate«-Vorwürfen war, dass »es nicht gut für die Familie sein wird«. Die Vorstellung, seine Frau könnte nur eine Sekunde lang denken, all das könnte wahr sein, sei »sehr schmerzhaft« gewesen, sagte Trump später.[189] Aber seine Frau Melania habe es »keine Sekunde lang geglaubt«. Sie sagte: »Das mit dem Natursekt ist nicht dein Ding«, erinnerte sich Trump.[190] Melania Trump hat die Vorwürfe des Steele-Dossiers gleich durchschaut. Das slowenische Topmodel, das laut Kennern im Trump-Haushalt die Zügel in den Händen hält, war offensichtlich nicht so leichtgläubig wie die Kollegen in den deutschen und amerikanischen Medien. Für diese war »Pipigate« ein gefundenes Fressen.

»Die Flut kommt«: CNN und BuzzFeed veröffentlichen das Steele-Dossier

Glenn Simpson und Christopher Steele hatten den ganzen Herbst erfolglos versucht, ihr infames Machwerk in seriösen Medien platziert zu bekommen. Comeys Briefing bei Trump lieferte dann den journalistischen »Aufhänger«, um darüber berichten zu können, obwohl an der Sache ganz offensichtlich etwas mächtig faul war.

Innerhalb weniger Stunden nach Comeys »privatem« Briefing bei Trump brodelte es in der Gerüchteküche der Washingtoner Presse. »CNN wird bald die sensible Story bringen«, kündigte FBI-Vizedirektor Andrew McCabe an. Der Anlass dafür sei, »dass das Material beim Briefing besprochen wurde«. In einem bemerkenswerten Zirkelschluss sagte Comey, er habe Trump über das Dossier informieren müssen, weil CNN an der Story dran war, und weil Trump darüber gebrieft worden sei, sei es ein Thema für die Presse. Daraufhin warnte McCabe am 8. Januar 2017 leitende FBI-Beamte in einer E-Mail, die die Worte enthielt: »Die Flut kommt.«[191]

Demnach brachten CNN-Starmoderator Jake Tapper und Watergate-Starjournalist Carl Bernstein am 10. Januar 2016 die Story des Trump-Briefings mit dem Hinweis, CNN liege »ein 35-seitiger

Bericht« darüber vor, dass die Russen belastendes Material über Trump hätten. Diese »Memos« (das Steele-Dossier) seien zwar bereits »seit Sommer im Umlauf«, doch nun hätten die US-Dienste den Urheber, einen ehemaligen britischen Geheimdienstagenten (Steele), als »so glaubwürdig eingestuft, dass sie den Präsidenten (Obama) und den neu gewählten Präsidenten (Trump) darüber unterrichtet hätten.[192] Dabei sind laut Lee Smith, »Leaks einer solchen Größenordnung von der obersten Spitze des US-Geheimdienstapparates [...] eigentlich selten. Und strafbar«. Dennoch sollten »Leaks von streng geheimen Infos aus der Trump-Regierung bald alltäglich werden«.

Zuerst bestritt der Nationale Geheimdienstleiter (DNI) James Clapper, dass er derjenige war, der das Dossier mit CNN-Moderator Jake Tapper besprochen hatte, doch später gab er es unter Eid zu.[193] Clapper sollte nach seinem Ausscheiden als DNI-Chef 2017 als »Geheimdienstexperte« zu CNN und CIA-Chef Brennan zu MSNBC wechseln. Das ist höchst ungewöhnlich für zwei führende Köpfe des US-Geheimdienstapparates, die berufsbedingt sonst eher für Diskretion bekannt sind. Clapper hatte bereits am 12. März 2013 vor dem Geheimdienstausschuss des Senats nachweislich gelogen, als er unter Eid eiskalt leugnete, dass die NSA massenhaft die Daten von Hunderten Millionen Amerikanern abgreift.[194] Juristisch belangt wurde Clapper für seine Falschaussage nie.

Das Steele-Dossier hatte Clapper an CNN durchgestochen, obwohl er genau wusste, dass es Müll war. Vor dem Justizausschuss des Senats verteidigte er sich am 8. Mai 2017 mit der Behauptung: »Wir konnten die Quellen [des Dossiers] nicht verifizieren.«[195]

Am 11. Januar 2017 brachte das Onlineportal BuzzFeed das komplette Dossier heraus. Für das grenzgängerische Portal war diese Publikation ein »journalistischer Steilpass«, bezeugte der damalige Chefredakteur Ben Smith. Ein BuzzFeed-Reporter namens **Ken Bensinger** hatte das Dossier im Büro von **David Kramer**, einem Mitarbeiter von Senator John McCain, abfotografiert, wollte es jedoch nicht unredigiert veröffentlichen. Bensinger war im Urlaub in Disney World, als die Redaktion anrief und ihm sagte, sie wollten das Dossier veröffentlichen, da CNN bereits davon berichtet hatte. Bensinger soll sich vehement gewehrt haben, doch es war zu spät.[196] Diese eklatanten Fake News sollten den Ruf von BuzzFeed nachhaltig zerstören. 2023 wurde das Portal eingestellt, nachdem die Wahrheit über die Herkunft des Steele-Dossiers ans Licht gekommen war. Ben Smith gründete 2022 die Website Semafor. Der Chefredakteur von BuzzFeed Deutschland und Correctiv-Mitbegründer Daniel Drepper leitet heute das Recherchekollektiv von WDR, NDR und *Süddeutscher Zeitung*.

»Pipigate«: Die deutschen Medien fallen darauf rein

Die sogenannten deutschen »Qualitätsmedien«, die in Bezug auf Trump längst jegliche journalistische Objektivität über Bord geworfen hatten, sprangen allesamt geifernd und mit geheucheltem Entsetzen auf den »Pipigate«-Zug auf.

So behauptete Hubert Wetzel in der *Süddeutschen Zeitung* vom 12. Januar 2017, Donald Trump habe eine Nacht im Ritz-Carlton in Moskau verbracht und »von dieser Stelle an wird die Geschichte eklig«.

Dann zitiert die *Süddeutsche Zeitung* angebliche »Dokumente«, in denen auf »35 Seiten detailliert die Beziehungen zwischen Trump und Russland notiert« seien (also das Steele-Dossier), räumt aber ein: »Nichts von dem [...], was in diesen Dokumenten unterstellt wird, ist bislang belegt.« An dieser Stelle könnte man fragen, warum ein einstiges Blatt von Niveau wie die *Süddeutsche Zeitung* einen solch »ekligen« Bericht bringt, wenn es ihn nicht bestätigen kann. Aber das ist vermutlich eine rhetorische Frage, denn es geht schließlich um Donald Trump.

»Glaubt man den Dokumenten, dann passierte damals dies: Trump mietete sich im Ritz-Carlton die Präsidentensuite und heuerte russische Prostituierte an, die für ihn eine Orgie auf diesem Bett veranstalteten. Die Einzelheiten sind unappetitlich, in den Dokumenten ist von ›goldenen Duschen‹ die Rede, was, grob gesagt, Urinieren beim Sex bedeutet«, hechelte die *Süddeutsche Zeitung* lüstern-prüde.[197] Es folgte das »Sturmgeschütz der Demokratie«, der Hamburger *Spiegel*, mit dem Titel »Golden-Shower-Bericht: Ist Donald Trump von Russland erpressbar?«, überlegte es sich dann aber anders und änderte die Schlagzeile in »Kann Russland wirklich Trump erpressen? Was an dem neuen Geheimdienstbericht dran ist«. Den ursprünglichen Titel des Artikels findet man noch in der Internetadresse (URL).[198]

Der ARD-*Tagesschau* ist ihr damaliger Bericht sogar so peinlich, dass er komplett von der Website gelöscht wurde. Doch zum Glück hat jemand dieses journalistische Juwel im Archiv verewigt: »Russland soll belastende Trump-Informationen haben«, verkündete das gebührenfinanzierte Abendnachrichtenformat zur besten Sendezeit. »Nach Informationen der *New York Times*«, behauptet es, da ihm BuzzFeed als Quelle wohl zu dubios erschien, gehe es »um Sexvorwürfe im Zusammenhang mit Moskauer Prostituierten im Jahr 2013«.[199]

Selbst die angeblich konservative *Welt* fiel auf den abstrusen Unsinn rein. »Hat Moskau kompromittierendes Material über Trump?« titelte der eingefleischte Trump-Hasser Clemens Wergin am 11. Januar 2017 und spekulierte freimütig über »Trumps persönliche Obsessionen und sexuelle Perversionen«, die Moskau ausgenutzt haben soll, um »belastendes Material über Trump zusammenzutragen, das im russischen Geheimdienstsprech als ›Kompromat‹ bezeichnet wird«.[200] Trotz der obligatorischen Distanzierungen und Warnungen, diese Informationen seien »unbestätigt«, setzt Wergin seine geschmacklose Hetzkampagne fort: »Besonders schockierend ist eine Szene, die sich im ›Ritz-Carlton‹-Hotel in Moskau zugetragen haben soll. Demnach soll Trump mit Bedacht die Suite angemietet haben, die die Obamas bei einem ihrer Besuche benutzt haben sollen. Trump soll eine Gruppe von Prostituierten angeheuert haben, um das von den Obamas benutzte Bett zu ›besudeln‹.« Noch am 16. Juli 2021 behauptete derselbe Wergin, *Welt*-Chefkorrespondent für Außenpolitik, eisern und wahrheitsresistent, Wladimir Putin habe Donald Trump 2016 irgendwie ins Amt gehievt und nicht seine 62 985 106 Wähler, wenn er titelt: »Als Putin beschloss, Trump zum US-Präsidenten zu machen.«[201]

Die Büchse der Pandora war geöffnet. Fortan brachten die angeblich »seriösen« Medien jede noch so abstruse Ente, solange sie zulasten des 45. Präsidenten der Vereinigten Staaten ging. Trump erfand einen Begriff dafür: »Fake News«.[202]

Die internen FBI-Chats: »Trump hatte recht. Wir sind am Arsch«

Während Vorgesetzte des Weißen Hauses am 5. Januar 2017 beschlossen, ihre illegale und verfassungsfeindliche Geheimdienstkampagne gegen die Nachfolgerregierung fortzusetzen, machten sich ihre Untergebenen beim FBI immer größere Sorgen um die Rechtmäßigkeit dieses historisch einzigartigen Umsturzversuchs. Das zeigten die Textnachrichten auf den Diensthandys weisungsgebundener FBI-Beamter, die im Laufe der Klage zur Rehabilitierung von General Mike Flynn 2020 vor einem Bundesgericht enthüllt wurden.[203]

Diesen zufolge haben die namentlich nicht genannten Beamten schon während des Wahlkampfs und zu Beginn der Crossfire-Hurricane-Ermittlungen gegen die Trump-Kampagne ernsthafte Zweifel an der Rechtmäßigkeit der Untersuchungen gehegt. So liest man in den Gerichtsunterlagen die Aussage eines anonymen FBI-Beamten vom 11. August 2016: »Wir ermitteln im Wahlkampf. Ich glaube, manche dieser Ermittler wollen unbedingt, dass Hillary Clinton Präsidentin wird.«[204]

Als Donald Trump wider Erwarten die Wahl gewann und Obamas Leute die Fortführung ihrer internen Kampagne beschlossen, sorgten sich viele der beteiligten Beamten dermaßen um die Rechtmäßigkeit ihres Tuns, dass sie eine berufliche Rechtsschutzversicherung abschlossen, wie eine SMS vom 10. Januar 2017 enthüllte. Und dies an demselben Tag, an dem CNN über die Existenz des gefälschten Steele-Dossiers berichtete.

Mit dem Ausruf »Heilige Scheiße!« reagierte ein anderer Beamter auf das plötzliche Interesse an Berufsrechtsschutzversicherungen beim FBI. »Die Analysten auch?« »Ja«, antwortete der ursprüngliche Texter. »Und die ganzen Leute bei der Agency (CIA) ebenso.« Daraufhin wollte ein Agent wissen: »Kann ich fragen, wer die potenziellen Kläger sind, gegen die ihr euch versichern wollt?« »Haha, keine Ahnung«, war die Antwort. »Ich glaube, die Sorge ist, dass es einen großen Leak beim Justizministerium gab und die New York Times darüber berichten will.«

Die Beamten fürchteten auch, ein neuer Justizminister könnte ihre Machenschaften gegen Trump untersuchen: »Der neue Generalstaatsanwalt könnte einige Fragen stellen ... und dann, bla bla bla, sind wir alle am Arsch.«[205]

Die Beamten scheinen sich der Unrechtmäßigkeit ihres Tuns also sehr wohl bewusst gewesen zu sein. So schrieb ein Ermittler: »Ich sag's dir, wenn es je einen FOIA-Antrag [Informationsfreiheitsantrag] zu diesem Zeug gibt, dann wird es ein paar echt unangenehme Frage geben.« Und ein Agent stellte am 5. Januar 2017 die Frage: »(Crossfire) Razor [die Ermittlung gegen Flynn] soll also weitergehen?« Worauf die Antwort lautete: »Ja. Anklagepunkte offen.« »F(uck)«, erwiderte der erste Agent.

»Wie lief das Briefing mit Obama?« wollte jemand bezüglich des Meetings vom 5. Januar wissen. »Keine Ahnung – aber die Leute hier überschlagen sich, um gewisse Dinge zu rechtfertigen. Es ist ein Irrenhaus.« Da tönte es aus dem Mund eines weiteren Beteiligten: »Jesus.

Trump hatte recht. Passt immer noch nicht zusammen. Warum tun wir uns das an? Was stimmt mit diesen Leuten nicht?«[206]

Lisa Page und Peter Strzok: Stoppt Trump!

Nachdem am 11. September 2012 bei einem Anschlag in Bengasi, Libyen, vier Amerikaner getötet wurden, entdeckten die Ermittler wie bereits erwähnt, dass die Außenministerin Hillary Clinton nicht wie vorgeschrieben die E-Mail-Server der Regierung nutzte, um zu kommunizieren, sondern einen privaten E-Mail-Server im Keller ihres Wohnsitzes in Chappaqua, New York. Als der Kongress am 4. März 2015 Einsicht in diesen geheimen E-Mail-Verkehr der Außenministerin verlangte, löschten Hillary Clintons IT-Mitarbeiter alle E-Mails mit einem eigens dafür vorgesehenen Programm und zerstörten alle beteiligten Geräte (siehe Kapitel 3, Seite 56). Dies war offensichtlich illegal.

Die FBI-Agenten, die den Clinton-Fall begruben, anstatt ihn zu untersuchen, waren dieselben, die später für die angebliche »Trump-Russland-Verschwörung« zuständig waren: FBI-Chef James Comey, sein Stellvertreter Andrew McCabe und die FBI-Agenten Peter Strzok und Lisa Page, die eine tiefe Abscheu für Donald Trump einte.

Lisa Page war McCabes Justiziarin, Peter Strzok Stellvertretender Unterabteilungsleiter für Spionageabwehr. Beide waren mit anderen Partnern verheiratet, hatten aber mindestens seit August 2015 eine Affäre, wie 375 von insgesamt 40000 Textnachrichten bezeugen, die 2017 vom Justizausschuss des Kongresses veröffentlicht wurden. Die Voreingenommenheit und Parteilichkeit der beiden Turteltauben, die für beide FBI-Untersuchungen der Präsidentschaftskandidaten 2016 zuständig waren, war eklatant. So machte Page in einer SMS vom 24. Februar 2016 klar, dass sie nicht vorhatte, sich wegen besagter E-Mail-Untersuchung mit Hillary Clinton anzulegen, denn »sie könnte immerhin die nächste Präsidentin werden. Wir wollen da nicht mit dem Bärentöter reinmarschieren.«[207]

Anders als im Fall Trump gaben sich Page und Strzok äußerste Mühe, ihre Kandidatin Hillary Clinton in Schutz zu nehmen. Als ihr Chef James Comey Anfang Mai 2016 seinen Bericht über Hillary Clintons E-Mail-Vernichtung verfasste, verwendete er dreimal den Begriff »grob fahrlässig«, was bereits eine Beschönigung für Clintons vorsätzliche Straftat war. Am 6. Juni 2016 setzten sich Strzok und Page dann an den Computer und tauschten den Begriff »grob fahrlässig« gegen das juristisch unverfänglichere »extrem nachlässig« aus. Außerdem entfernten sie Comeys Feststellung, dass es »Beweise für mutmaßliche Verstöße« gegen das Spionagegesetz gab.[208]

Am 3. März 2016 fand die vorletzte Debatte der republikanischen Präsidentschaftskandidaten statt, bei der Trump seine Establishment-Rivalen Ted Cruz, John Kasich und Marco Rubio mit typischer Angriffslust und grenzwertigem Humor in die Ecke drängte. Nach Kommentaren Rubios über Trumps »kleine Hände« scherzte Trump: »Ihr wisst ja, was sie über Männer mit kleinen Händen sagen.« Rubio verpasste er den Spitznamen »Little Marco«. Das war zugegebenermaßen nicht jedermanns Geschmack, aber typisch Trump: volksnah, vorlaut, vernichtend. Bestes Reality-TV. Trump hatte die Vorwahlen am »Super Tuesday« 2 Tage zuvor in sieben von elf Bundesstaaten gewonnen und war damit im Rennen um die republikanische Nominierung klar in Führung gegangen.

Daraufhin schrieb Page: »Trump ist ein Ekel.« Strzok zurück: »OMG Trump ist ein Idiot.« Und wieder Page: »Er ist furchtbar. Amerika wird den Präsidenten bekommen, den es verdient. [… Und] genau davor habe ich Angst.« »Mein Gott, Hillary sollte 100 000 000 zu 0 gewinnen«, erwiderte Strzok, der den Kandidaten John Kasich lobte, weil er »mehr oder weniger die Todesstrafe für [den NSA-Whistleblower] Edward Snowden gefordert hat. Mich interessiert nur eine Partei bei der Wahl: die Partei des Geheimdienstapparats.«[209]

Als Donald Trump dann am 19. Juli zum Kandidaten der Republikanischen Partei gekürt wurde, schrieb Lisa Page:»Wow, Donald Trump ist ein Riesenarsch. [...] Das ist alles wie ein großer Albtraum.« Nach dem Auftritt eines muslimischen Elternpaares auf dem Parteitag der Demokraten, die ihren Sohn im Irak verloren hatten und Trump als islamophob darstellten, kritisierten Page und Strzok Trumps Umgang mit den Khans:»Trump sollte sich selbst f...«, schrieb Page am 6. August.»F Trump«, antwortete Strzok.

Im August machten sich Strzok und Page allmählich Sorgen, dass Trump tatsächlich gewinnen könnte:»Er wird niemals Präsident werden, oder? Oder?« (Page)»Nein. Wir werden es verhindern.« (Strzok) Und so begannen sie, sich als heimliche Retter der Nation zu fühlen:»Vielleicht sollst du bleiben, wo du bist, weil du dazu bestimmt bist, dieses Land vor diesem Unhold zu retten.« (Page am 6. August)»Ich weiß, es wird hart werden. Ich kann unser Land auf vielfältige Weise schützen.« (Strzok)

Für den gemeinen Trump-Wähler hatten Page und Strzok nichts als Verachtung übrig.»Ich war gerade in einem Walmart in Südvirginia«, schrieb Strzok am 26. August.»Man kann die Trump-Wähler förmlich RIECHEN ...«»Ja, ich war mit [Name geschwärzt] mittagessen. Wir hassen sie alle [die Trump-Wähler]. Wir haben darüber geredet, in was für einem Schlamassel unser Land ist.« (Page)»Ja, es ist furchterregend hier unten [auf dem Land].« (Strzok) Und immer wieder die beunruhigte Frage:»Trump wird doch nicht Präsident werden, oder? Oder?«

Doch Page und Strzok handelten nicht alleine, sondern hatten, wie wir bereits wissen, sogar einen direkten Draht ins Weiße Haus. Erinnern wir uns an die Textnachricht von Page an Strzok vom 2. September 2020:»POTUS will alles wissen, was wir tun.«[210] Die beiden schmiedeten Pläne, um sich abzusichern, falls Trump gewinnen sollte:»Ich möchte gerne glauben, dass der Weg, den du in Andys [Andy McCabes] Büro aufgezeigt hast, realistisch ist: dass er unmöglich gewählt werden wird. Aber ich fürchte, dieses Risiko können wir nicht eingehen. Es ist wie eine Versicherungspolice für den unwahrscheinlichen Fall, dass man stirbt, bevor man 40 wird.«[211]

Im neuen Jahr sollte diese »Versicherungspolice« in die Tat umgesetzt werden, und zwar als Putschversuch des FBI gegen die neu gewählte Trump-Regierung. Am 10. Januar 2017, als CNN die erste Meldung über das Steele-Dossier und Comeys Termin bei Trump brachte, schrieb Strzok an Page: »Ich sitze hier mit Bill [Priestap, FBI-Abwehrchef] und gucke CNN. Da kommt noch jede Menge. Wir besprechen, wie man das als Vorwand benutzen kann, um ein paar Leute auszufragen.«

Am 12. Januar 2017, 8 Tage vor Trumps Amtsantritt, ordnete Barack Obama seinen Nationalen Nachrichtendienstchef James Clapper an, die Sicherheitsstufe der Trump-Abhörprotokolle herabzusetzen. Und noch an demselben Tag berichtete David Ignatius in der *Washington Post* über Telefongespräche zwischen dem künftigen Nationalen Sicherheitsberater Mike Flynn und dem russischen Botschafter Sergej Kisjak.[212]

Strzok traf sich mit dem stellvertretenden FBI-Chef Andrew McCabe, um Strategien gegen Flynn zu erörtern. Am 23. Januar trafen sich Strzok und Page mit McCabe und Justiziar **James Baker** (der 2020 zu Twitter wechselte und dort im Wahlkampf die Zensur der Hunter-Biden-Laptop-Geschichte genehmigte), um eine Befragung Flynns am 24. Januar zu besprechen. Doch wie wir bereits erfahren haben, war dies in Wirklichkeit ein Verhör. Sogar die Obama-Justizministerin Sally Yates – die die ersten Lauschangriffe und Leaks gegen Trump genehmigt hatte – bezeichnete die Vernehmung Flynns als »problematisch«. Ihre Einschätzung wurde jedoch nie in die Akten gegen Flynn aufgenommen. FBI-Chef James Comey soll sich laut seinem damaligen Assistenten Josh Campbell mit den Worten »*Screw it*« (»Scheiß drauf«) über alle Bedenken hinweggesetzt haben.[213]

Als das Justizministerium eine Sonderermittlungskommission unter **Robert Mueller** einsetzte, stießen ausgerechnet die Trump-

Feinde Lisa Page und Peter Strzok zum Team dazu. Mueller musste sie aber im Juli 2017 klammheimlich wieder entlassen, nachdem ihre SMS mit Page intern bekannt geworden waren (an die Öffentlichkeit gelangten sie erst ein halbes Jahr später). Laut dem FBI-Generalinspekteur wurde Peter Strzok am 15. Juni 2018 aus dem FBI-Hauptquartier eskortiert und am 10. August entlassen, woraufhin Strzok gegen seine Kündigung klagte und Ende 2023 – pünktlich zum neuen Wahlkampf – die Vernehmung von Donald Trump forderte. Der Fall ist bis heute noch nicht abgeschlossen.

Das FBI-Paar Peter Strzok und Lisa Page betrachtete es als Heldentat, mit General Mike Flynn einen wahren Kriegshelden zu Fall bringen, ihn jahrelang mit erfundenen Vorwürfen gerichtlich und medial zu verfolgen und seine ganze Familie zu ruinieren.

KAPITEL 5

Der orchestrierte Sturz von General Mike Flynn

★ ★ ★

»Ich habe [die FBI-Agenten zu General Flynn] geschickt. [...] In einer besser organisierten Übergangsregierung wäre ich wahrscheinlich nicht damit durchgekommen. [...] Aber ich habe mir gedacht: ›Es ist noch früh genug, lass uns einfach ein paar Jungs rüberschicken.‹«[214]

FBI-Chef James Comey

Flynn weiß, wo die Leichen begraben sind

»Das ist ein Mann, der die CIA verärgert hat. [...] Er wusste, wo die Leichen begraben waren. [...] Präsident Obama und sein Team wussten, dass sie diesen Mann aus dem Weg räumen mussten, und zwar schnell.«[215]

Sara Carter, Fox News

Michael Thomas Flynn wurde am Heiligabend 1958 in eine irisch-katholische Militärfamilie mit acht Geschwistern in Middletown, Rhode Island, hineingeboren und bezeichnete sich selbst als »eines von diesen fiesen Schlägerkindern, die versessen darauf sind, die Regeln zu brechen, weil sie Adrenalinjunkies sind und sich nicht um die Konsequenzen scheren«.[216] Sein Opa Harry diente im Ersten Weltkrieg, sein Vater Charlie im Zweiten Weltkrieg unter Patton, wo er in der gnadenlosen Schlacht in den Ardennen kämpfte, bevor er einige Jahre später mit in den Koreakrieg zog. Charlie war 20 Jahre lang Soldat und schaffte es bis zum Oberfeldwebel. Mikes Bruder Charles Jr. ist ein Viersternegeneral. Der junge Mike war ein schlechter Schüler, hatte Ärger mit der Polizei und verbrachte eine Nacht im Jugendgefängnis. »Die eisernen Hände meines Vaters und die stechende Enttäuschung im Blick meiner Mutter Helen brachten mich wieder auf den Pfad der Tugend zurück«, erinnert sich Flynn. »Doch ich habe immer meinen Drang bewahrt, Autorität infrage zu stellen und eigenständig zu denken und zu handeln. Sogar in der disziplinierten US-Armee gibt es für solche Menschen Platz. Ich glaube fest an den Wert unkonventioneller Denker. Sie sind diejenigen, die Risiken eingehen und für Innovationen sorgen.«[217]

Beim Basketballspielen traf Flynn jemanden, der für die Armee rekrutierte. Dieser bot ihm für den Fall, dass er sich zusammenreiße und gute Noten schriebe, ein 3-jähriges Uni-Stipendium an. Nach dem Bachelor 1981 in Management heiratete er seine Schulfreundin Lori und trat in die US-Armee ein, wo der Special-Forces-Oberleutnant O'Grady ihm eine Karriere im militärischen Geheimdienst empfahl. Es war die Zeit, als Ronald Reagan das US-Militär nach der Vietnamschmach wieder zu Ruhm und Ehre führen wollte und mit Geld, Prestige und Aufstiegschancen überschüttete. Reagan wollte den Kampf gegen die Sowjetunion wieder aufnehmen und gewinnen. Er brach eine Reihe von Kleinkriegen in Mittelamerika vom Zaun, damit sich das US-Militär wieder ans Kämpfen gewöhnte. Dazu gehörte ein neuer Fokus auf unkonventionelle Kriegsführung und Spezialeinheiten, wie sie die *Rambo*-Filme von und mit Sylvester Stallone in der Popkultur verankerten.

Flynn durchlief die Fallschirmjägerausbildung für die Eliteeinheit 82nd Airborne Division (»82. Luftlanddivision«), hatte seine ersten Einsätze an der Grenze zu Nicaragua und kämpfte als Truppführer in der Aufklärung bei der Invasion von Grenada gegen die Kubaner. Als die Invasion begann, soll der 24-jährige Flynn einfach seine Sachen gepackt haben und an Bord eines Transportflugzeugs gesprungen sein, ohne seine Befehle abzuwarten. Flynn ist der Legende nach nur deswegen einem Militärgericht entgangen, weil der erfahrene Surfer und Rettungsschwimmer von einer 15 Meter hohen Klippe gesprungen ist, um zwei Soldaten vor dem Ertrinken zu retten. »Grenada war ein Wendepunkt im Kalten Krieg, weil es zeigte, dass die Sowjetunion geschlagen werden konnte«, berichtet Flynn.[218]

1994 wurde Flynn zum Major befördert und ging nach Fort Bragg, North Carolina, ins Hauptquartier der Special Forces, wo er insgesamt 16 seiner 33 Militärjahre dienen sollte. 2004 wurde er Aufklärungschef in Afghanistan unter General Stanley McChrystal und General David Petraeus, die das Nachrichtenwesen im Kampf gegen die al-Qaida und den Aufstand im Irak vom Kopf auf die Füße stellen wollten. Flynn hatte die Aufgabe, die militärische Aufklärung so zu reformieren, dass wichtige Infos zeitnah an die Soldaten auf dem Schlachtfeld kommuniziert wurden und nicht in einem Behördenlabyrinth in Washington versandeten. Er schrieb darüber 2010 den Bericht »Bessere Aufklärung: Wie man die Nachrichtendienste in Afghanistan sinnvoll einsetzen kann«[219] und empfahl unter anderem, weniger auf die Eliminierung einzelner Taliban-Kommandeure zu setzen, als vielmehr auf das Wohlergehen der gesamten Bevölkerung zu achten.

»Mike Flynn hat die militärische Aufklärung in Afghanistan revolutioniert,« bestätigte der ehemalige Trump-Berater Dr. Sebastian Gorka. »Er verstand, dass es im Kampf gegen Gruppen wie al-Qaida oder IS auf die Qualität und Schnelligkeit sofort einsetzbarer Aufklärung ankommt. Wenn man bei einem Kommandoeinsatz wertvolle Nachrichten erhält, muss man sie sofort verwenden. Nicht in einen Umschlag stecken, nach Langley [ins CIA-Hauptquartier] oder Fort Meade [ins NSA-Hauptquartier] schicken und 9 Monate lang drauf rumsitzen.«[220]

Verteidigungsminister Robert Gates sagte, Flynns Bericht sei »brilliant« und habe »den Nagel auf den Kopf getroffen«. Und Präsident

Barack Obama machte Flynn im Juli 2012 zum Chef der Defense Intelligence Agency, des militärischen Nachrichtendienstes. Doch Obama sollte diese Beförderung bald bereuen, denn Flynn nahm kein Blatt vor den Mund, was die Fehler seines Oberkommandierenden anging. Dabei kritisierte Flynn vor allem den Umgang mit dem Iran und dem islamischen Terror.

»Seit dem 11. September scheut sich die amerikanische Politik, den Islam zu kritisieren, obwohl es jede Menge an Beweisen dafür gibt, dass der Islam keine ›Religion des Friedens‹ ist«, schrieb Flynn 2016. »Diese Leugnung des Dschihad führte Präsident Obama zu der absurden Behauptung, der Islamische Staat habe nichts mit dem Islam zu tun.«[221] Die Keule der »politischen Korrektheit« hätte, so Flynn, zu einer »Schwächung« des Westens geführt, der das Kind nicht mehr beim Namen nennen könne. Der kulturelle Relativismus des Westens führe dazu, dass »die Apologeten der politischen Korrektheit uns weismachen wollen, dass keine Kultur das Recht hat, eine andere zu kritisieren. Das macht es sehr schwer, die Existenz einer internationalen Allianz bösartiger Länder und Kräfte zu erkennen, geschweige denn zu benennen, die uns vernichten wollen.«[222] Der Drahtzieher dieser antiwestlichen Allianz sei der Iran, sagte Flynn. Anstatt die Islamisten in Syrien zu unterstützen, sollten die USA lieber mit Russland zusammenarbeiten, das ein »idealer Partner im Kampf gegen den radikalen Islam« wäre, auch wenn Moskau an der Seite Teherans stehe. Dabei war Flynn keineswegs ein blauäugiger Putin-Freund, wie ihm später ohne Beweise unterstellt wurde. »Obwohl ich glaube, dass die USA und Russland im Kampf gegen den radikalen Islam an einem Strang ziehen könnten, sollten wir nicht davon ausgehen, dass Putin mit uns zusammenarbeiten will, im Gegenteil. […] Es gibt genug Anzeichen, dass Putin zusammen mit dem Iran und den anderen Mitgliedern dieser [antiwestlichen] Allianz gegen uns Krieg führen will.«

Flynn nannte die US-Invasion des Irak »einen strategischen Riesenfehler«: »Wenn unser Ziel nach dem 11. September die Niederlage der Terroristen und ihrer staatlichen Unterstützer war, wie wir behauptet haben, hätte unser oberstes Ziel Teheran und nicht Bagdad sein sollen, und das Mittel der Wahl politisch und nicht militärisch: indem wir die iranische Opposition unterstützen.«[223]

Die Obama-Regierung werde jedoch nichts dergleichen tun, so Flynn weiter, da »dieser Präsident als derjenige in Erinnerung bleiben will, der die Islamische Republik rehabilitiert hat, nicht als jener, der sie zu Fall gebracht hat. Unsere Konfrontation der Mullahs im Iran und ihrer Verbündeten im Kreml wird also eine neue Führung in Washington erfordern. Diese neue Regierung wird eine erfolgreiche Strategie entwerfen müssen, um dem Iran die Freiheit zu bringen, Putins hochgesteckte Ziele im Nahen Osten und Europa zu vereiteln und die weltweite Allianz unserer Gegner in die Knie zu zwingen.«[224]

Kein Wunder, dass Obama Flynn gefeuert hat. Ganz offensichtlich war er auch nicht die »Marionette Putins«, als die man ihn dargestellt hat.

Am 29. Januar 2014 sagte Flynn zusammen mit dem DNI-Direktor James Clapper, dem CIA-Direktor John Brennan und dem FBI-Chef James Comey vor dem Geheimdienstausschuss des US-Senats zur weltweiten Bedrohungslage aus. Es waren dieselben Leute, die 6 Jahre später für das Komplott gegen ihn verantwortlich sein sollten. Flynn warnte, die Obama-Regierung unterschätze seiner Meinung nach die Bedrohung durch den militanten Islam.

»Vor der Anhörung wurde Flynn ausdrücklich gesagt, er solle nichts über das Wiedererstarken des Islamischen Staats sagen«, äußerte ein anonymer Zeuge Filmemacherin Amanda Milius gegenüber. »Aber Flynn konnte nicht lügen. Er wollte ehrlich zu den amerikanischen Bürgern sein.«[225] Milius' anonymer Zeuge weiter: »Danach hat Clapper bei [dem Staatssekretär für Geheimdienstfragen im Pentagon] Michael Vickers angerufen und gesagt, ihr müsst Flynn entlassen. [...] Clappers Anweisung kam direkt von [der Nationalen Sicherheitsberaterin] Susan Rice – auf Geheiß von Barack Obama.«[226]

Am 7. August 2014 nahm General Mike Flynn seinen Abschied von seinem Stab bei der DIA. Bei dieser Gelegenheit nannte ihn NSA-Chef Mike Rogers »den besten Geheimdienstoffizier der letzten 20 Jahre«. Clapper und Vickers, die ihn gefeuert hatten, waren ebenfalls im Publikum. Flynn bedankte sich bei seinem Oberkommandanten in Afghanistan, General Stanley McChrystal, der ebenfalls nach Kritik an der Obama-Regierung aus dem Amt gedrängt worden war, genauso wie General David Petraeus, der nach der FBI-Enthüllung einer außerehelichen Affäre gehen musste. Damit sind die besten Generäle einer Kriegsgeneration – kluge Köpfe, die sich trauten, ihre Meinung zu sagen, und alle an der Front gekämpft hatten – von der Obama-Regierung hinausgeworfen worden. In seinem letzten Interview als DIA-Chef warnte Flynn, die Bedrohung durch den IS habe nicht ab-, sondern zugenommen, und der islamische Terror werde auch den Westen heimsuchen.[227] »Am Ende war ich sauer, wusste aber, dass ich meine Integrität bewahrt hatte, und war entschlossen, in der Zeit, die mir noch blieb, meine Reformen fortzusetzen und Alarm hinsichtlich des bösartigen Feindes zu schlagen, mit dem wir immer noch konfrontiert sind«, so Flynn.[228]

Als DIA-Chef hatte er bereits 2013 dem Militärischen Geheimdienst Russlands einen Besuch abgestattet, um sich im Auftrag Obamas mit den Russen in Syrien zu koordinieren. Als selbstständiger Berater hatte er Russia Today (RT) Interviews gegeben und war 2015 als Redner nach Moskau eingeladen, wo er mit Wladmir Putin an einem Tisch saß. Flynn hatte Putin zwar einen »Diktator« und einen »Kriminellen« genannt, hoffte aber trotzdem, mit Russland im Kampf gegen den islamischen Terror zusammenzuarbeiten.

Am 13. Oktober 2015 sagte Barack Obama in einem Interview mit CNN, man habe die Bedrohung durch den »Islamischen Staat« »im Griff«.[229] Genau einen Monat später griffen neun IS-Attentäter in Paris ein Konzert der Eagles of Death Metal im Bataclan und das Freundschaftsspiel Frankreich-Deutschland im Stade de France an und töteten 130 Menschen auf so bestialische Weise, dass Frankreich die Details dazu immer noch unter Verschluss hält. Flynn hatte recht behalten. Obama hatte unrecht gehabt.

Barack Obamas schlimmster Albtraum: Flynn und Trump

Im Februar 2016 schloss sich Mike Flynn Donald Trumps Wahlkampf an und wurde sein wichtigster außenpolitischer Sicherheitsberater, ja man fasste ihn sogar als Vizepräsident ins Auge. Als 122 republikanische Außenpolitiker in einem offenen Brief die Trump-Kampagne wegen angeblicher Russlandnähe verurteilten, organisierte Flynn einen Antwortbrief von 88 ehemaligen Generälen und Admirälen, die Trumps Außenpolitik als eine »überfällige Kurskorrektur« lobten.[230] Auf dem Parteitag der Republikaner in Cleveland, auf dem Trump zum republikanischen Kandidaten gekürt wurde, hielt Flynn am 18. Juli 2016 eine flammende Rede und forderte in einem Sprechchor, Hillary Clinton einzusperren (»*Lock her up!*«), denn »wenn ich als jemand, der dieses Geschäft kennt, nur ein Zehntel von dem getan hätte, was sie getan hat, säße ich im Gefängnis.«[231] Die Demokraten sollten ihn schon im folgenden Jahr beim Wort nehmen.

Wenige Tage nach Flynns Rede auf dem Parteitag der Republikaner schrieb CIA-Chef John Brennan an FBI-Chef James Comey und veranlasste ohne richterlichen Beschluss die Crossfire-Hurricane-Untersuchung gegen drei Mitglieder der Trump-Kampagne: George Papadoupolos, Carter Page und Paul Manafort. Am 31. Juli unterzeichnete FBI-Agent Peter Strzok den Ermittlungsbeschluss, Michael Flynn bekam am 18. August mit Crossfire Razor seine eigene Untersuchung. Die Ermittlungen gegen Flynn fanden laut Comey »aufgrund seiner Beziehungen zur russischen Regierung« statt. Doch welche Beziehungen sollten das gewesen sein? Sein Essen in London auf Einladung des

Ex-MI6-Chefs Sir Richard Dearlove 2014? Der Empfang bei Russia Today 2015?

»Es war ein Komplott, um General Flynn hinzuhängen und Donald Trump dranzukriegen«, kommentierte der ehemalige Bundesanwalt Joseph diGenova diese Aktionen.[232] »Flynn wollte die gesamte Leitungsebene des Geheimdienstapparates ihren Rücktritt einreichen lassen«, sagte der ehemalige Abgeordnete Devin Nunes. »Das wären Hunderte von Leuten aus allen Diensten gewesen. Er hätte sie nicht alle gehen lassen, aber jeder hätte sein Bleiben begründen müssen.« »Er wollte den gesamten US-Geheimdienst umkrempeln. Und Trump hörte auf ihn.« Sie wollten »den Sumpf trockenlegen«. Flynn wollte den Nationalen Sicherheitsstab im Weißen Haus ummodeln und die Obama-Leute durch Trump-Leute ersetzen. Er hätte den Nationalen Sicherheitsrat auf ein Drittel reduziert. Deshalb musste Flynn als Erster weg.

Flynn telefoniert mit dem russischen Botschafter

Nach seinem Wahlsieg nominierte Trump Flynn am 18. November 2016 zu seinem Nationalen Sicherheitsberater, der sich gleich an die Arbeit machte und mit seinen außenpolitischen Kollegen in aller Welt telefonierte. Das ist ein übliches Verhalten, wie es jede andere Übergangsregierung in der Geschichte der USA von jeher praktiziert hatte. Hätte Flynn nicht angefangen, sich auf einen der wichtigsten Jobs der Welt vorzubereiten und seine »Hausaufgaben« zu machen, wäre er nachlässig gewesen. Doch (vermutlich) auf Vorschlag des FBI-Chefs wurde genau dies mit einem noch nie beachteten obskuren Gesetz aus dem Jahr 1799 kriminalisiert, um Flynn aus dem Amt zu jagen.

Am 19. Dezember 2016 rief Flynn Sergej Kisljak, den russischen Botschafter in Washington, an, um ihm sein Beileid wegen der Ermordung des russischen Botschafters in Istanbul zu bezeugen. Und am

28. Dezember 2016 ein zweites Mal, diesmal, weil ein russisches Flugzeug mit einem Weihnachtschor an Bord auf dem Weg nach Syrien abgestürzt war.[233]

Ende Dezember wollte die scheidende Obama-Regierung der Netanyahu-Regierung in Israel noch eins auswischen und ließ im UN-Sicherheitsrat die Resolution 2334 passieren. Diese Resolution bezeichnete die Anwesenheit von Juden in Judäa und Samaria (nach der illegalen Besatzung durch Jordanien 1948–1967 auch als Westjordanland bekannt) als illegal. Als Schutzmacht Israels hatten die USA seit 1948 solche israelfeindlichen UNO-Resolutionen immer durch ihr Veto verhindert. Zum ersten Mal enthielt sich die Obama-Regierung bei einer solchen Abstimmung und winkte die Resolution durch. Diese Resolution wird heute beispielsweise vom Auswärtigen Amt in Deutschland benutzt, um zu behaupten, dass Juden nicht in Judäa wohnen dürften. Trump wollte diese Resolution unbedingt verhindern und bat Flynn, bei Russland zu intervenieren. Daraufhin rief Flynn am 22. Dezember bei Kisljak an und bat ihn, die Resolution nicht zu unterstützen, doch ohne Erfolg. Einen Tag später stimmten vierzehn Mitglieder des UNO-Sicherheitsrates inklusive Russland dafür, die USA enthielten sich.[234] Anstatt die politischen Wünsche der Nachfolgeregierung in der Übergangszeit zu respektieren, vermachte die Obama-Regierung ihr damit ein vergiftetes Geschenk. Und es sollte nicht das letzte sein. Kurz vor Schluss schien Obama noch alles Erdenkliche tun zu wollen, um Israel zu schaden und das Verhältnis zwischen den USA und Russland zu belasten.

Am 29. Dezember 2016 gab die Obama-Regierung einen Geheimdienstbericht namens »Joint Analysis Report« (JAR) heraus, der nur wenig handfeste Beweise zutage förderte, dass russische Geheimdienstler die Wahl beeinflusst hatten. Trotzdem nahm die Obama-Regierung den Bericht zum Anlass, 35 mutmaßliche russische Spione auszuweisen, mehrere Einrichtungen zu schließen und Sanktionen gegen die beiden führenden russischen Geheimdienste GRU und FSB zu verhängen. Flynn rief sofort Kisljak an und bat ihn, auf die Obama-Sanktionen nicht zu reagieren, da die Trump-Regierung einen Neustart mit Russland wolle, woraufhin Wladimir Putin am Folgetag verkündete, dass es keine russische Gegensanktionen geben würde. Trump lobte Putins Zurückhaltung auf Twitter: »Guter Zug von W. Putin – ich wusste immer, dass er sehr klug ist!«[235] Ein solcher Umgang mit seinen internationalen Gegenspielern war typisch für Trump: hart in der Sache, schmeichelhaft im Ton.

In Obamas Weißem Haus klingelten alle Alarmglocken. Am 5. Januar wies Barack Obama seine Geheimdienstleute an, Flynn unter die Lupe zu nehmen. Bereits einen Tag später wurde der Geheimdienstbericht über angebliche »russische Wahlmanipulation« mit einem 7-seitigen Anhang zu Russia Today (RT) veröffentlicht, obwohl RT in den USA nur einen winzigen Anteil der Fernsehzuschauer anlockt und sicher keinen Einfluss auf die Trump-Wahl hatte. Offensichtlich ging es darum, dass RT ein regierungsnaher russischer Sender mit starker Onlinepräsenz ist, und vermutlich wurde dieser Anhang nachträglich eingefügt, um Flynns Auftritt bei dem RT-Dinner mit Wladimir Putin im Dezember 2015 zu skandalisieren.

Parallel dazu ließ Susan Rice Flynns Namen in den internen Überwachungsdokumenten demaskieren (»entschwärzen«), und die Abhörprotokolle wurden an **David Ignatius** bei der *Washington Post* durchgestochen. Geheimnisverrat ist eine Straftat, auf die 10 Jahre Gefängnis stehen. Laut der Untersuchung des FBI-Generalinspekteurs 2018 steckte wahrscheinlich der FBI-Vizechef Andrew McCabe dahinter, der Flynn schon lange im Visier hatte,[236] weil Flynn 2014 die gekündigte FBI-Agentin Robyn Gritz unterstützt hatte, als sie McCabe der sexuellen Diskriminierung beschuldigte.[237]

Am 12. Januar 2017 veröffentlichte David Ignatius in der *Washington Post* den Artikel »Warum zögert Obama, gegen russische Hacker vorzugehen?«. Ignatius war der Sohn von Paul Ignatius, Navy-Chef und späterer Leiter der *Washington Post,* und gilt als »der führende

CIA-Befürworter in den Systemmedien«,[238] seitdem er sich gegen Barack Obamas Kritik an CIA-Foltergefängnissen im Irak ausgesprochen hatte. Deshalb nannte ihn der Snowden-Enthüller Glenn Greenwald »das ultimative Sprachrohr des Establishments«.[239] Ignatius' Intrige war raffiniert. Angeblich richtete sich sein Artikel gegen Obamas Untätigkeit in Bezug auf dubiose russische Hacker, war in Wirklichkeit aber ein geschickt kaschierter Angriff auf Mike Flynn. Er übernahm erst Christopher Steeles Unterstellungen wegen des RT-Dinners in Moskau und zündete dann die Bombe: »Laut einem hochrangigen US-Beamten hat Flynn am 29. Dezember mehrmals mit dem russischen Botschafter Sergej Kisljak telefoniert«, schrieb Ignatius, und dies »an demselben Tag, an dem die Obama-Regierung aufgrund der Hacks die Ausweisung von 35 russischen Diplomaten und andere Maßnahmen angeordnet hat. Was hat Flynn gesagt, und hat er die US-Sanktionen untergraben?«

Der eigentliche Skandal war aber nicht, dass der künftige Nationale Sicherheitsberater mit dem russischen Botschafter telefoniert hatte, sondern dass »ein hochrangiger US-Beamter« (vermutlich McCabe) illegalerweise Abhörprotokolle dieses Telefonats an die Presse weitergegeben hatte. Laut Flynns Anwältin Sidney Powell hatte James Clapper Ignatius gesagt, er solle an Flynn »den Fangschuss vollführen« (»*take the kill shot*«). Clapper bestreitet diese Aussage.[240]

»Wenn wir eine funktionierende Presse hätten, wäre das infrage stehende Thema gewesen, wer die Abhörprotokolle und Flynns Namen geleakt hat«, merkte Devin Nunes an, »und nicht, dass er mit dem russischen Botschafter gesprochen hat. Das war nämlich sein Job. Eine normale Presse hätte betont, dass ein Verbrechen verübt wurde, und dann versucht, den Verbrecher zu finden, der die Geheimnisse an die Medien durchgestochen hat.«[241]

Die Veröffentlichung des Steele-Dossiers am 10. Januar war gefloppt, denn nach der Veröffentlichung des Originals durch Buzz-Feed konnte jeder vernünftige Mensch erkennen, dass es Unsinn war.

»Es war ein Witz«, so Nunes, »ein Flop. 2 Tage später war Russland wieder in den Schlagzeilen. Doch diesmal war Flynn der Aufhänger. Sie haben das Gespräch mit dem russischen Botschafter veröffentlicht, um die Russlanduntersuchung wieder aufzubauschen.«[242]

Als hätte er seine Anweisungen direkt beim Obama-Meeting am 5. Januar bekommen, zitierte Ignatius auch das vollkommen unbekannte Logan-Gesetz aus dem Jahr 1799, welches Privatleuten die Einmischung in die US-Außenpolitik verbot. Natürlich war ein nominierter Nationaler Sicherheitsberater kein Privatmann, der ohne die Erlaubnis der US-Regierung mit einer ausländischen Regierung kommunizierte. »Es war absurd«, sagte Nunes-Sprecher Jack Langer. »Niemand nimmt das Logan-Gesetz ernst, und niemand ist je dafür verfolgt worden. Aber die Presse hat so getan, als ob Mike Flynn jemanden ermordet hätte.«[243]

Flynn bestritt gegenüber der *Washington Post*, mit Kisljak über Sanktionen gesprochen zu haben. »Vielleicht betrachtete er die eher symbolische Ausweisung von Diplomaten nicht als Sanktionen«, sagte Nunes, er jedenfalls »habe Obamas Maßnahmen im Dezember nicht als Sanktionen betrachtet. Es war typisch Obama: viel Wirbel und nichts dahinter.«[244] Der Pressesprecher im Weißen Haus, Sean Spicer, dementierte dem *Wall Street Journal* gegenüber, dass Flynn mit Kisljak über Sanktionen gesprochen hatte.[245]

Am 15. Januar 2017 erklärte Vizepräsident Mike Pence auf CBS, er habe mit Flynn gesprochen, und der habe ihm versichert, dass es bei den infrage stehenden Telefonaten um Weihnachtsgrüße und den Flugzeugabsturz und nicht um Sanktionen oder die Ausweisung von Diplomaten gegangen sei. Warum Flynn dies ausgerechnet Pence gesagt hat, ist nicht klar, denn Pence sollte Flynn später vorhalten, ihn belogen zu haben. Vielleicht dachte der neue Nationale Sicherheitsberater des Präsidenten der Vereinigten Staaten irrigerweise, seine Gespräche mit dem russischen Botschafter gingen niemanden etwas an.[246]

Das Flynn-Verhör: »Lass uns einfach ein paar Jungs rüberschicken«

Als sie das Pence-Interview hörten, wussten Comey und McCabe, dass sie dort ansetzen könnten, um einen Keil in die neue Regierung zu treiben. Am 19. Januar 2017 hatte die *New York Times* enthüllt, dass die Bundesbehörden die Kommunikation zwischen russischen Beamten und den Trump-Mitarbeitern Paul Manafort, Carter Page und Roger Stone belauscht hatten.[247] Aber die *Times* kritisierte nicht etwa den Lauschangriff gegen die neue demokratisch gewählte Regierung der Vereinigten Staaten, sondern beteiligte sich an diesem Spiel haltloser Unterstellungen einer »Russland-Verschwörung«.

4 Tage nach dem Amtsantritt der Trump-Regierung – man schrieb den 24. Januar 2017 – rief der stellvertretende FBI-Chef Andrew McCabe um 12:35 Uhr den neuen Nationalen Sicherheitsberater Michael Flynn in seinem neuen Büro im Westflügel des Weißen Hauses an und informierte ihn, es würden zwei Agenten vorbeikommen, denn sein Anruf bei Kisljak habe das FBI »neugierig« gemacht. Der Geheimdienstveteran Flynn ging davon aus, dass das FBI Telefonate des russischen Botschafters standardmäßig überwachte, und antwortete: »Ihr wisst doch eh, was ich gesagt habe, weil ihr wahrscheinlich mitgehört habt.« Doch McCabe meinte, »der schnellste Weg, das zu klären, sei ein Gespräch zwischen Flynn und den Agenten«.[248] Wenn Flynn den Justiziar des Weißen Hauses dabeihaben wolle, müsse man das Justizministerium einschalten. McCabe hat Flynn also durch Vorgaukeln von Kollegialität und Vertrauenswürdigkeit dahin gehend manipuliert, dass er auf einen Anwalt verzichtete. Dabei ließen McCabe und seine Agenten Flynn absichtlich im Dunkeln darüber, dass sie ihn damit drankriegen wollten, dass er das FBI belogen habe. Um 14:15 Uhr trafen Peter Strzok und Agent Joe Pientka im Weißen Haus ein und setzten sich mit Flynn in den State Room des Weißen Hauses, in dem normalerweise Staatsbankette abgehalten werden. Niemand informierte Flynn, dass es sich hierbei um ein Verhör handelte, dass die

FBI-Agenten die Transkripte seines Telefonats mit Kisljak hatten oder dass Strzok seit September die Ermittlung Crossfire Razor gegen Flynn führte. Flynn dachte wohl, die FBI-Agenten und er gehörten zu demselben Team. Doch so verhielt es sich nicht, denn sie waren von Obama geschickt, um Flynn auszuschalten, der die größte Gefahr für ihr Komplott darstellte, den neuen Präsidenten zu sabotieren und zu stürzen. »Was alles schiefgehen könnte, stresst mich so sehr, dass ich mein Herz schneller schlagen fühle«, hatte Strzok am Vortag Page anvertraut.[249]

In einem Interview in New York City fragte MSNBC-Moderatorin Nicole Wallace Comey 2018: »Wie konnte es passieren, dass zwei FBI-Agenten im State Room des Weißen Hauses landen?« Das Publikum brach in Gelächter aus, als Comey trocken antwortete: »Ich habe sie geschickt. Etwas, das ich in einer besser organisierten Regierung wahrscheinlich nicht getan hätte oder womit ich nicht durchgekommen wäre. Etwa der Regierung von George W. Bush [...] oder von Obama, den beiden Männern, die wir alle in den vergangenen 2 Jahren vielleicht mehr schätzen gelernt haben. In diesen beiden Regierungen gab es einen eindeutigen Dienstweg. Wollte das FBI also Agenten ins Weiße Haus schicken, um einen hochrangigen Beamten zu befragen, so wären sie über den Justiziar des Weißen Hauses gegangen. Es hätte Diskussionen und Genehmigungen gegeben, und alles hätte seine Richtigkeit gehabt. Aber ich dachte mir [angesichts der unerfahrenen Trump-Regierung]: ›Es ist noch früh genug, lasst uns einfach ein paar Jungs rüberschicken.‹«[250]

Dabei verschwieg Comey hinterhältig, dass es sein Vize Andrew McCabe gewesen war, der Flynn davon abgeraten hatte, den Justiziar des Weißen Hauses hinzuzuziehen, und Flynn ihm vertraut hatte. Seit 200 Jahren war es in den USA üblich gewesen, dass die alte Regierung der neuen im Weißen Haus den Weg ebnet, anstatt ihr Steine in den Weg zu legen und das in einer Übergangsperiode übliche Chaos auszunutzen. Vor allem waren Berufsbeamte nicht dazu da, um den höchsten Vertretern der neuen Regierung rechtliche Fallstricke zu legen. So etwas tun bestenfalls Bananenrepubliken in der Dritten Welt. Und Comey prahlte sogar damit.

Der junge CIA-Afghanistanveteran **Ezra Cohen** hatte zu der gleichen Zeit bei der Defense Intelligence Agency gedient wie Flynn, und so holte Flynn ihn am 20. Januar 2017 ins Weiße Haus. Eine anonyme Quelle, die die Filmemacherin Amanda Milius interviewte, schilderte das Flynn-Verhör folgendermaßen: »Ezra Cohen hatte an dem Tag einen Termin mit Flynn, aber die Tür war zu. Er fragte also Flynns Assistenten, was los sei. Der Assistent sagte, ›das ist ein FBI-Abwehrmeeting‹. Cohen wunderte sich, weil das FBI-Abwehrbriefing erst am Tag darauf stattfinden sollte, und bekam sofort ein ungutes Gefühl bei dem Gedanken, Mike Flynn würde sich da drinnen mit zwei FBI-Agenten treffen. Daher rief er den Anwalt **John Eisenberg** an, der – stinksauer – sofort herbeieilte. Doch als er ankam, verließen Peter Strzok und Joe Pientka gerade den Raum.«[251]

Die beiden FBI-Agenten gingen schnurstracks zu McCabe, und McCabe unterrichtete Comey. Sie berichteten, dass sie »nicht den Eindruck hatten, dass Flynn lügt, seine Worte abwägt oder bei seinen Antworten zögert«. Nach dem Interview schrieb Strzok an seine Geliebte: »[Flynn] sagte die Wahrheit, wie er sie sah, auch wenn ihm nicht mehr alles einfiel.«[252]

Flynn betrachtete die beiden FBI-Agenten nicht als Bedrohung, sondern eher als seine Untergebenen. Schließlich war er Nationaler Sicherheitsberater im Weißen Haus, ja sogar der Oberste Sicherheitsbeamte der USA. Und Strzok und Pientka gaben sich alle Mühe, um Flynn nicht spüren zu lassen, dass es sich um ein Verhör handelte. Als sie ihn fragten, ob er mit dem russischen Botschafter über Sanktionen gesprochen habe, antwortete Flynn laut FBI-Protokoll ausweichend: »Nicht wirklich. Ich weiß es nicht. Jedenfalls nicht in dem Sinne von ›macht das nicht.‹«[253]

Prinzipiell zurückhaltend mit Informationen, erklärte der Geheimdienstler Flynn: »Meine grundsätzliche Reaktion auf Fragen, die nicht von Vorgesetzten, dem Führungsstab oder der Kommandoebene stammen, besteht darin, sensible oder vertrauliche Informationen zu schützen, es sei denn, es besteht ein Anspruch auf diese Information mit einer entsprechenden Sicherheitsfreigabe.«[254] Auf gut Deutsch: Es ging diese beiden subalternen FBI-Hiwis einen feuchten Kehricht an, was der Nationale Sicherheitsberater der Vereinigten Staaten mit dem russischen Botschafter besprach. In einer normalen Situation wäre dies auch der Fall gewesen.

Am nächsten Tag fand das avisierte Geheimdienstbriefing für General Flynn und seinen Stab statt. Dabei waren ausgerechnet auch Andy McCabe und Bill Priestap vom FBI, die gerade eine Meineidfalle für Flynn konstruierten. Wenn es eine Bedrohung für die Nationale Sicherheit der USA gab, dann stellten sie diese dar. Nach dem Briefing ging McCabe zu Flynn und fragte ihn, ob er noch einen Moment Zeit habe. Dann wedelte er mit den Verhörnotizen und meinte:»Wir haben beschlossen, dass da nichts dran ist, und betrachten die Sache als erledigt.«[255] Das war eine komplette Lüge. Es ging erst richtig los.

»Wenn Flynn fällt, fallen alle«

Die amtierende Justizministerin Sally Yates erhielt umgehend eine detaillierte Zusammenfassung des Flynn-Verhörs mit dem Hinweis auf das obskure Logan-Gesetz. Obwohl sie und die Anwälte des Justizministeriums sich Sorgen um das offensichtlich unrechtmäßige Vorgehen des FBI machten, beschloss Yates, mit der Unterstützung von CIA-Chef Brennan und DNI-Chef Clapper, das Weiße Haus über Flynns »potenziell gesetzeswidrige« Kommentare zu informieren. Sie befürchteten, Flynn habe sich »kompromittiert« und möglicherweise durch Russland »erpressbar« gemacht, wie Yates **Don McGahn**, dem Justiziar im Weißen Haus, gegenüber äußerte.[256] Es war ein aberwitziger

Zirkelschluss: Weil die Obama-Verschwörer in ein Routinetelefonat mit dem russischen Botschafter etwas potenziell Zwielichtiges hinein-fabulierten, sollte Flynn plötzlich von den Russen erpresst werden? Am 30. Januar 2017 wurde Yates von Trump gefeuert, weil sie sich geweigert hatte, seine Einreisesperre für sechs akut terrorgefährdete Länder umzusetzen. Der Anwalt im Justizministerium **Andrew Weissmann**, der später die Mueller-Sonderermittlung gegen Trump leiten sollte, feierte seine gefeuerte Chefin Yates: Er sei »stolz« darauf, dass sie sich weigerte, ihren Job zu machen. Yates war laut dem ehe-maligen Anwalt des Justizministeriums, J. Christian Adams, »der Inbegriff des instrumentalisierten Justizministeriums unter Barack Obama, inklusive der Normalisierung der politisierten Strafverfol-gung. Sie sah es als ihre Aufgabe an, die neu gewählte Regierung zu sabotieren.«[257]

Am 9. Februar 2017 veröffentlichte die *Washington Post* jene Teile von Flynns Telefonat, die Vizepräsident Mike Pences Aussage auf CBS vom 15. Januar zuwiderliefen, und berief sich dabei auf »neun jetzige und ehemalige Beamte«. Zwei davon behaupteten, Flynn habe Kisljak gebeten, nicht überzureagieren, da Trump, sobald er im Amt sei, eine andere Linie fahren wolle.[258] Das war nichts Illegales. So hatte man etwa im Wahljahr 2012 Barack Obama im Gespräch mit dem russi-schen Präsidenten Dmitri Medwedew abgelauscht, er werde nach den US-Wahlen »mehr Flexibilität« im Umgang mit dem Raketenvertei-digungsschild in Polen und der Tschechei haben.[259]

Doch Pence fühlte sich von Flynn belogen. Und so trat General-leutnant Michael T. Flynn auf Wunsch von Donald Trump nach nur 24 Tagen im Amt zurück und musste bei der darauffolgenden Hexen-jagd seinem familiären und finanziellen Ruin ins Auge sehen. Im internen FBI-Vernehmungsbericht wurde Flynn kein Vergehen vor-geworfen, und McCabe sagte dem Weißen Haus im Februar 2017, gegen Flynn würde nicht ermittelt.[260]

Wie reagierten die Medien? Als einziges großes Medium betrachtete es das *Wall Street Journal* als Problem, dass hochrangige Geheimdienstler offenbar eine Kabale gegen den neuen Nationalen Sicherheitchef geschmiedet hatten.[261] Der Vorsitzende des Geheimdienstausschusses Devin Nunes nannte den Leak von Flynns Abhörprotokollen »einen der gefährlichsten für die Nationale Sicherheit, die es je gegeben hat«.[262] Schließlich hatte die *Washington Post* mit ihrem Artikel Moskau darüber informiert, dass die Telefonate des russischen Botschafters regelmäßig abgehört wurden. Auf Geheimnisverrat stehen bis zu 10 Jahre Haft, und diese drohten den neun Beamten, welche die *Post* in diesem Zusammenhang genannt hatte.

Das Trump-Team wusste zu diesem Zeitpunkt nicht, wie weit die Korruption im Washingtoner Staatsapparat reichte, sondern vertraute auf das System und hoffte, sobald Flynn weg sei, würden sich die Wogen glätten. Doch das Gegenteil war der Fall, die Hexenjagd ging jetzt erst richtig los. Nunes hatte das Weiße Haus gewarnt: »Wenn ihr jetzt klein beigebt, werden alle Freiwild sein. Es wird Blut im Wasser sein, und sie werden nicht aufhören.« Trump hatte im Wahlkampf immer ausgeteilt und nie zurückgesteckt. Aber jetzt, wo die Wahl gewonnen war, vertraute er darauf, dass die Situation deeskalieren würde und er sich daranmachen könne, das Land wieder auf Vordermann zu bringen. »Er hat nicht verstanden, dass sie Rückenwind bekommen würden, wenn sie Flynn drankriegten«, erklärte Nunes die damalige Situation, »während für sie klar war, dass nach Flynns Sturz der Präsident als Nächster dran war.«[263]

Nach der *Washington-Post*-Veröffentlichung wurde das FBI-Vernehmungsprotokoll nachträglich geändert, um behaupten zu können, Flynn hätte ausgesagt, nicht auf das russische Abstimmungsverhalten in der UNO eingewirkt zu haben. Ebenfalls hinzugefügt wurden eine angebliche Antwort Kisljaks sowie die Aussage Flynns, »vier- bis fünfmal« mit Kisljak telefoniert zu haben. Doch genau diese Passagen bildeten die Grundlage für die Anklage gegen Flynn. Erfunden worden waren sie, wie sich herausstellte, von jenen Agenten, die einen Weg suchten, Flynn zu Fall zu bringen. So fragte Strzok am Tag danach bei Page an:»Hat Andy [McCabe] das [geänderte] Vernehmungsprotokoll abgenommen?« Und Page antwortete:»Kann raus.« Diese Informationen wurden der Verteidigung absichtlich vorenthalten.[264]

Am 4. März 2017 schrieb Trump auf Twitter:»Schrecklich! Gerade erfahren, dass Obama kurz vor dem Sieg einen Lauschangriff auf Trump Tower angeordnet hat. Nichts gefunden. Das ist McCarthyismus!«[265] Daraufhin brachte die *Bild* die Meldung, in einem»regelrechten Twitter-Feuerwerk hat US-Präsident Donald Trump (70) am frühen Samstagmorgen ungeheuerliche Vorwürfe gegen seinen Vorgänger erhoben«, Obama habe im Wahlkampf seine Telefone im New Yorker Trump-Tower abhören lassen.»Beweise? Bislang keine!« Für den US-Präsidenten aber»scheint ganz klar zu sein: Er ist das Opfer einer Verschwörung«, mokierte sich dieses Blatt.[266] Offensichtlich kamen die Investigativjournalisten des Springer-Verlags nicht auf die Idee, dass Trump recht haben könnte. Dabei hatte die *New York Times* schon am 19. Januar 2017 enthüllt, dass es abgehörte Gespräche vom Trump-Team gab, die an die Presse durchgestochen worden waren.

Um seine weitere persönliche und berufliche Vernichtung zu verhindern, blieb General Mike Flynn schließlich nichts anderes übrig, als sich am 1. Dezember 2017 auf einen Deal mit dem Sonderermittler Robert Mueller einzulassen und sich der Falschaussage schuldig zu bekennen: einer Aussage, die er nie getätigt hatte, sondern die – wie jetzt dokumentiert ist – nachträglich ins Protokoll eingefügt worden war. Später erklärte Flynn dazu, die Mueller-Kommission habe ihn massiv unter Druck gesetzt und sogar damit gedroht, seinen Sohn zu inhaftieren.[267] Im Jahr 2020 klagte Flynn mit seiner Anwältin Sidney Powell auf Rehabilitierung und wurde schließlich im November 2020 von Trump begnadigt.

Diesem Komplott folgte eine nahezu beispiellose Serie von Kündigungen und Rücktritten in der Trump-Regierung. So empfahl der stellvertretende Generalbundesanwalt Rod Rosenstein im Mai 2017, den FBI-Chef James Comey zu entlassen, denn, sagte Rosenstein, »fast jeder ist der Ansicht, dass der FBI-Chef schwerwiegende Fehler begangen hat«.[268] Trump folgte Rosensteins Anraten und entließ den FBI-Chef am 9. Mai 2017, der daraufhin Dokumente bezüglich seiner Gespräche mit Trump illegal entwendete und an die Presse durchstach.[269] »Es gibt keinen Zweifel, dass James Comey mehrere Verbrechen begangen hat,« erklärte der US-Bundesanwalt Joseph diGenova dem Anwalt und Autor Gregg Jarrett.[270] Sein Nachfolger wurde ausgerechnet sein Komplize Andrew McCabe.

Am 10. Mai 2017 eröffnete McCabe eine offizielle FBI-Untersuchung des amtierenden Präsidenten aufgrund einer nicht näher definierten »Kollusion« mit Russland und »Behinderung der Justiz«. An demselben Tag schrieb Strzok: »Wir müssen [Schwärzung] jetzt drankriegen. Bald!« (Flynns Anwältin vermutet in dem geschwärzten Namen jenen Flynns.) Page schrieb zurück: »Sehe ich auch so. Ich hake bei [dem FBI-Vizechef Bill] Priestap nach.«[271] 7 Tage später benannte Rod Rosenstein Robert Mueller als Sonderermittler, um die Vorwürfe der »Russland-Verschwörung« aufzuklären; auch Lisa Page und Peter Strzok zog man hinzu.

Andrew McCabe wurde von Justizminister Jeff Sessions am 16. März 2018 genau 26 Stunden vor seinem Pensionsantritt gekündigt, weil er zu dem Vorwurf gelogen hatte, Informationen über die Ermittlungen gegen Hillary Clinton an das *Wall Street Journal* weitergegeben zu haben. Fast ein Jahr danach, am 14. Februar 2019, gab McCabe in der Sendung *60 Minutes* zu, mit dem Justizministerium besprochen zu haben, ob man Donald Trump nicht vielleicht wegen Geisteskrankheit des Amtes entheben lassen könne.[272] Ein paar Monate später stellte CNN McCabe als Kommentator ein, und im Oktober 2021 einigte sich McCabe mit dem Justizministerium in einem außergerichtlichen Vergleich; seine Kündigung 2018 wurde aus der Akte getilgt.

Trumps Justizminister Jeff Sessions reichte am 7. November 2018 seinen Rücktritt ein, weil Trump ihm vorwarf, sich wegen Befangenheit aus den »Russiagate«-Untersuchungen herausgehalten zu haben. Die Shitshow war perfekt und für die Medien ein gefundenes Fressen.

KAPITEL 6

Die Presse gegen den Präsidenten

»Ich will ein gutes Verhältnis zur Presse. Aber die Presse muss ehrlich sein. Die Öffentlichkeit, die Bürger, sie glauben euch nicht mehr. Wenn ihr ehrlich wärt und die Wahrheit sagen würdet, wäre ich euer größter Fan. Ich habe kein Problem mit negativen Geschichten über mich. Aber wenn man euch zuschaut, CNN - da jagt eine negative Geschichte die nächste. Ich habe die Wahl nun mal gewonnen. Findet euch damit ab.«[273]

Donald Trump, am 16. Februar 2017

»Trump wurde zur Sucht«

In der Wahlnacht vom 8. auf den 9. November 2016 saßen im ARD-Studio Hunderte von Clinton-Fans unter den Zuschauern und ausgewählten »Amerika-Experten«, aber so gut wie kein einziger Trump-Befürworter. Die Einzigen im Studio, die dem polternden Rüpel aus Queens etwas abgewinnen konnten, waren der US-Autor Eric T. Hansen und die PR-Beraterin Nadja Atwal. Hannes Jaenicke und Obamas Berlin-Botschafter John B. Emerson aber erklärten, warum Hillary Clinton gewinnen würde, und ARD-Moderator Jörg Schönenborn rechnete vor, dass 92 Prozent der deutschen Bevölkerung an einen Sieg Hillary Clintons glaubten. Fassungslos verfolgten sie, wie sich im Laufe des Abends die US-Landkarte rot färbte.[274]

Nach der Wahl schalteten deutsche Politik und Medien sofort auf Angriff: Angela Merkel erinnerte den neu gewählten US-Präsidenten an die »demokratischen Grundwerte«.[275] Der damalige Außenminister Frank-Walter Steinmeier hatte Trump bereits im Wahlkampf einen »Hassprediger« genannt,[276] und Wirtschaftsminister Sigmar Gabriel sagte, Trump wollte »zurück in schlechte, alte Zeiten«.[277] In ihrer aller Darstellung hatte sich Amerika von Europa distanziert und nicht wie in Wirklichkeit umgekehrt Europa von den Vereinigten Staaten. Die deutsche Presse schlug in dieselbe Kerbe. Die absurden »Pipigate«- und Steele-Dossier-Vorwürfe wurden noch monatelang für bare Münze genommen und erst, als der nächste aufgebauschte Skandal da war, stillschweigend fallen gelassen. Nichts war den Medien zu dumm oder zu peinlich. Donald Trump hätte in einem Waisenhaus in Afrika die Leukämie heilen können und sie hätten es als PR-Stunt eines Egomanen verkauft. »Wenn er über Wasser gegangen wäre, hätten die Medien geschrieben, Trump kann nicht schwimmen«, wie Senator Mike Huckabee sagte.[278] Bis heute muss man in der deutschen Presse positive Artikel über Donald Trump mit der Lupe suchen, selbst als er mit Nordkorea oder im Nahen Osten Frieden aushandelte.

Eine Harvard-Studie der ersten 100 Tage von Trumps Amtszeit ergab, dass Trump in keinem Medium der Welt so diffamiert wurde wie im deutschen Fernsehen: »Beim ARD unterliegen Journalisten nicht denselben Objektivitätsregeln wie beim BBC. [...] Trumps Eignung für das Präsidentenamt war im Januar das Hauptthema beim ARD und machte ein Fünftel (20 Prozent) der Berichterstattung über Trump aus. [...] 98 Prozent der ARD-Bewertungen von Trumps Eignung für das Amt waren negativ und nur 2 Prozent positiv.«[279]

2023 veröffentlichte die renommierte *Columbia Journalism Review* die erste Aufarbeitung dieses Systemversagens, einen vierteiligen Bericht mit dem Titel »Die Presse gegen den Präsidenten« von Jeff Gerth. Gerth hatte sowohl mit Trump als auch mit dessen Gegnern Christopher Steele und FBI-Agent Peter Strzok gesprochen. Nur sehr wenige Journalisten stellten sich einer Aufarbeitung ihres damaligen

Versagens. Unter ihnen der Watergate-Enthüller **Bob Woodward**, der gestand, dass die Berichterstattung zur Russland-Kampagne »nicht gut gehandhabt wurde«, und fand, dass Zuschauer und Leser »betrogen« worden seien. Woodward ermutigte seine Kollegen, »den schmerzhaften Weg der Selbstreflexion einzuschlagen«,[280] was die wenigsten bis heute getan haben.

Am 17. April 2024 kündigte der preisgekrönte Journalist Uri Berliner beim öffentlich-rechtlichen National Public Radio (NPR), nachdem er am 9. April eine Abrechnung mit dem Linksdrall des renommierten Kultursenders veröffentlicht hatte. Darin heißt es:

Wie viele andere bedauernswerte Entwicklungen begann diese mit Donald Trump. Wie in vielen anderen Redaktionen wurde seine Wahl im Jahr 2016 bei NPR mit einer Mischung aus Unglauben, Wut und Verzweiflung begrüßt. (Ich habe zweimal gegen Trump gestimmt, fühlte mich aber der fairen Berichterstattung über ihn verpflichtet.) Doch was als knallharte, kompromisslose Berichterstattung über einen aggressiven, wahrheitsgestörten Präsidenten begann, wurde zu einer Kampagne, Trumps Präsidentschaft zu schädigen oder ihn gar zu stürzen.

Hartnäckige Gerüchte, die Trump-Kampagne habe mit Russland zusammengearbeitet, um die Wahl zu stehlen, wurden zum Suchtmittel, das die Berichterstattung vorantrieb. Bei NPR haben wir uns mit Trumps lautstärkstem Gegner, dem Abgeordneten **Adam Schiff**, verbündet.

Schiff, der ranghöchste Demokrat im Geheimdienstausschuss des Repräsentantenhauses, wurde zum Zugpferd bei NPR, unsere allgegenwärtige Quelle der Inspiration. 25 Mal haben NPR-Moderatoren Schiff meiner Zählung nach zu Trump und Russland interviewt. In vielen dieser Gespräche suggerierte Schiff, er habe angebliche Beweise für eine solche Verschwörung, die aber nie kamen. Schiffs Agenda wurde die redaktionelle Leitlinie der NPR-Nachrichtenredaktion.

Aber als der Bericht des Sonderermittlers Robert Mueller keine glaubwürdigen Beweise für eine solche Verschwörung fand, herrschte bei NPR plötzlich Funkstille. »Russiagate« verschwand einfach stillschweigend aus unserem Programm.

Es ist eine Sache, bei einer wichtigen Geschichte danebenzuliegen. Das kann leider vorkommen. Man folgt den falschen Spuren, wird von vermeintlich vertrauenswürdigen Quellen getäuscht, ist emotional in eine Story investiert, aber die Puzzleteile fügen sich nie zusammen. Es ist im Journalismus nicht gut, eine große Story zu vermasseln.

Was aber noch viel schlimmer ist, ist so zu tun, als ob es nie passiert wäre, ohne Reue oder Entschuldigung einfach weiterzumachen. Besonders, wenn man von Personen und Institutionen des öffentlichen Lebens hohe Transparenz erwartet, aber diese Standards selbst nicht praktiziert.

Das ist es, was den Ruf der Medien und das Vertrauen in sie zerstört.[281]

Kopie an: den öffentlich-rechtlichen Rundfunk in Deutschland.

»Ihr wisst, dass ihr unehrlich seid«

Donald Trump hatte gehofft, nach dem Ende des Wahlkampfs würde Ruhe einkehren und er könnte sich daranmachen, »Amerika wieder großartig« zu machen und mit den Medien ein besseres Verhältnis aufzubauen. Doch bald musste er einsehen, dass sie es auf seinen Skalp abgesehen hatten. »Mir wurde früh klar, dass ich zwei Aufgaben hatte«, sagte Trump zu Jeff Gerth. »Die erste bestand darin, das Land zu führen, und die zweite darin, zu überleben. Ich musste überleben. Die Pressegeschichten waren unglaublich irreführend.«[282]

2 Tage nach der Entlassung Flynns am 16. Februar 2017 hatte Trump genug von der absurd einseitigen Berichterstattung. Er übernahm die Leitung der regulären Pressekonferenz im Weißen Haus von seinem Sprecher Sean Spicer und las den Medien die Leviten mit den Worten, die dieses Kapitel einleiten. Dann ging er den CNN-Reporter **Jim Acosta** wegen seiner negativen Berichterstattung an:

»Ich habe nichts gegen negative Berichte, solange sie wahr sind. Aber ich habe ein Problem, wenn sie Fake sind. Ich werde Fehler machen, und ihr werdet darüber schreiben, und das ist okay. Aber wenn ich CNN anschaue, ist da so viel Wut und Hass, das kann ich mir gar nicht mehr angucken. [...] Ich denke, ihr seid sogar unbeliebter als die Politiker im Kongress. Die Leute vertrauen euch einfach nicht mehr.«[283]

Als wolle er Trumps Presseschelte belegen, titelte *Welt*-Korrespondent **Ansgar Graw** am 17. Februar 2917: »Trumps Selbstenthüllungen sind schockierend.« Doch schockierend war die ganze Pressekonferenz vermutlich nur für einen Vertreter der extrem voreingenommenen Systempresse. Ansgar Graw berichtete schon 2014 von den wochenlangen Black-Lives-Matter-Krawallen in Ferguson, Missouri, wo er sich mit den Randalierern solidarisierte, verhaftet wurde und daraufhin die Polizei verklagte.[284]

»WOVON!? REDET!? DIESER PRÄSIDENT!?« echauffierte sich Graw in der *Welt*. Die »psychologischen Selbstenthüllungen« dieses Präsidenten seien »schockierend, weil da einer zeigte, dass er immun ist gegen die Bürde und die Würde eines Amtes«.[285] Schockierend waren höchstens die »Selbstenthüllungen« einer ehemals objektiven Systempresse, die nur weitere Lügen und Diffamierungen auftischen konnte, wenn Trump sie kritisierte.

Für die *Welt* waren Trumps Kritiken an der Systempresse nur »Merkwürdigkeiten«, die er der Presse »zuruft«. Im O-Ton klang Trump jedoch ziemlich einleuchtend:

Ich schau mir das [eure Berichterstattung] an. Ich sehe es. Und wundere mich. Ihr [Medien] würdet euch einen Gefallen tun, einfach mal ehrlich zu sein. Die Öffentlichkeit weiß Bescheid. Auf meinen Veranstaltungen buhen die Leute, wenn sie CNN sehen, und wollen ihre Pappschilder auf sie werfen. [...] Guckt euch mal ein paar von euren Sendungen morgens und abends an. Wenn da ein Gast kommt und es wagt, etwas Positives über mich zu sagen, wird er fertiggemacht. Sie werden auch diese Pressekonferenz auseinandernehmen. Dabei macht mir das sogar Spaß. Sie werden sich auch über diese neue Konferenz hermachen. Doch denkt daran, dass ich auf diese Weise die Wahl gewonnen habe. [...] Ich habe mit Pressekonferenzen und wahrscheinlich mit meinen Reden gewonnen. Ich habe sicherlich nicht dadurch gewonnen, dass die Leute euch zugehört haben. So viel ist sicher. Ich tue das hier gerne. Aber morgen wird die Presse sagen:»Donald Trump rast und geifert gegen die Presse«. Ich rase und geifere nicht. [...] Ich liebe das hier, mache es gerne. Doch die nächste Schlagzeile wird wieder lauten:»Donald Trump rast und geifert.« Das stimmt aber nicht.²⁸⁶

Und was war die Botschaft in der ehemals konservativen *Welt*? »Trumps Selbstenthüllungen sind schockierend.« Die Ironie dabei scheint dem Medium gar nicht aufgefallen zu sein.

»Das sind Menschen, die wissen, wie man sich rächt, sogar am Präsidenten der Vereinigten Staaten«

Seit 8 Jahren warten die Trump-feindlichen deutschen Medien darauf, dass Trump endlich zu Fall gebracht wird. Dabei machen sie aus ihrer Parteilichkeit gar keinen Hehl, sondern sind sogar stolz darauf.

Doch während die »Russiagate«-Hysterie Fahrt aufnahm, tat die Trump-Regierung alles, um mit den Ermittlern zu kooperieren. Sie akzeptierte einen FBI-Chef Andrew McCabe, der zu den Verschwörern der ersten Stunde gehörte. Sie duldeten einen Justizminister (Jeff Sessions), der sich aus den Ermittlungen zurückzog (dagegen hatte sich Obamas Justizminister Eric Holder als »Obamas Begleitschutz« bezeichnet). Sie akzeptierten einen Sonderermittlungsausschuss, der, wie Trump sagte, aus »sechzehn wütenden Demokraten« bestand. Und weil handfeste Straftatbestände in der »Russiagate«-Ermittlung

ausblieben, ging es bald nur noch um Sekundärvergehen wie »Falsch-
aussagen«, »Vertuschung« und »Behinderung der Justiz«. Doch wo
nichts zu verbergen ist, kann man auch nichts vertuschen.

Wie bereits erwähnt, hatte Trump am 9. Mai 2017 FBI-Chef James
Comey entlassen, der bereits während des Wahlkampfs von den
Demokraten heftig kritisiert worden war, weil er wenige Tage vor der
Wahl die Untersuchung von Hillary Clintons Umgang mit vertrauli-
chen E-Mails wieder aufgreifen wollte. Damals waren es die Demo-
kraten, die die Entlassung Comeys forderten. Nun warf Trump
Comey Geheimnisverrat vor. Und was tat Comey angesichts dieser
Vorwürfe? Er verriet der *New York Times* vertrauliche Details eines
Essens mit Trump, bei dem der Präsident ein Ende der Flynn-Unter-
suchung gefordert habe. Belege dafür legte Comey nicht vor und
erklärte auch nicht, warum er 3 Monate gewartet hatte, um dies zu
thematisieren.

Nach der Entlassung Comeys begannen die deutschen Medien wie
Welt und *Süddeutsche Zeitung* von einer möglichen Amtsenthebung
zu raunen, und das kaum 4 Monate nach Trumps Amtsantritt.[287]

»Seht euch nur an, wie die Medien mich behandeln«, sagte Trump
vor Kadetten der Küstenwache am 17. Mai 2017 in Connecticut. »Kein
Politiker ist jemals so schäbig und unfair behandelt worden, da bin ich
mir ganz sicher.« Wer würde ihm da widersprechen wollen? Doch
Trump vergaß seine Mission nicht: »Ich bin nicht gewählt worden,
um den Medien und den Lobbyisten zu gefallen, sondern um den ver-
gessenen Männern und Frauen unseres Landes zu dienen, und das
habe ich auch vor.«[288] Die illegale Einwanderung sei um rekordver-
dächtige 70 Prozent zurückgegangen, Jobs würden wieder ins Land
zurückkehren, ein neuer Oberster Richter sei im Amt und die Planung für den Grenzwall fortgeschritten, Verteidigungsausgaben seien
in historischem Maße erhöht worden, die Leistungen für Veteranen
angehoben und Bürokratie und Wirtschaftshemmnisse abgebaut, die
größten Steuererleichterungen in der Geschichte der USA sowie eine

verbesserte Krankenversicherung seien in Vorbereitung. »Die Menschen verstehen, was ich mache,« sagte Trump zuversichtlich.

Der konservative Kommentator Rush Limbaugh nannte die fortwährende Anti-Trump-Kampagne »einen Staatstreich gegen einen demokratisch gewählten Präsidenten, der von Berufsbeamten geführt wird, die tief im Staatsapparat verwurzelt sind und von den Medien beschützt werden«.[289] Und CNN-Moderatorin Dana Bash warnte, wie wir bereits hörten: »Das sind Menschen, die sehr stark vernetzt sind und wissen wie man sich rächt, sogar am Präsidenten der Vereinigten Staaten.«[290]

Im Januar hatte die *London-Times*-Journalistin India Knight doch tatsächlich zu Trumps Ermordung aufgerufen.[291] Seitdem gehörte es unter Rappern wie Snoop Dogg und Popstars wie Madonna zum guten Ton, den Tod des Präsidenten zu fordern.[292] Der ehemalige MSNBC-Moderator Keith Olbermann appellierte an »die Geheimdienste der Welt«,[293] den britischen MI6 und den deutschen BND, Trump zu stürzen – ein Aufruf, der mutmaßlich den Tatbestand des Hochverrats erfüllt. So hatten Systemmedien und Deep State eine Atmosphäre geschaffen, in der man völlig angstfrei zum Staatsstreich und Mord aufrufen konnte, und inszenierten sich dabei noch als die moralisch Überlegenen.

Die deutschen Medien gehen jedem Unsinn auf den Leim

Seit seinem Amtsantritt im Januar wurde das deutsche Staatsfernsehen nicht müde, das Ende von Trumps Präsidentschaft anzukündigen. Am 8. Juni 2017 musste der entlassene FBI-Chef James Comey vor dem Geheimdienstausschuss des US-Senats zugeben, über ein Netzwerk von Freunden Leaks an die Medien orchestriert zu haben. Außerdem ermittle das FBI aktuell gar nicht gegen den US-Präsidenten.[294]

In den ARD-*Tagesthemen* sprach Ingo Zamperoni mit dem Washington-Korrespondenten Stefan Niemann über Comeys Vorwürfe, Trump habe Comey gesagt, der Sicherheitsberater Mike Flynn sei doch »ein guter Kerl« und er hoffe, die Ermittlungen »werden bald eingestellt«. Ganze 3 Minuten brauchten Zamperoni und Niemann, um diese schockierende Entgleisung zu besprechen, nur um dann zuzugeben, dass keinerlei Aussicht auf ein Amtsenthebungsverfahren gegen Trump bestünde, jedenfalls »noch« nicht.[295]

Als Trumps Sohn Donald Jr. seinen kompletten E-Mail-Verkehr mit der russischen Anwältin Natalia Wesselnizkaja zum Trump-Tower-Treffen veröffentlichte,[296] um zu beweisen, dass sich absolut nichts Illegales oder Verwerfliches zwischen den beiden zugetragen hatte, witterten die deutschen Medien einmal mehr das Ende des verhassten 45. Präsidenten. »Trumps Sohn tief in Russland-Affäre verstrickt«, titelte die *Süddeutsche Zeitung*. Natürlich erwähnte sie nicht, dass Wesselnizkaja Trump Jr. absolut nichts zu bieten hatte und von Hillary Clintons Handlanger Glenn Simpson geschickt worden war.

In ihrem Eifer, Donald Trump zu Fall zu bringen, schaukelten die Mainstream-Journalisten sich gegenseitig hoch und schlugen immer häufiger über die Stränge. So veröffentlichte CNN am 22. Juni aufgrund einer einzigen Quelle eine Story über angebliche Verbindungen des Trump-Sprechers **Anthony Scaramucci** (der nur 10 Tage im Amt war) zu einer Firma namens Russian Direct Investment und behauptete, ein Senatsausschuss ermittle in dem Fall gegen Trump und Scaramucci, was nicht stimmte. Noch an demselben Tag wurde diese Story von Breitbart als Fake entlarvt.[297] Daraufhin löschte CNN die Geschichte von seiner Website mit dem Hinweis, sie »entspreche nicht den redaktionellen Standards von CNN«,[298] und die drei Journalisten, die für die Lügengeschichte verantwortlich waren, mussten ihren Hut nehmen.[299] Doch Präsidentensohn Donald Trump Jr. genügte dies nicht, sondern er verlangte von CNN-Chef Jeff Zucker, sich öffentlich zu entschuldigen.[300] Breitbart gegenüber gab er den

Kommentar:»Die Heuchelei bei CNN ist erstaunlich. [...] Nach dem größten Fake-News-Skandal in der Sendergeschichte beantworten sie keine Fragen, nicht mal ihren eigenen Reportern gegenüber.«[301] Deutsche Medien erwähnten den größten Skandal in der Geschichte von CNN nirgendwo, österreichische Zeitungen wie *Die Presse* und *Der Standard* aber schon.[302]

Im Dezember 2017 wurde der ABC-Reporter **Brian Ross** »beurlaubt«, weil er behauptet hatte, Trump habe General Flynn angewiesen, während des Wahlkampfs russische Beamte zu kontaktieren. »Wir bedauern zutiefst und entschuldigen uns für den schwerwiegenden Irrtum von gestern«, teilte ABC News mit. Die Berichterstattung »sei nicht komplett mithilfe der Redaktionsstandards überprüft worden«.[303] Daraufhin twitterte Trump:»Glückwunsch an ABC für die Suspendierung von Brian Ross für seine schrecklich irreführende und unehrenhafte Berichterstattung über Russland, die Russland-Hexenjagd. So sollten mehr Netzwerke und ›Zeitschriften‹ mit ihren Fake-News verfahren.«[304]

Noch Anfang 2019, kaum einen Monat vor der Entlastung Trumps durch den Sonderermittler Robert Mueller, folgten die deutschen Medien eifrig jeder Ente, die ihnen von linken US-Anti-Trump-Medien aufgetischt wurde. Beispielsweise berichtete BuzzFeed am 18. Januar 2019, Präsident Trump hätte seinen Anwalt Michael Cohen angewiesen, über ein Hotelprojekt in Moskau die Unwahrheit zu sagen.[305] Die *Süddeutsche Zeitung* übernahm diese Meldung auf Seite eins der Wochenendausgabe vom 19./20. Januar:»Trump soll Lüge befohlen haben. Das Onlineportal BuzzFeed hat berichtet, Trump habe seinen Ex-Anwalt Michael Cohen 2017 in der Russland-Affäre zu einem Meineid vor dem Kongressausschuss angestiftet.«[306]

Dabei hatte John Nolte in Breitbart News längst ernsthafte Zweifel an der BuzzFeed-Geschichte geweckt, indem er gleich am Freitagmorgen titelte:»Neun Gründe, warum man der BuzzFeed-Geschichte misstrauen sollte.«[307] Er wies insbesondere darauf hin, dass der

Co-Autor der Skandalmeldung, Jason Leopold, bereits 2006 von der renommierten *Columbia Journalism Review* als »Serienfälscher« bezeichnet worden war.[308] Außerdem berufe sich die Story auf »E-Mails und SMS« des Präsidenten, obwohl bekannt sei, dass Trump weder E-Mails noch SMS schreibe. Trotzdem habe man sich bei der *Süddeutschen Zeitung* entschieden, die Titelgeschichte zu fahren.

In der Nacht zum 19. Januar deutscher Zeit, als die Wochenendausgabe der *Süddeutschen Zeitung* schon in Druck ging, platzte dann die Bombe. Das Büro des Sonderermittlers Robert Mueller, der nicht gerade dafür bekannt war, sich zu Pressemeldungen zu äußern, bezeichnete die BuzzFeed-Meldung als »unzutreffend«.[309] Doch unglaublicherweise hielt BuzzFeed-Chefredakteur Ben Smith an der Lügengeschichte fest.[310]

Die *Süddeutsche Zeitung* musste ihren Fehler stillschweigend anerkennen. Online wurde die Ente nachträglich gelöscht. Eine Entschuldigung oder ausdrückliche Klarstellung der *Süddeutschen Zeitung* hat der Autor des vorliegenden Buches aber nicht finden können. Die gedruckte Titelseite liegt ihm weiterhin noch vor. Papier ist bekanntlich geduldig.

Van Jones (CNN): »Das ist eine Riesenente«

Im Juni 2017 dokumentierte der konservative Enthüllungsjournalist **James O'Keefe** von Project Veritas die Lügenkampagne von CNN in einem heimlich aufgenommenen Video. O'Keefe hatte schon 2009 dem Saubermann Barack Obama seinen ersten handfesten Skandal beschert, als O'Keefe sich als Zuhälter verkleidete und per verdeckter Kamera dokumentierte, wie Sozialhelfer des Obama-nahen Projektes ACORN (Association of Community Organizations for Reform Now) Tipps gaben, wie man einen steuerfinanzierten Kinderpuff betreiben und von der Steuer absetzen könne.[311]

Als während des Wahlkampfs 2016 auf Trump-Events plötzlich Schlägereien und Gewalt ausbrachen, wies James O'Keefe per verdeckter Kamera nach, wie die Clinton-Kampagne unter Chefberater John Podesta Provokateure einschleuste und Wahlfälschungen plante.[312]

Am 27. Juni 2017 veröffentlichte O'Keefe ein Video, in dem CNN-Redakteur John Bonifield vor versteckter Kamera das Anti-Trump-Trommelfeuer vom »Clinton News Network« CNN kritisiert: »Klar, es könnte alles Bullshit sein. Wir haben ja keinerlei Beweise. Sie sagen, es gibt diese Riesenuntersuchung. Aber ich denke, wenn da etwas wäre, hätten wir schon längst davon gehört. Es gibt ja immer wieder Leaks aus der Trump-Regierung, richtig gute Leaks, und wenn etwas Handfestes dabei wäre, wäre es schon längst rausgekommen. Aber sie wollen, dass wir an der Story dranbleiben. Also denke ich, der Präsident hat recht, wenn er sagt, das ist eine Hexenjagd. Es gibt ja gar keine Beweise.«[313]

Im zweiten Teil der CNN-Enthüllung, der am 28. Juni 2017 folgte, bezeichnete CNN-Starmoderator Van Jones die »Russiagate«-Berichterstattung als »Riesenente« (*big nothingburger*) und sagte: »Da ist nichts dran.«[314]

Trotzdem wurde die »Russiagate«-Untersuchung so lange fortgesetzt, bis der Leiter dieser Sonderermittlung, der ehemalige FBI-Chef Mueller, im März 2019 vor dem Kongress zugeben musste, dass all das nur heiße Luft war.

»Was auch immer wir über Trump bringen, wird negativ sein«

2019 ließ O'Keefe eine weitere CNN-Bombe platzen: Ein CNN-Techniker namens Cary Poarch hatte monatelang eine versteckte Kamera getragen und die schlimmsten Entgleisungen des ehemals führenden Nachrichtensenders dokumentiert.[315]

So gestand CNN-Medienkoordinator Nick Neville vor versteckter Kamera:»Der CNN-Vorsitzende Jeff Zucker führt eine persönliche Fehde gegen Präsident Trump.«»Was auch immer wir [über Trump] bringen, wird negativ sein. Er hasst ihn.«

Poarch fertigte heimlich Aufnahmen der täglichen 9-Uhr-Redaktionskonferenzen unter der Leitung von CNN-Chef Zucker an, der seinen Journalisten klare politische Vorgaben machte:»Das geht alles in Richtung Amtsenthebung [von Donald Trump]. Wir sollten nicht so tun, als wäre dies nicht das Ziel. Verliert dieses Hauptthema nicht aus den Augen.«

»Als ich bei CNN angefangen habe, war dies ein Traumberuf für mich«, berichtete Poarch.»Doch er wurde mehr und mehr zum Albtraum.« Die linke politische Agenda dominierte alles. Andere Meinungen oder Ausgewogenheit waren nicht gefragt. Als der angesehene republikanische Senator Lindsey Graham Mitarbeiter von Fox News wurde, machte Zucker die Ansage:»Ich weiß, viele bei CNN haben ein gutes Verhältnis zu Lindsey Graham. Aber damit muss jetzt Schluss sein. Wir müssen ihn jetzt direkt angreifen.«

Ironischerweise sah der Chef des Fake-News-Senders CNN, der 2017 als erstes vermeintlich seriöses Medium die hanebüchenen»Pipigate«-Enthüllungen gebracht hatte, nur bei der Konkurrenz Fake News. »Er bezeichnete Fox News als Fake News und Propagandamaschine, doch nach meinen Erfahrungen traf dies eher auf CNN zu«, bekundete Poarch O'Keefe gegenüber.»Wir haben am laufenden Band Propaganda produziert.« Er habe sich entschlossen, damit an die Öffentlichkeit zu gehen, weil er die Zustände bei seinem Arbeitgeber nicht mehr habe verantworten können. Dahinter stecke kein politisches Motiv, sondern er wünsche sich bloß,»dass der Journalismus wieder das wird, was er einmal war«. Bei CNN gebe es»einen starken Gruppenzwang. Alle hassen Trump«.

CNN-Medienkoordinator Christian Sierra meinte in einer heimlich gemachten Aufnahme:»Wir können nichts dagegen tun, wenn

Zucker jeden Tag die Amtsenthebung als Topthema fahren will. Er will die Amtsenthebung, das ist ihm das Allerwichtigste.«[316]

In der ersten Amtszeit von Donald Trump arbeiteten die Medien mitsamt ihren Stichwortgebern im Staatsapparat also vom ersten Tag an permanent auf eine Amtsenthebung hin. Journalist Lee Smith sprach von einem »permanenten Putsch«.[317]

TEIL 2

Die erste Amtszeit des Donald Trump: der »permanente Putsch«

»Es war die erste Kampagne in der US-Geschichte, die geführt, finanziert und personell ausgestattet wurde, um die systematische Korruption von Gesetzeshütern zu vertuschen.«[318]

Lee Smith

KAPITEL 7

Das Nunes-Memo

★★★

8 Tage im Mai

Nachdem der »Tiefe Staat« Trumps Wahl nicht verhindern konnte, ging es im Frühjahr 2017 nahtlos in den »permanenten Putsch« über – ein Dauerfeuer aus Leaks, Anschuldigungen, Hetzkampagnen, Doxxing (Verrat von persönlichen Daten) und sogar physischer Gewalt.

»Wenn ihr jemanden von dieser Regierung im Restaurant, im Kaufhaus, an der Tankstelle seht, geht hin, macht eine Szene und leistet Widerstand. Macht ihnen klar, dass sie nirgendwo mehr willkommen sind«, rief die kalifornische Abgeordnete Maxine Waters am 23. Juni 2018 ihren johlenden Unterstützern zu.[319] Und tatsächlich wurden Trump-Berater Stephen Miller, Pressesprecherin Sarah Huckabee Sanders und Heimatschutzministerin Kirstjen Nielsen in den darauffolgenden Tagen in Restaurants belästigt und attackiert.

Der Anwalt Michael Avenatti vertrat die Pornodarstellerin Stormy Daniels, die behauptete, mit Trump eine Affäre gehabt zu haben. Mit 108 TV-Auftritten zwischen März und Mai 2018 wurde dieser halbseidene Winkeladvokat zum Dauergast auf CNN und MSNBC. Ja, er wurde von CNN und der *Washington Post* sogar als möglicher Präsidentschaftskandidat gehandelt,[320] bis das Gericht seine Klage verwarf und Stormy Daniels zugab, dazu gedrängt worden zu sein. 2019 wurde Michael Avenatti wegen Betrugs zu 14 Jahren Haft verurteilt und sitzt bis 2035 im Bundesgefängnis in Los Angeles. Keine Trump-Meldung war den Medien zu abstrus, um nicht wochenlang diskutiert zu werden, bis die nächste absurde Sau auftauchte, um durchs Dorf getrieben zu werden.

Währenddessen mühten sich die Anti-Trump-Verschwörer, ein Trommelfeuer aus immer neuen Vorwürfen, Anschuldigungen, Anklagen und sogar Verhaftungen aufrechtzuerhalten, die aber allesamt nichts mit Russland und Putin zu tun hatten.

Anwalt Michael Cohen, der der Pornodarstellerin Stormy Daniels im Wahlkampf 2016 ein Schweigegeld von 130 000 Dollar gezahlt haben soll, bekam 2019 wegen Betrugs eine Haftstrafe von 3 Jahren. 2024 als Donald Trump erneut zur Wahl antrat, holte man Daniels und Cohen wieder aus der Versenkung, um ihn vor Gericht zu zerren. Doch das ging sogar Avenatti zu weit. Er nannte Cohen einen »Lügner und totalen Betrüger/Narzissten, bei dem sich alles nur um ihn selbst dreht«.[321]

Am 25. Januar 2019 wurde der 66-jährige Trump-Berater Roger Stone um 5:00 Uhr morgens von einem 29-köpfigen Sturmkommando des FBI im Bademantel aus seinem Haus gezerrt und verhaftet. In einem bemerkenswerten Anflug von journalistischem Scharfsinn stand rein zufällig ein Übertragungswagen von CNN mit Kamerateam vor Stones Haus in Fort Lauderdale, Florida, bereit. Stone wurde wegen Behinderung der Justiz und Falschaussage zu 40 Monaten Bundesgefängnis verurteilt. Trump begnadigte ihn im Dezember 2020.

Zu Beginn seiner Präsidentschaft dachte Donald Trump allen Ernstes, man könne jetzt das Kriegsbeil begraben und anfangen, gemeinsam daran zu arbeiten, das Land nach vorne zu bringen. So lud er sogar FBI-Chef James Comey ein, zusammen mit seiner Familie zum Essen ins Weiße Haus zu kommen. Dass es dessen vordringlichstes Ziel war, ihn öffentlich bloßzustellen, zu schwächen und nach Möglichkeit zu stürzen, ahnte er nicht. »Jenes Amerika, das James Comey und Andrew McCabe sich wünschten, konnte unmöglich einen Mann wie Trump ins Weiße Haus wählen«, erklärte der Ermittler Kash Patel dieses Verhalten. Sie betrachteten Trump nicht als ihren Präsidenten, und das Amerika, das Trump gewählt hatte, war für sie zutiefst verachtungswürdig. Die Kampagne, mithilfe der Trump gestürzt werden sollte, war nicht nur eine Kampagne gegen den Präsidenten, sondern gegen alle 61 Millionen Amerikaner, die ihn gewählt hatten.

Den Anti-Trump-Verschwörern beim FBI um James Comey, Andrew McCabe, Bill Priestap und Peter Strzok ging es in erster Linie um die Frage, wie sie Trump zu Fall bringen konnten, bevor die illegalen Lauschangriffe gegen den Präsidenten und damit der erste großangelegte Geheimdienstkomplott in der Geschichte der USA gegen einen politischen Herausforderer ans Licht kamen. Nach der Entlassung Comeys fürchtete sein einstweiliger Vertreter Andrew McCabe zu Recht, dass er als Nächster an der Reihe sein würde.

Der »Widerstand« im Staatsapparat sorgte dafür, dass er quasi unkündbar war. Aufgrund der Vorwürfe der Justizbehinderung wurde es Trump praktisch unmöglich gemacht, Hinterbliebene der Vorgängerregierung zu entfernen. Bereits nach Comeys Kündigung wurden Rufe laut, Trump solle seines Amtes enthoben werden, denn er »behindere die Ermittlungen« bezüglich seiner ach so zwielichtigen Verbindungen zu Wladimir Putin. Im Vergleich dazu machte Joe Biden 2020 nach dem »Sturm auf das Kapitol« kurzen Prozess, kegelte alle Trump-Anhänger binnen weniger Tage aus der Bundesregierung und »säuberte« Militär und Staatsapparat.

Im Frühjahr 2017 erörterten die FBI-Verschwörer eine Woche lang, wie sie Trump am besten loswerden könnten, und fanden zwei Optionen: den schnellen und den langsamen Putsch. Diese Phase nannte man später »Eight Days in May« (»8 Tage im Mai«), nach dem Politthriller *Seven Days in May* von John Frankenheimer aus dem Jahr 1964 über einen fiktiven Militärputsch in den USA, der mit Burt Lancaster und Kirk Douglas in den Hauptrollen besetzt war.[322]

Die Version eines schnellen Putsches soll von McCabes neuem Stellvertreter Rod Rosenstein ins Spiel gebracht worden sein, obwohl dieser von Trump nominiert worden war.[323] Nach dem Shitstorm, der ihm wegen der längst überfälligen Empfehlung, Comey zu kündigen, entgegengeschlagen war, versuchte Rosenstein sich bei seinen neuen Kollegen anzubiedern, sodass er vorschlug, Trump heimlich abzuhören und Beweise für dessen Unzurechnungsfähigkeit zu sammeln. Wenn der Vizepräsident und eine Mehrheit der Bundesminister der Meinung waren, dass der Präsident geistig nicht mehr in der Lage sei, sein Amt auszuüben, konnten sie ihn nach dem 25. Artikel der US-Verfassung entfernen und durch den Vizepräsidenten ersetzen lassen. Angeblich hatte Rosenstein schon begonnen, eine Liste von Trump-Ministern zu erstellen, die vielleicht dazu bewogen werden könnten, ihren Chef zu kippen, doch diese Option wurde als unrealistisch verworfen.

»Es gab Treffen im Justizministerium, bei denen diskutiert wurde, ob der Vizepräsident und eine Mehrheit des Kabinetts dazu gebracht werden könnten, den Präsidenten der USA nach dem 25. Verfassungszusatz abzusetzen«, sagte CBS-Journalist Scott Pelley. »Es waren die 8 Tage von Comeys Entlassung als FBI-Chef bis zur Ernennung von Robert Mueller als Sonderermittler, in denen die höchste Ebene der US-Bundespolizei erörterte, was mit dem Präsidenten geschehen solle.«[324] Auch hier ist der Vergleich mit der Biden-Regierung aufschlussreich. Während seiner Präsidentschaft ist Joe Bidens Altersdemenz so schlimm geworden, dass sein Presseteam hauptsächlich damit beschäftigt ist, ihn aus dem Rampenlicht herauszuhalten. Der Sonderermittler Robert Hur, der Bidens möglicherweise illegalen Umgang mit geheimen Dokumenten prüfen sollte, begründete seine Entscheidung, Biden nicht anzuklagen, mit den Worten: »Herr Biden würde sich einer Jury wahrscheinlich, wie er es während unseres Interviews mit ihm getan hat, als sympathischer, wohlmeinender älterer Mann mit Gedächtnislücken präsentieren.« Daraufhin hielt Biden eine seiner seltenen Pressekonferenzen ab, um sich gegen diese Vorwürfe zu wehren, verlor den Faden und dann sogar die Fassung, als kritische Fragen zu seinem Geisteszustand kamen. Sogar Demokraten nannten die Pressekonferenz vom 9. Februar 2024 »einen Albtraum«.

Am 19. April 2024 kam der abstruse Moment hinzu, als Joe Biden der Presse erzählte, sein Onkel sei im Zweiten Weltkrieg über dem Pazifik abgeschossen und von Kannibalen gefressen worden.[325] Und da heißt es, Donald Trump sei unzurechnungsfähig.

Die Mueller-Kommission

Statt die Sache mit dem 25. Artikel weiterzuverfolgen, entschied sich Rod Rosenstein als stellvertretender Justizminister, einen Sonderermittler einzusetzen: den damals 72-jährigen republikanisch gesonnenen Juristen Robert Mueller. 2001 war Mueller 5 Tage vor dem 11. September von George W. Bush zum FBI-Chef ernannt worden. In dieser Funktion beaufsichtigte er bis zu seiner Pension 2013 den Umbau des FBI von einer Bundespolizei zu einem Inlandsgeheimdienst, der Terrorismus bekämpfen und Amerikas Sicherheit garantieren sollte. Nach den Terroranschlägen hatte die 9/11-Untersuchungskommission des Kongresses die fehlende Zusammenarbeit zwischen den Inlands- und Auslandsgeheimdiensten kritisiert. Es hätten ausreichend Informationen über die Terroristen vorgelegen, um die Anschläge zu verhindern, doch zwischendienstliche Rivalitäten und verfassungsrechtliche Bedenken hätten eine effektive Zusammenarbeit vereitelt. So bestand Muellers Aufgabe als FBI-Chef hauptsächlich darin, die Brandmauern zwischen FBI, NSA und CIA einzureißen, die nach den Exzessen der 1960er-Jahre zwischen den Diensten geschaffen worden waren. Während der die Friedensbewegung begleitenden Studentenproteste hatte der langjährige FBI-Chef **J. Edgar Hoover** Robert F. Kennedy, Martin Luther King, Charlie Chaplin, John Lennon, Muhammad Ali und die halbe Studentenbewegung ausspionieren lassen. Nach Hoovers Tod 1972 und dem Watergate-Skandal 1974 legte das Church Committee den US-Geheimdiensten Ketten und Zügel an, die nach dem 11. September durch den Patriot Act weitgehend wieder abgeschafft wurden. Plötzlich hatte das FBI erneut die Erlaubnis, US-Bürger auszuspionieren, und die CIA durfte im Ausland die Feinde Amerikas liquidieren. Und dafür war Robert Mueller 12 Jahre lang zuständig.

Der Posten des Sonderermittlers wurde 1973 anlässlich der Watergate-Ermittlungen geschaffen, um eine objektive Untersuchung jenseits der Parteipolitik zu gewährleisten. Robert Mueller war jedoch keineswegs ein neutraler Sonderermittler, sondern pflegte eine Freundschaft mit dem FBI-Chef James Comey und dem stellvertretenden Generalbundesanwalt Rod Rosenstein.[326] Wenige Tage nach seiner Entlassung durch Donald Trump veranlasste Comey Rosenstein dazu, am 17. Mai 2021 Mueller als Sonderermittler einzusetzen, und benutzte illegal entwendete FBI-Dokumente, um in den Medien Druck auf die Trump-Regierung aufzubauen.

Dabei gab es zu diesem Zeitpunkt gar keinen Anhaltspunkt, dass ein Verbrechen begangen wurde. So war die Crossfire-Hurricane-Operation des FBI gegen die Trump-Kampagne auch keine strafrechtliche, sondern eine nachrichtendienstliche Ermittlung. Und tatsächlich gibt es bis heute keine Beweise, dass durch die Trump-Kampagne irgendein Verbrechen begangen wurde. Normalerweise ist für strafrechtliche Ermittlungen aber die Existenz von überzeugenden Beweisen notwendig: Die Polizei wird auf ein Verbrechen aufmerksam und macht sich dann auf die Suche nach dem Täter – nicht andersherum.

In einem Memo vom 2. August 2017 gestand Rosenstein, dass seiner Ernennung Muellers zum Sonderermittler kein ausreichender Verdacht zugrunde lag und diese deshalb bewusst schwammig formuliert wurde: »Die Anweisung vom 17. Mai war kategorisch formuliert, um die Veröffentlichung zu ermöglichen, ohne spezifische Ermittlungen gegen Einzelpersonen zu benennen.«[327] Die Mueller-Hexenjagd war also eine Suche nach einem Verbrechen, bei der der Beschuldigte von Anfang an feststand: Donald Trump.

Nach US-Recht ist schon der *Anschein* eines Interessenkonfliktes ein Ausschlusskriterium für einen Juristen. Daher forderten Rechtsexperten während der Ermittlung immer wieder die Ablösung Muellers durch einen neutralen Ermittler.[328] Die Ermittler, die Robert Mueller einsetzte, waren durch die Bank Demokraten und Clinton-Obama-Unterstützer. Unter den neunzehn ermittelnden Anwälten war kein einziger Republikaner, und nur drei waren keine Demokraten.[329]

Ganz vorne dabei waren wieder die Trump-Hasser Lisa Page und Peter Strzok. Als Mueller im Sommer 2017 von dem skandalösen SMS-Verkehr zwischen Strzok und Page erfuhr, stellte er sie frei, verschwieg dem Kongress und der Öffentlichkeit gegenüber aber den Grund dafür, bis ihre Korrespondenz im Dezember 2017 öffentlich wurde.

Die Mueller-Kommission war voller Obama- und Clinton-Veteranen.[330] Mueller holte unter anderem seine Ex-Partnerin Jeannie Rhee, die die Clinton Foundation sowie Andrew McCabe und Clinton-Berater Ben Rhodes verteidigt hatte; Aaron Zebley, der Clintons geheimen E-Mail-Server eingerichtet und später ihre Geräte und Blackberrys mit einem Hammer zerstört hatte; Kyle Freeny, der die Obama-Einwanderungspolitik so irreführend vor Gericht verteidigt hatte, dass er eine Verwarnung des Richters Andrew Hansen kassierte; und FBI-Agent Kevin Clinesmith, der mit Strzok und Page zusammen schon bei Crossfire Hurricane und den Clinton-E-Mail-Ermittlungen beteiligt war. Clinesmith wurde am 29. Januar 2021 zu 12 Monaten auf Bewährung verurteilt, weil er im Rahmen des dritten FISC-Antrags gegen Trump im Juni 2017 eine E-Mail gefälscht hat, die Carter Page entlastet hätte. Mithin ist Clinesmith der einzige Bundesbeamte, der je wegen der fingierten »Russland-Verschwörung« verurteilt worden ist.[331]

Chefermittler Andrew Weissmann, »Muellers Pitbull« bei den Ermittlungen, hatte durch seinen Übereifer bereits als Staatsanwalt mehrere große Fälle in den Sand gesetzt und viele unschuldige Leben ruiniert.[332] »Die Wahrheit spielt für Weissmann keine Rolle«, sagte die Anwältin Sidney Powell. »Respekt vor dem Gesetz, Anstand und Wahrheitsliebe sind für ihn Fremdwörter.«[333]

»Es war ein Team aus schmutzigen Bullen«, schildert Devin Nunes das Gespann. »Und Andrew Weissmann war der schlimmste.«[334] Er hatte Hillary Clintons abgebrochene Siegesfeier in New York besucht und die geschäftsführende Justizministerin Sally Yates bejubelt, als sie sich weigerte, Trumps Einreiseverbot für sechs terrorverdächtige Länder vor Gericht zu verteidigen. »Ich bin so stolz«, lautete der Betreff der E-Mail, »und beeindruckt«. Weissmann wurde schon im Sommer 2016 von Bruce Ohr über das Steele-Dossier ins Bild gesetzt.

Vieles spricht dafür, dass Weissmann und nicht Mueller in der Sonderermittlung tonangebend war. Dafür spricht auch die Tatsache, dass Mueller bei seiner Zeugenaussage vor dem Kongress 2019 nicht gewusst zu haben scheint, wer Glenn Simpson und Christopher Steele waren. Als er von den republikanischen Abgeordneten befragt wurde, kannte er offensichtlich viele Passagen aus seinem eigenen Bericht nicht. Daher sagte Detektiv Joe diGenova zu Fox Business: »Bob Mueller ist nur eine Gallionsfigur. Es war schon immer die Weissmann-Untersuchung.«[335]

Fast 2 Jahre lang haben Weissmann und Mueller mit 18 Anwälten, 40 FBI-Agenten und 32 Millionen Dollar Budget 500 Zeugen vernommen, 2800 Vorladungen und 500 Durchsuchungsbeschlüsse erlassen und 230 Kommunikationsprofile erstellt. Doch sie konnten keinen Hinweis auf ein Verbrechen finden.

Das Positive an dieser Tatsache: Wenn die Mueller-Ermittlung trotz offensichtlicher Kompetenzüberschreitung, trotz zerstörter Karrieren und Familien, trotz der schweren Beschädigung der amerikanischen

Demokratie durch eine parteipolitische Hexenjagd, wenn sie trotz dieses hohen Preises in ihrem 448 Seiten langen Abschlussbericht vom März 2019 keinen Anlass für ein Strafverfahren aufzeigen konnte, konnte man getrost davon ausgehen, dass es keine Russland-Verschwörung gab.

So lautete Trumps Twitter-Kommentar am 20. April 2019:»Obwohl der Mueller-Bericht gar nicht erst hätte genehmigt werden sollen & von 13 (später 18) wütenden, Trump-hassenden Demokraten, darunter dem höchst voreingenommen Bob Mueller selbst, so negativ wie möglich verfasst wurde, ist das Ergebnis: keine Russland-Verschwörung, keine Behinderung der Justiz!«[336]

Ungeachtet dieses ergebnislosen Ausgangs der Untersuchung kündigte Senatorin Elizabeth Warren noch an demselben Tag auf Twitter an, trotzdem ein Amtsenthebungsverfahren gegen den gewählten Präsidenten den Vereinigten Staaten anstreben zu wollen.[337]

Denn genau das war von Anfang an das Ziel gewesen. Beweise waren Nebensache.

Devin Nunes: ein Milchbauer gegen den Tiefen Staat

Devin Nunes, der damalige Vorsitzende des Geheimdienstausschusses im US-Abgeordnetenhaus, wuchs als Sohn einer portuguiesisch-stämmigen Milchbauernfamilie im kalifornischen Central Valley auf, unweit des Distrikts San Gabriel Valley im Osten von Los Angeles, den sein größter Gegenspieler und Nachfolger im Geheimdienstausschussvorsitz vertritt, der Abgeordnete Adam Schiff. Doch zwischen Burbank, wo Schiff neben den großen Hollywoodstudios wohnt, und dem bodenständigen Tulare, wo Nunes herkommt, liegen Welten. Das von katholischen Latinos und konservativen Landwirten geprägte

Central Valley ist einer der wenigen Orte im linken Kalifornien, wo einem auf der Landstraße Schilder für Trump und andere republikanische Kandidaten ins Auge springen. Hier weht die Fahne der USA und nicht die Regenbogen- oder Ukrainefahne. Nunes wusste nicht, was auf ihn zukam, als er 2015 den Vorsitz des Geheimdienstausschusses annahm. Nunes und seinem Team um den indischstämmigen Juristen Kash Patel und den Sprecher Jack Langer ist es in erster Linie zu verdanken, dass die Wahrheit über den »Papierputsch«, wie sie ihn nannten, ans Licht kam.

Nunes hatte bereits im Dezember 2016 gemerkt, dass etwas nicht stimmte, als die *Washington Post* mehr über die angeblich russische Einmischung in den Wahlkampf wusste als der Geheimdienstausschuss. Als David Ignatius dann am 12. Januar in der *Washington Post* seinen Artikel über das streng geheime interne Protokoll des Gesprächs des Nationalen Sicherheitsberaters veröffentlichte, gab es für Nunes keinen Zweifel mehr. Der neu gewählte Präsident Trump konnte nichts tun, ohne dass es an die Presse durchgestochen wurde. Seine Telefonate mit dem mexikanischen Präsidenten und dem australischen Premierminister landeten taufrisch in den Medien. Diese permanenten Leaks konnten nur aus dem obersten Staatsapparat kommen. »Da hätten überall die Alarmglocken klingeln müssen«, sagte Nunes. »Das FBI hätte Türen eintreten sollen, um herauszufinden, was los war. Eigentlich war es ihre Aufgabe, das Land und den Präsidenten zu beschützen. Aber es passierte gar nichts.«[338]

Ezra Cohen, der junge Assistent in Mike Flynns Stab im Weißen Haus, hatte erfahren, dass die Obama-Regierung über 300 Trump-Abhörprotokolle »demaskiert«, das heißt namentlich enthüllt hatte. »Ezra hat einen Mitarbeiter gebeten, Beispiele für solche Demaskierungen zu suchen. Als er am nächsten Tag in sein Büro kam, lag ein telefonbuchdicker Aktenordner auf seinem Schreibtisch«, gab Amanda Milius' anonyme Quelle aus dem Weißen Haus zu Protokoll.[339] Diese

Infos wurden an Nunes übermittelt, der am 22. März 2017 den Präsidenten davon unterrichtete und eine Pressekonferenz dazu abhielt. Nunes betonte, dass diese Überwachung des Trump-Teams »nichts mit Russland zu tun hatte. Es ging immer nur darum, dass Obama-Mitarbeiter ohne triftigen Grund Leute demaskierten«. Es war der erste handfeste Beweis dafür, was Trump am 4. März 2017 getwittert hatte: dass Obama »kurz vor dem Sieg einen Lauschangriff auf den Trump Tower angeordnet« hatte.[340] Über 260 Demaskierungsanträge wurden im Namen der UNO-Botschafterin Samantha Power gestellt, die aber bestreitet, sie selbst unterschrieben zu haben. Doch die Nationale Sicherheitsberaterin Susan Rice gab vor dem Geheimdienstausschuss zur Kenntnis, Demaskierungen veranlasst zu haben, wie sie es beim Weihnachtsessen mit den Obamas besprochen hatte. Damit wurde aus der Russland-Verschwörung eine Verschwörung des Staatsapparates, der Geheimdienste und der Clinton-Obama-Fraktion, aus »Russiagate« wurde »Spygate«.

Doch wenn man den aktuellen Stand (April 2024) des Eintrags zu »Spygate« auf der englischen *Wikipedia*-Seite aufruft, liest man dort nach wie vor: »Spygate ist eine widerlegte Verschwörungstheorie, die vom 45. US-Präsidenten Donald Trump und seiner politischen Basis bei vielen Gelegenheiten während seiner Amtszeit verbreitet wurde.«[341]

Aus »Russiagate« wird »Spygate«

»Die Demaskierungen zu enthüllen war Gift für die Betroffenen«, erklärte Nunes. »Leute hätten dafür, was sie General Flynn und anderen angetan haben, ins Gefängnis kommen sollen.«[342] Sobald Nunes diese Demaskierungsenthüllungen vorgenommen hatte, gingen die Angriffe auf ihn los – persönlich und politisch. »Nach der Pressekonferenz am 22. März 2017 haben sie ihre gesamte Maschinerie gegen mich eingesetzt, von Lobbyisten bis hin zu Journalisten, und massiv

Schmutzwäsche und Fake News über mich verbreitet. Denn wir hatten sie erwischt.«[343]

Adam Schiff und die linke Presse begannen, Nunes als einen verrückten Verschwörungstheoretiker darzustellen, der wichtige Ermittlungen zu Trumps russischer Wahlmanipulation behindern wolle. Die Journalisten gingen nie der Enthüllung nach, dass die Obama-Regierung den politischen Gegner ausspioniert hatte – sie versuchten herauszufinden, woher Nunes seine Infos hatte. Linke Soros-NGOs wie etwa MoveOn beschuldigten Nunes, auf seiner Pressekonferenz am 22. März vertrauliche Informationen preisgegeben zu haben, und reichten eine Ethikbeschwerde beim Kongress ein. Für die Verursacher der ständigen Leaks aus der Trump-Regierung aber interessierte sich niemand.

In Nunes' Wahlbezirk tauchten Plakate auf, die ihn als Marionette Putins brandmarkten. Im Netz wurden unzählige Fake-Konten unter seinem Namen angelegt, um ihn zu diffamieren, darunter auch das Parodiekonto »Devin Nunes' cow«, das 680 000 Follower hatte und aus der Perspektive einer Kuh auf seinem Hof geschrieben war.[344] Die Lokalzeitung *Fresno Bee* der Verlagskette McClatchy versuchte Nunes über dessen Winzerei Alpha Omega mit einer Koks-und Sexparty auf einer Jacht 2016 in Verbindung zu bringen.[345] Nunes verklagte McClatchy auf 150 Millionen Dollar Schadensersatz, doch das Unternehmen ging 2020 Pleite und wurde an einen Hedgefonds verkauft.

Nunes' Frau Wendy, eine kalifornische Grundschullehrerin, und seine Familie wurden von linken Trollen, Stalkern und Hackern gedoxxt und bedroht. Man hat die E-Mails seiner Frau veröffentlicht, sie auf sozialen Medien gestalkt und ihre persönlichen Daten sowie die ihrer Lehrerkollegen veröffentlicht. Nunes' gesamte Familie mitsamt seiner 98-jährigen Oma und seiner Schwiegermutter erhielten Drohanrufe, teilweise von Anschlüssen, die Nunes' Telefonnummer imitierten und so taten, als sei er entführt worden und sein Leben sei in Gefahr. Nunes' Frau und seine drei Töchter benötigten rund um die

Uhr Polizeischutz, und der örtliche Sheriff stellte einen Beamten ab, um ihre Schule zu bewachen.[346]

Nach der Pressekonferenz im März versuchte Nunes, einen Termin bei FBI-Chef James Comey zu bekommen, wurde aber immer wieder abgewiesen. Einen Monat später war Comey wegen eines Russland-Meetings im Kapitol, und Nunes passte ihn ab. »Er hat mir gesagt, ›oh, wenn ich das gewusst hätte, hätte ich mich sofort gemeldet‹. Da wusste ich, dass er ein Lügner und Betrüger ist.«[347]

Nunes wusste, dass er Verstärkung brauchte, und fand diese in dem Ermittler des Justizministeriums Kashyap Pramod »Kash« Patel, einem aufgeweckten indischstämmigen Juristen aus Queens, New York, einem begeisterten Hockeyspieler, der in Afrika gelebt hatte und laut dem Journalisten Lee Smith »eine ganz andere Energie« in den etwas verschlafenen Geheimdienstausschuss brachte.[348] Kash arbeitete im Justizministerium und kannte die Crossfire-Hurricane-Mannschaft McCabe, Strzok und Page persönlich. Er wusste, dass sie gute Arbeit leisteten.

»Ich habe Devin gesagt, wir werden feststellen, dass die Russland-Ermittler unangemessene Dinge getan haben«, sagte Patel. »Das war meine Erfahrung, da ich mit ihnen gearbeitet hatte. Aber niemand hat mir geglaubt.«[349] »Ich hatte ihn [Kash] geholt, um Türen einzutreten«, sagte Nunes.[350] Sie nannten ihre Mannschaft »Objective Medusa«, weil das Komplott so viele Köpfe hatte.

Patel wusste, wie das Justizministerium und das FBI funktionieren und wo er ansetzen musste. Als Erstes wollte er den FISC-Antrag sehen, der benutzt wurde, um gegen Carter Page und das Trump-Team zu spionieren. »Ich dachte mir, das FBI muss ziemlich schwerwiegende und gründlich recherchierte Vorwürfe gegen Page haben. Doch wo man auch hinsah, berief sich das FBI auf völlig durchgeknallte Behauptungen über Trump aus einem Dokument des ehemaligen britischen MI6-Agenten Christopher Steele«, berichtete Patel.[351] »Jeder mit einem halbwegs funktionsfähigen Hirn, der nicht vom

Hass auf Trump total geblendet war, konnte sofort erkennen, dass das Dossier totaler Unsinn war. Aber es war ja nicht aus der Luft entstanden. Ehemalige MI6-Agenten erfinden ja nicht zum Spaß einen Haufen Lügen über einen US-Präsidentschaftskandidaten und stechen es dann ans FBI durch. Jemand musste dafür bezahlt haben.« Beim FBI hatte Patel gelernt, dass man, wenn man einer Sache auf den Grund kommen will, nur dem Geld zu folgen braucht. Jede Transaktion hinterlässt Spuren, und jedes Bankkonto gehört irgendwem. Zeugen können lügen oder sich irren, aber Geld lügt nicht.» Wer auch immer das Dossier bezahlt hat, muss Geld an Fusion GPS bezahlt haben«, sagte Patel.»Deshalb beschloss ich, per Gerichtsbefehl ihre Bankunterlagen anzufordern.«

Fusion GPS wehrte sich mit allen Mitteln.»Wir schrieben über hundert Zeugen an und baten um Dokumente. Viele halfen uns, manche nicht. Als Fusion GPS dran war, haben sie uns sofort knallhart einen Riegel vorgeschoben.«[352]

Als Patel im Sommer 2017 dienstlich in London war, versuchte er, Christopher Steele über dessen britische Anwältin zu erreichen. Schon während seines Rückflugs hatte der Fusion-GPS-Anwalt Joshua Levy die Story an die Presse gegeben, ein Mitarbeiter von Devin Nunes würde Christopher Steele unter Druck setzen. Fortan wurde auch Patel zur Zielscheibe von Verleumdungen und Rufmord in der Presse. In früheren Zeiten waren die Büroangestellten und Mitarbeiter von Politikern und Abgeordneten eigentlich tabu für die Presse. Jetzt nicht mehr. Doch »jedes Mal, wenn wieder eine fingierte Story über mich durch die Presse ging, wusste ich, dass ich nun zur Zielscheibe geworden war«, sagte Patel.[353]

Im Herbst 2017 erhielten sie endlich die Bankauszüge der Detektei Fusion GPS und staunten nicht schlecht: Die Detektei wurde tatsächlich direkt von der Clinton-Kampagne bezahlt.»Jack [Langer] rief mich an und sagte, ›die Clintons stecken dahinter‹. Ich antwortete, ›machst du Witze?‹ Denn ich hätte gedacht, dass sie das wenigstens durch eine Lobbyorganisation verschleiern. Aber sie wollten wohl die direkte Kontrolle«, erinnert sich Nunes. »Das hätte eigentlich das Ende der Geschichte sein sollen. Wir konnten beweisen, dass das ›Dossier‹ von Trumps politischen Gegnern bezahlt wurde, und dachten, dass man es dann natürlich nicht mehr ernst nehmen konnte.«[354] Doch das Gegenteil war der Fall. Die Presse hatte sich zu sehr der Russland-Verschwörungstheorie verschrieben. Anstatt ihren Fehler einzuräumen, griff sie Nunes und sein Team an. Doch die Stimmung unter den Bürgern und den republikanischen Kollegen begann sich zu drehen.

Als Nunes Anfang 2017 unter medialem Dauerbeschuss stand und eine Ethikuntersuchung gegen ihn angestrengt wurde, fand er sich im Kongress allein auf weiter Flur. Nun aber hatte er handfeste Beweise für die absurdeste aller Verschwörungen: Die Detektei Fusion GPS hatte zwischen dem 24. Mai und dem 28. Dezember 2016 von der Clinton-Kanzlei Perkins Coie des Wahlbetrugsspezialisten Marc Elias 1 024 408 Dollar erhalten und 523 651 Dollar für ihre Arbeit mit der russischen Anwältin Natalia Wesselnizkaja, die sich mit Donald Trump Jr. im Trump Tower getroffen hatte.[355] Doch das war noch nichts alles. Fusion GPS wurde außerdem von acht anderen Kanzleien bezahlt und entlohnte sogar mindestens drei Journalisten, deren Namen bisher unveröffentlicht sind, um ihre Schmutzwäsche unter die Leute zu bringen. So konnte Fusion GPS doppelt abkassieren: von der Clinton-Kampagne und von den Medien, die begierig auf die nächste Trump-Russland-Enthüllung warteten.

Die Russland-Expertin Nellie Ohr erhielt laut diesen Bankbelegen von Fusion GPS 55 Dollar pro Stunde beziehungsweise 44 000 Dollar für 20 Wochen Teilzeitarbeit. Kash Patel suchte im Internet nach einem Foto von Nellie Ohr und fiel fast vom Stuhl, als er sie mit ihrem Mann Bruce Ohr sah, den er vom Justizministerium her kannte. Er ging zu Devin Nunes und verkündete ihm: »Übrigens steckt der vierthöchste Beamte des Justizministeriums mit drin.« Da fragte Nunes scherzhaft, ob Patel etwa besoffen sei.[356]

Um Bruce Ohrs Rolle aufzuklären, forderte Patel alle FBI-Protokolle an, die mit Ohr zu tun hatten. »Das war der Jackpot«, so Patel. Er konnte nun eindeutig dokumentieren, dass sich der vierthöchste Mann im Justizministerium, dessen Frau von der Clinton-Kampagne bezahlt wurde, um Anrüchiges über Trump zu fabrizieren, sich mit allen wichtigen Beteiligten beim FBI getroffen hatte. Bruce Ohr und Christopher Steele hatten 2007 bei den Korruptionsermittlungen gegen den Weltfußballverband FIFA zusammengearbeitet und standen seit Januar 2016 wieder regelmäßig in Kontakt. Ohr wusste, dass Steele »leidenschaftlich« gegen Trump eingestellt war und »verzweifelt verhindern wollte, dass Donald Präsident wird«.[357]

Am 30. Juli 2016 frühstückten Bruce und Nellie Ohr zusammen mit Steele, und kurz darauf traf sich Bruce Ohr mit FBI-Vizechef Andrew McCabe und seiner Justiziarin Lisa Page. Ohr und Page kannten sich aus dem Justizministerium, wo Ohr ihr Abteilungsleiter gewesen war, während sie als Anwältin in der Abteilung Organisierte Kriminalität (OK) gearbeitet hatte. Zu demselben Zeitpunkt gab es außerdem ein Treffen zwischen Ohr, Page und Strzok sowie mit Zainab Ahmad und Andrew Weissmann vom Justizministerium, die später mit Strzok in die »Mueller-Kommission« berufen werden sollten. Ohr begegnete dem Chef seiner Frau, Glenn Simpson, am 22. August 2016 und dann wieder im Dezember, als Simpson Ohr einen USB-Stick mit dem Steele-Dossier überreichte.[358]

Simpsons Frau Mary Jacoby brüstete sich später damit, dass ihr Mann hauptsächlich für das Steele-Dossier verantwortlich war: »Glenn hat die Untersuchung geleitet. Glenn hat Chris Steele angeheuert. Chris Steele arbeitete für Glenn«, schrieb sie am 24. Juni 2017 auf Facebook.[359]

Steele und Ohr blieben auch dann noch in Kontakt, nachdem Steele 2016 vom FBI entlassen worden war. Ohr und Strzoks Partner Joe

Pientka wurden Steeles Kontakte zum Justizministerium und zum FBI. Ohr traf sich am 21. November 2016 mit Pientka. Nach James Comeys Entlassung am 9. Mai 2017 bat dessen geschäftsführender Nachfolger Andrew McCabe Ohr, Kontakt mit Steele aufzunehmen. Und nach der Einrichtung der Mueller-Kommission ersuchte Steele Ohr um einen Kontakt zu der Kommission. Ohr diente dem FBI bis November 2017 als Kontakt zu Steele.[360]

Die Russland-Verschwörungstheoretiker steckten also alle unter einer Decke. Nunes und Patel hatten es dank der FBI-Protokolle jetzt schwarz auf weiß.

John Kornblum: das freundliche Gesicht der Anti-Trump-Verschwörung im deutschen Fernsehen

Der Anti-Trump-Putsch hatte seine Wurzeln in der Russland-feindlichen außenpolitischen Blase Washingtons, schreibt Lee Smith, und die sei teilweise am Maidan-Umsturz in der Ukraine 2014 beteiligt gewesen und sollte später im Ukrainekrieg zu den schärfsten Russlandfalken gehören. Ich habe in meinem Buch *George Soros' Krieg: Wie die Open Society Foundations die Welt an den Rand des Dritten Weltkriegs gebracht haben*, das 2023 im Kopp Verlag erschienen ist, detailliert beschrieben, wie das außenpolitische US-Establishment zusammen mit den Geheimdiensten und linken NGOs bereits seit 2004 die Ukraine als Keil gegen Russland benutzte, um letztlich Wladimir Putin zu stürzen.

Die Drahtzieher von »Russiagate« waren also genau diejenigen, die am meisten zu verlieren hatten, sollte Trump an die Macht kommen und anfangen, eine pragmatischere Russlandpolitik zu machen und denen auf die Finger zu schauen, die dies seit 2014 verhindert hatten.

Nellie Ohr hatte russische Geschichte studiert, und ihr Mann Bruce hatte als Leiter der OK-Abteilung des Justizministeriums mit der Russenmafia zu tun gehabt, genauso wie Andrew McCabe beim FBI. Glenn Simpson hatte als Reporter beim *Wall Street Journal* über die Russenmafia berichtet und war dort auf Paul Manafort gestoßen, mit dem er im Wahlkampf 2008 die republikanischen Kandidaten Senator Robert »Bob« Dole und Senator John McCain anschwärzte. McCains Berater David Kramer flog 2016 nach London, um sich mit Christopher Steele zu treffen, der ihm das Dossier aushändigte. Dieses gab Kramer dann unter anderem an den Journalisten Ken Bensinger weiter, der es am 11. Januar 2017 auf BuzzFeed veröffentlichte.

Steele hatte beim Maidan 2014 in Kiew die Osteuropa-Beauftrage des US-Außenministeriums Victoria Nuland kennengelernt, der er das Dossier im Juli 2016 ebenfalls anbot. Nulands Kollege **Jonathan Winer** im Außenministerium hatte schon in den 1990er-Jahren mit Bruce Ohr an Russland-Themen gearbeitet. 2009 lernte er Steele kennen und wurde dessen Kontakt zum Obama-Außenministerium, wie er am 8. Februar 2018 in der *Washington Post* selbst kundtat.[361] Er habe Nuland die Zusammenfassung des Steele-Dossiers gegeben, die sie ihrerseits an Außenminister John Kerry weiterleitete. Winers Darstellung widerspricht der von Nuland, die das Dossier lediglich dem FBI weitergeleitet haben will, da es »nicht in unseren Bereich« gefallen sei. Winer stach Infos über das Dossier an Michael Isikoff von Yahoo! News durch und war ein alter Bekannter von Clinton-Handlanger **Sidney Blumenthal**, der mit seinem Kollegen **Cody Shearer** ein eigenes »Russland-Dossier« über die Trump-Kampagne angefertigt hatte.

Blumenthal war die hinterlistigste Allzweckwaffe der Clintons. So soll er im Wahlkampf 2008 zuallererst die Frage aufgeworfen haben, ob Barack Obama überhaupt in den Vereinigten Staaten geboren worden sei und wo sich denn seine Geburtsurkunde befinde.[362] Blumenthal betrieb eine Lobbyfirma zusammen mit **John Kornblum**, dem ehemaligen US-Botschafter in Deutschland und Thyssenkrupp-Rüstungslobbyisten, der in ARD-Talkshows stets als Experte eingeladen wurde, um dem deutschen Publikum zu erklären, warum Trump eine Marionette Putins sei. Der republikanische Senator Charles E. »Chuck« Grassley kritisierte Blumenthal und Kornblum, weil sie ihre Lobbyarbeit für die prorussische Partei Georgischer Traum nicht angemeldet hatten.[363]

Der joviale Kornblum sprach fließend Deutsch mit einem charmanten amerikanischen Akzent und war das freundliche Gesicht der Anti-Trump-Verschwörung im deutschen Fernsehen. Im Wahlkampf 2016 nannte er Trump einen »Hochstapler« und versicherte den Deutschen, dass Hillary Clinton gewinnen werde. Schließlich habe sie die »technologischen Eliten« und »modernen Menschen« der demokratischen Küstenstädte hinter sich. »Die sind Globalisierungsgewinner und wählen die Demokraten. Globalisierungsverlierer wählen republikanisch«, erklärte Kornblum *Focus Money*.[364]

Hinter Kornblums freundlicher Fassade verbarg sich ein knallharter Russlandfalke, der es nie verwand, dass seine Kandidatin Hillary Clinton von dem »Hochstapler« Trump besiegt wurde, und der seine Meinung fortan ungefiltert zur besten Sendezeit in die deutschen Wohnzimmer tragen durfte. Noch kurz vor seinem Tod am 25. Dezember 2023 schrieb Kornblum säbelrasselnd in der russlandfeindlichen *Welt*: »Die Ukraine muss den Krieg nach Russland tragen dürfen.« Die Überschrift wurde nachträglich geändert.[365] Kornblum war Nulands Vorgänger als US-Staatssekretär für Europäische Angelegenheiten gewesen.

Eine weitere zuverlässige Verbündete der Russlandfalken um Nuland im US-Außenministerium ist die *Atlantic*-Journalistin **Anne Applebaum**, die mit dem polnischen Außenminister **Radosław »Radek« Sikorski** verheiratet ist, der bereits beim Maidan 2014 mit Frank-Walter Steinmeier den Sturz der ukrainischen Regierung verhandelte und nach der Sprengung der Nordstream-Pipeline 2022 »Thank you, USA« twitterte.[366] Applebaum schrieb ab Juli 2016 basierend auf Steeles Dossier Dutzende Artikel und wurde nach Trumps

Wahlsieg eine der wichtigsten Stimmen des US-Europäischen Zensurkomplexes, der geschaffen wurde, um »russische Desinformation« und Fake News von Konservativen und Rechtspopulisten zu bekämpfen und zu zensieren (siehe Kapitel 10).

Die Diebe rufen: »Haltet den Dieb«

Ende November 2017 hatten Nunes und Patel dank der Bankauszüge von Fusion GPS und der FBI-Protokolle von Bruce Ohr genügend Belege, um klar beweisen zu können, dass die ganze »Russiagate«-Affäre schmutzige Hetze der Clinton-Kampagne und der Obama-Regierung gegen den politischen Herausforderer Donald Trump gewesen war, aufgebaut auf dem absurden Steele-Dossier. Der geschäftsführende FBI-Chef Andrew McCabe sagte im Dezember 2017 vor dem Geheimdienstausschuss, ohne das Steele-Dossier wäre der FISA-Lauschangriff nicht genehmigt worden. Im März 2017 hatte »Russiagate«-Propagandist Adam Schiff sogar Teile davon vor dem Ausschuss verlesen, damit es im Kongressprotokoll verewigt wurde.

Da das Dossier für die Verschwörer aber zunehmend zu einer Belastung wurde, musste eine Ersatzgeschichte her. So publizierte die *New York Times* am 30. Dezember 2017 eine Story über George Papadopoulos und sein Treffen mit dem australischen Ex-Botschafter Alexander Downer, das angeblich der eigentliche Anlass zu den Ermittlungen gewesen war (siehe Kapitel 2).

Doch der Fake-News-Presse schwammen nach und nach die Felle davon. Sie wussten, dass Nunes ihnen auf die Schliche gekommen war, und versuchten, ihm zuvorzukommen und ihn zu diskreditieren, ohne genau zu wissen, was er in der Hand hatte. »Sie versuchten herauszufinden, was wir wussten, aber wir haben unsere Karten verdeckt gehalten«, berichtet später Nunes.[367] Am 31. Dezember 2017 schrieb Karoun Demirjian in der *Washington Post*, Nunes »versammle eine

Gruppe von Republikanern im Geheimdienstausschuss, um einen Bericht über ›Korruption‹ unter den Sonderermittlern zu verfassen«.[368] Im Versuch, die Republikaner zu spalten, erfand Demirjian sogar Zitate und legte sie **Trey Gowdy**, Nunes Kollegen und Mitautor aus South Carolina, in den Mund, der das Zitierte aber in einem anderen Zusammenhang gesagt hatte. Doch der Nunes-Bericht basierte vollständig auf Dokumenten von FBI und Justizministerium und war wasserdicht.

Am 18. Januar 2018 schickte die republikanische Mehrheit im Geheimdienstausschuss jenen Bericht, der dann als Nunes-Memo bekannt wurde, ins Weiße Haus, um eine Sicherheitsfreigabe für ihn zu erhalten, denn die darin enthaltenen Dokumente unterlagen der Geheimhaltung. Gleichzeitig setzte auf Twitter unter dem Hashtag *#ReleaseTheMemo* (»Gebt das Memo frei«) eine Kampagne von Trump-Unterstützern ein, das gesamte Nunes-Memo zu veröffentlichen.

Die demokratischen Abgeordneten Adam Schiff und Dianne Feinstein gaben am 23. Januar 2018 eine Presseerklärung heraus, nach der die Kampagne *#ReleaseTheMemo* »von russischen Einflussoperationen unterstützt« war.[369] Erst 2023 wurde im Rahmen von Elon Musks Twitter-Übernahme bekannt, dass das FBI die Internetfirma unter Druck gesetzt hatte, um Posts zum Thema *#ReleaseTheMemo* zu zensieren. Bei seiner Vernehmung erklärte der FBI-Agent **Elvis Chan**, das FBI habe 929 000 Tweets als »russische Desinformation« entfernen lassen, darunter viele, die mit dem Nunes-Memo und dem Hashtag *#ReleaseTheMemo* zusammenhingen.[370] Die einzige Quelle für diese Behauptung war die linke NGO Alliance for Securing Democracy (ASD) des German Marshall Fund of the United States, die eine Website unterhielt, um »russische Propaganda zu tracken«. Den Twitter-Leaks zufolge wussten die Twitter-Mitarbeiter aber, dass die infrage stehenden Posts keine Verbindung zu Russland hatten. Beteiligt an diesen erfundenen Vorwürfen »russischer Desinformation«

war unter anderen die Journalistin Anne Applebaum, die seit 2016 die Vorwürfe des Steele-Dossiers gepusht hatte (mehr dazu in meinem Buch *Der Zensurkomplex: Wie Regierungen, Geheimdienste und NGOs ihre Bürger überwachen und politisch unerwünschte Meinungen bekämpfen*, das 2023 im Kopp Verlag erschienen ist).

Die Medien griffen Nunes und sein »Medusa«-Team an und behaupteten, das Memo sei voller Lügen, obwohl niemand es gelesen hatte, da es ja immer noch der Geheimhaltung unterlag. Das Memo würde die Nationale Sicherheit gefährden und Russland in die Hände spielen, so der Tenor. »Die Demokraten wussten, dass es [das Memo] schlimm war, das Justizministerium auch. Deshalb versuchten sie, alles zu vertuschen und die Veröffentlichung zu verhindern. [… Ex-FBI-Chef] Comey und [Ex-CIA-Chef] Clapper gingen mit der Botschaft hausieren, dass es die Nationale Sicherheit gefährden würde – dabei waren sie diejenigen, die das Ganze zu verantworten hatten«, erläuterte Nunes.[371] So schwadronierten die Parteigänger der Demokraten in den Systemmedien, das Memo sei ein Versuch von Donald Trump, die Unabhängigkeit der Ermittlungsbehörden abzuschaffen und eine Art Diktatur zu errichten. Doch eigentlich wollten sie nur ihre Kabale mit den Obama-Geheimdiensten vertuschen und Trump daran hindern, sie aufzudecken. Die Diebe riefen so laut sie konnten: »Haltet den Dieb.«

Die Bombe platzt

Am 2. August 2018 gab Präsident Trump die Genehmigung, das Nunes-Memo zu veröffentlichen. Nunes-Sprecher Jack Langer nannte es »einen Schlüsselmoment. Trotz der medialen Attacken davor und danach hat es Millionen Amerikaner überzeugt, dass es bei der Untersuchung von Donald Trump durch die Regierung und die Geheimdienste massive Probleme gegeben hatte.«[372]

Das Nunes-Memo hielt fest:

- Der geschäftsführende FBI-Chef Andrew McCabe hat ausgesagt, dass es ohne Steele-Dossier keine FISC-Genehmigung für den Lauschangriff gegeben hätte.

- Christopher Steele sagte dem stellvertretenden Generalbundesanwalt Bruce Ohr, er sei »leidenschaftlich« gegen Trump eingestellt und wolle »verzweifelt verhindern, dass Donald Präsident wird«.

- Das FBI wusste von Steeles Voreingenommenheit, verschwieg dies aber dem FISC.

- Bruce Ohrs Frau arbeitete für die Detektei Fusion GPS an der Trump-Ausforschung. Bruce Ohr übermittelte ihre Ergebnisse an das FBI.

- Der FISC erfuhr nie von der Beziehung der Ohrs zu Fusion GPS und Christopher Steele.

- Laut Einschätzung des FBI war das Dossier nur »minimal bestätigt«.

- Der FISC erfuhr nie, dass die Clinton-Kampagne und die Demokratische Parteiführung das Dossier bezahlt hatten, obwohl FBI und Justizbeamte es wussten.

- FBI und Justizministerium beriefen sich, um das Steele-Dossier zu bestätigen, auf die Story von Michael Isikoff auf Yahoo! News als »unabhängige zweite Quelle«, obwohl Isikoff die Story ebenfalls von Steele hatte.

- Steele wurde vom FBI gefeuert, weil er über seine Kontakte zur Presse gelogen hatte; dennoch diente Steele über Ohr weiterhin als Kontakt zu FBI und Justizministerium.

- FBI-Chef James Comey hat den gewählten Präsidenten Trump über das Dossier gebrieft, obwohl er wusste, dass es »sensationsheischend und unbestätigt« war.

- Comey, McCabe und andere haben die FISC-Anträge unterschrieben, obwohl sie gewusst haben, dass sie unbestätigt und unzuverlässig waren.[373]

»Die Erkenntnisse des Geheimdienstausschusses waren frappierend«, so Journalist Gregg Jarrett. »Das FBI und das Justizministerium wussten, dass [das Dossier] von Clinton und den Demokraten bezahlt wurde und politisch motiviert war. Sie wussten, dass der Verfasser Trump hasste und offensichtlich voreingenommen war. Und sie wussten, dass sie ohne das Dossier niemals die Genehmigung bekommen hätten, die Trump-Kampagne auszuspionieren. Nichtsdestotrotz haben das FBI und das Justizministerium das Gericht absichtlich hinters Licht geführt, um es trotzdem verwenden zu können, indem sie all diese wesentlichen Punkte vertuschten und verschleierten.«[374]

Eigentlich hätte diese Enthüllung das sofortige Aus für die Mueller-Kommission und die ganze absurde Russland-Verschwörungstheorie bedeuten müssen. Doch weit gefehlt. Anstatt dem größten Geheimdienst- und Justizskandal der amerikanischen Geschichte auf den Grund zu gehen, schalteten die Medien nun erst recht in den Turbogang, um Nunes und sein Team zu diskreditieren. So titelte Trump-Missversteher Hubert Wetzel am 2. Dezember 2018 in der *Süddeutschen Zeitung*: »Devin Nunes – Trumps Mann fürs Grobe«.[375] Und der völlig verblendete Trump-Hasser Clemens Wergin am 3. Februar 2018 in der *Welt*: »Das berüchtigte Geheimdienst-Memo ist ein Eigentor der Republikaner.«[376] Im *Spiegel* betrieb Roland Nelles am 3. Februar 2018 eine Täter-Opfer-Umkehr: »Das Ziel ist es, die Ermittlungen des FBI als Verschwörung zu brandmarken.«[377] In der *Zeit* wusste Thorsten Schröder unter der Überschrift »Russland-Ermittlungen: Wie es Trump gefällt« zu berichten: »Das Nunes-Memo soll Verfehlungen des FBI bei den Russland-Ermittlungen beweisen. Der Inhalt ist nicht weitreichend, könnte der Untersuchung aber dennoch schaden.«[378] Denn das einzig Wichtige schien diesen Leuten zu sein, die Ermittlungen gegen Trump nicht zu gefährden. Wahrheit hin oder her.

In den USA bauten Journalisten ganze Karrieren auf der »Russiagate«-Lüge auf. Fernsehmoderatoren wie **Rachel Maddow** von

MSNBC und Jake Tapper, Brian Stelter, Dana Bash und Don Lemon von CNN füllten ihr Programm atemlos mit immer neuen aufgebauschten »Enthüllungen« über Trumps infame Verschwörung mit Putin. Die *New York Times* und die *Washington Post* bekamen für ihr willfähriges Nachplappern der absurdesten Lügenmärchen über einen Präsidenten, der ihnen nicht ins Weltbild passte, 2018 den Pulitzerpreis überreicht. Donald Trump forderte die beiden renommiertesten Zeitungen des Landes auf, diesen Preis zurückzugeben, und klagte 2022 gegen die Pulitzerpreiskommission. Am 12. Januar 2024 wurde die Klage in New York abgewiesen, und Trump hatte die Gerichtskosten in Höhe von 392 638 Dollar zu tragen.[379] Bis heute ist kein einziger Journalist für diese ungeheure Fake-News-Kampagne haftbar gemacht worden.

Die mutigen, aufrechten Einzelkämpfer, die dem größten Geheimdienst- und Justizskandal der US-Geschichte nachgingen, John Solomon von *The Hill*, Paul Sperry von RealClearInvestigations, Maria Bartiromo, Gregg Jarrett und Catherine Herridge von Fox News, Matt Taibbi von *Rolling Stone* und Kimberly Strassel vom *Wall Street Journal*, bekamen keine Preise, sondern waren Attacken und Diffamierungen seitens ihrer Kollegen ausgesetzt, wurden online gesperrt und zensiert und verloren in vielen Fällen ihre Jobs. Alternativmedien wie Breitbart News, *Epoch Times* und Gateway Pundit leisteten ebenfalls wichtige Arbeit und wurden dafür von der Cybersicherheitsagentur CISA (Cybersecurity and Infrastructure Security Agency) des Heimatschutzes und einem globalen Zensurnetzwerk von Fake-»Faktencheckern« diffamiert, ihrer Werbekunden beraubt und aus den sozialen Medien verbannt. Sie sind die wahren Journalisten gewesen.

Nach der Veröffentlichung des Nunes-Memos klammerten sich die Mainstream-Journalisten noch ein Jahr lang an die Vorstellung, dass Donald Trump eine Marionette Putins war und seine Amtsenthebung kurz bevorstand. Märchenerzähler Adam Schiff schwor noch jahrelang, explosive Beweise gesehen zu haben, die er im Moment leider nicht veröffentlichen könne, aber bald nachliefern würde. 2018 wurde er Vorsitzender des Geheimdienstausschusses und strebte die nächste konstruierte und völlig aussichtslose Kampagne gegen Trump an: seine Amtsenthebung.

Die Mueller-Kommission sollte noch bis in den März 2019 hinein ermitteln, am Ende aber wie der Kaiser aus dem Märchen völlig nackt dastehen. Devin Nunes, Kash Patel und Jack Langer waren die ersten, die gerufen hatten: »Der Kaiser ist nackt.«

Dennoch ist auf *Wikipedia* bis heute der ganze Unsinn nachzulesen, als wenn es das Nunes-Memo nie gegeben hätte.

KAPITEL 8

Die Mueller-Kommission steht mit leeren Händen da

Während das unsägliche Märchen einer Russland-Verschwörung seinem verdienten Ende entgegentaumelt, ist es wichtig, darüber nachzudenken, wie diese destruktive Täuschungsaktion über 2 Jahre lang in den höchsten Kreisen Amerikas wüten konnte und was wir tun können, damit so etwas nie wieder passiert. [...]

Wir müssen nun davon ausgehen, dass leitende Beamte des Nachrichtendienstes ganz genau Bescheid wussten, wie dubios dieses Dossier war, aber ihm aus politischen Gründen trotzdem Glauben schenkten, um mit der ganzen geballten Macht des amerikanischen Geheimdienstapparates erst gegen den Kandidaten Trump und dann gegen den Präsidenten selbst vorzugehen.

Diese Verschwörungstheorie war ein Geschenk an unsere Gegner, vor allem an Russland. Der Missbrauch der Geheimdienste ist in jeder Demokratie eine große Gefahr. Er untergräbt das Vertrauen in die demokratischen Institutionen und beschädigt den Ruf der tapferen Frauen und Männer, die für unsere Sicherheit zuständig sind. Dieses unvertretbare Verhalten hat das amerikanische Gemeinwesen schwer beschädigt und eine anhaltende, jahrelange politische Krise verursacht, deren Ausgang ungewiss ist.[380]

Devin Nunes

»Die Untersuchung konnte nicht belegen, dass sich Mitglieder der Trump-Kampagne mit der russischen Regierung verschworen haben«

Der ehemalige FBI-Chef Robert Mueller ermittelte fast 2 Jahre lang mit einem Budget von 32 Millionen Dollar, beschäftigte 19 Anwälte und etwa 40 FBI-Agenten, Buchprüfer und Geheimdienstanalysten, die über 2800 Vorladungen und 500 Durchsuchungsbeschlüsse erteilten, 230 Kommunikationsprofile und 50 Telefondatenregister erstellten. 500 Zeugen wurden befragt, und 13 ausländische Regierungen waren beteiligt. Als Mueller am 22. März 2018 seinen Abschlussbericht an den Generalbundesanwalt William »Bill« Barr schickte, hielten alle Medien der Welt den Atem an: Jetzt würden endlich die Beweise vorgelegt, dass Präsident Donald Trump nur dank der Hilfe von Wladimir Putin im Weißen Haus saß, wie Hillary Clinton unermüdlich behauptete.

Robert Mueller verbarg sein Versagen unter einem Papierberg aus 448 Seiten Gerüchten, Hörensagen, übler Nachrede, Sippenhaft und Kontaktschuld in zwei Teilen. Im ersten Teil ging es um die Vorwürfe einer Zusammenarbeit mit Russland (*collusion*) und im zweiten um angebliche Behinderung der Justiz (*obstruction*).[381] Dieser Aufbau war absichtlich gewählt, um Trump doch noch irgendetwas vorzuwerfen: »Behinderung« der Ermittlungen. Gleichwohl musste Mueller auf Seite 39 dann zugeben, dass es keinerlei Beweise für eine wie auch immer geartete Verschwörung der Trump-Kampagne mit Russland gab: »Kein Angehöriger der Trump-Kampagne hat sich mit der russischen Regierung bei einer Wahlmanipulation verschworen oder abgesprochen.«[382] Mueller empfahl keine strafrechtlichen Ermittlungen oder juristischen Schritte gegen Trump oder irgendjemanden aus seinem Team.

Was die »Behinderung der Ermittlungen« anging, überließ er die Entscheidung dem Justizminister und dem Kongress. Sich feige eine Hintertür offen zu lassen entsprach aber nicht seiner Aufgabe als

Sonderermittler, denn die besteht darin, festzustellen, ob ein strafbares Verbrechen begangen wurde oder nicht. Doch Mueller und sein Team wollten ihr Scheitern eben nicht eingestehen. Und so ließ er die Sache in der Schwebe: »Während dieser Bericht den Präsidenten keines Verbrechens für schuldig befindet, spricht es ihn auch nicht davon frei.« Die Aufgabe eines Sonderermittlers oder Richters besteht aber darin, zu entscheiden, ob sich jemand nachweisbar eines Verbrechens schuldig gemacht hat. Können sie dies nicht nachweisen, gilt die Unschuldsvermutung.

Der Bericht war so schwammig und irreführend formuliert, dass Justizminister Barr sich genötigt sah, 2 Tage später zu tun, was die Sonderermittler unterlassen hatten, also gewissermaßen deren Arbeit zu machen. Er gab eine 4-seitige Zusammenfassung des Mueller-Berichts heraus, in dem es klar und deutlich hieß: »Die Untersuchung konnte nicht belegen, dass Mitglieder der Trump-Kampagne bei ihren Wahlkampfaktivitäten mit der russischen Regierung kommuniziert oder sich mit ihr verschworen haben.« Barr räumte auch gleich mit den Vorwürfen der »Justizbehinderung« auf, denn dazu »müsste die Regierung ohne vernünftigen Zweifel beweisen können, dass jemand böswillig eine laufende oder beabsichtigte Ermittlung behindert hat«. Der Bericht führe zwar auf 200 Seiten Beispiele auf, wie sich der Präsident gegen die haltlosen Anschuldigungen gewehrt hat, »oft im Licht der Öffentlichkeit – aber identifiziert keine Handlungen, die unserer Ansicht nach als strafbare Behinderung der Ermittlungen zu bewerten sind.«[383]

»Die Aufgabe eines Staatsanwalts ist es, Entscheidungen zu treffen: anzuklagen oder nicht anzuklagen«, stellt der renommierte Harvard-Jurist **Alan Dershowitz** richtig. »Seine Aufgabe ist es nicht, lange Aufsätze zu schreiben, die ›einerseits- andererseits‹-Argumente aneinanderreihen. In der Justiz wie im Leben kann man unterschiedlicher Meinung sein. Aber es ist die Aufgabe eines Staatsanwalts, diese unklaren Fälle zu beurteilen. [Mueller] hat es nicht hinbekommen, ein klares Urteil zur Justizbehinderung zu treffen. Das wäre aber seine Aufgabe gewesen. Er hat versagt.«[384]

Muellers Aussage, er könne nicht ausschließen, dass ein Verbrechen begangen wurde, fand Justizminister Barr »besonders abstrus«: »Es ist nicht unsere Aufgabe zu beweisen, dass jemand *unschuldig* ist.«[385] Es ist auch gar nicht möglich, zu beweisen, dass jemand vielleicht doch noch irgendwie und irgendwo ein bisher unentdecktes Verbrechen begangen hat. Deshalb gilt in unserem Rechtssystem die Unschuldsvermutung, bis das Gegenteil bewiesen ist. Außer natürlich bei Donald Trump.

Robert Mueller hat von Anfang an gewusst, dass es keine Beweise für eine wie auch immer geartete Verschwörung Trumps mit Russland gab, schließlich hatte er ja Peter Strzok und Lisa Page in seinem Team. Und Strzok hatte gezögert, überhaupt bei der Ermittlung mitzuarbeiten, da er »das Gefühl hatte, dass da nicht wirklich was zu holen« sei, wie er am 19. Mai 2017 – 2 Tage nach Muellers Ernennung – an Page schrieb.[386]

Außerdem hatte das FBI seit dem 21. Oktober 2016 sämtliche Kommunikation der Trump-Mannschaft abgehört und keinen einzigen Beweis für eine Verschwörung mit Russland gefunden. Wenn die Trump-Leute nicht per Telepathie oder Brieftaube mit Putin kommunizierten, hätte Robert Mueller die Sonderermittlung nach einem Tag abhaken können.

Das Verräterischste am Mueller-Bericht war, dass er auf den ganzen 448 Seiten kein einziges Mal die Detektei Fusion GPS, Glenn Simpson, Perkins Coie, Barack Obama oder Hillary Clinton erwähnte. Häufig zitierte Mueller Christopher Steele, nannte aber nur einmal »die Firma, die den Steele-Bericht in Auftrag gegeben hat«. Mueller verschwieg absichtlich die Tatsache, dass die ganze Ermittlung auf Vorwürfen basierte, die von der Clinton-Kampagne mit über einer Million Dollar bezahlt worden waren, und dass sie durch illegale Leaks von streng vertraulichem Material aus den obersten Kreisen der

US-Regierung befeuert und am Leben erhalten wurde, das an willfährige Pressehandlanger durchgestochen wurde. Geheimnisverrat ist eine Straftat, vermutlich die einzige, die im Rahmen der »Russland-Verschwörung« tatsächlich begangen wurde.

Als Mueller am 24. Juli 2018 vor dem Kongress aussagte, behauptete er, Fusion GPS gar nicht zu kennen, und als dann genauer nachgefragt wurde, Fusion GPS habe »nicht zu seinem Ermittlungsauftrag« gehört. Er wirkte verwirrt und konnte sich an wichtige Details aus seinem eigenen Bericht nicht erinnern, was Spekulationen nährte, er habe den Bericht gar nicht selbst geschrieben, sondern sein Stellvertreter und Clinton-Anwalt Andrew Weissmann.

Die deutschen Medien griffen nach Strohhalmen, um die Verschwörungstheorie doch noch irgendwie am Leben zu erhalten. »Was Robert Mueller wirklich über Donald Trump herausgefunden hat: Donald Trump gibt in der Russlandaffäre den Unschuldigen. Doch nun ist der gesamte Bericht des Sonderermittlers öffentlich und zeichnet ein weitaus komplexeres Bild. Die wichtigsten Punkte im Überblick«, meldete der *Spiegel* am 10. April 2019.[387] »Sein Bericht ist fertig, der Kampf beginnt«, schrieb die *Zeit* am 23. März 2019.[388] Und »Mueller-Ermittlungen bringen Trump in Rage« das Redaktionsnetzwerk Deutschland (RND) am 26. März 2019.[389]

Doch klügere Köpfe begannen zu verstehen, dass die Russland-Ermittlung ein totales Desaster gewesen war. So schrieb Thorsten Denkler aus New York in der *Süddeutschen Zeitung*: »Mueller-Bericht bringt Demokraten in Not.« Doch das war der Redaktion in München wohl zu viel der Wahrheit, denn die Überschrift wurde nachträglich in »Eiskalte Dusche für die Demokraten« geändert.[390]

Malte Lehming brachte es im *Tagesspiegel* auf den Punkt: »Mueller-Bericht entlastet Trump: Die Demokraten stehen vor einem Debakel. Die Mär von der großen Russland-Verschwörung wurde als das entlarvt, was sie ist – eine Mär. Trotzdem ist Trump zu schlagen«, musste Lehming artig hinzufügen.[391]

Rachel Maddow von MSNBC beschuldigte den Justizminister Bill Barr nun auch der »Behinderung« der ergebnislosen Mueller-Ermittlungen und ging mit einem legendären Nervenzusammenbruch am 23. März 2019 in die Geschichtsbücher ein, bei der ihr Live die Tränen kamen. Und der linke Komiker Bill Maher fragte: »Haben die Demokraten zu viel Hoffnung in den Mueller-Bericht gesetzt? Ich brauche keinen Mueller-Bericht, um zu wissen, dass er ein Verräter ist. Ich habe einen Fernseher.«[392]

Manche würden es nie zugeben. Noch heute behauptet *Wikipedia*, die Mueller-Ermittlung habe zu »Anklagen gegen 34 Personen und 3 Firmen, 8 Schuldgeständnissen und einer Verurteilung vor Gericht« geführt.[393] Nichts davon hatte irgendetwas mit einer Trump-Russland-Verschwörung zu tun. Michael Cohen, Paul Manafort, George Papadopoulos, Mike Flynn, Roger Stone und andere wurden wegen Dingen wie Falschaussage und Steuerhinterziehung angeklagt. Niemand aus dem Trump-Team ist je einer »Verschwörung mit Russland« angeklagt oder gar deswegen verurteilt worden. Alle *Wikipedia*-Beiträge zu »Russiagate« und der »Mueller-Kommission« sind bis heute ein einziges Lügengeflecht, das zu verschleiern versucht, dass all dies nur ein Hirngespinst und die Mueller-Kommission gescheitert war.

Bill Barr: »Ja, es wurde spioniert«

Nach dem ergebnislosen Ende der Mueller-Untersuchung kündigte Generalbundesanwalt Bill Barr eine Untersuchung des FBI-Verhaltens in der »Russiagate«-Affäre durch den Generalinspekteur des Justizministeriums, **Michael Horowitz**, an.

Bei einer Senatsanhörung am 10. April 2019 fragte die demokratische Senatorin Jeanne Shaheen aus New Hampshire Barr, warum er die FBI-Ermittlungen gegen die Trump-Kampagne untersuchen wolle. Barr antwortete: »Na ja, ich finde, Spionage gegen den politischen

Gegner im Wahlkampf ist schon eine schwerwiegende Angelegenheit.« Daraufhin fragte Shaheen pikiert: »Sie wollen doch nicht sagen, dass spioniert wurde, oder?«»Doch, das glaube ich schon. Es wurde spioniert, ja«, sagte der höchste Justizbeamte der Vereinigten Staaten. »Die Frage ist nur, ob es legal war. Und das werden wir jetzt untersuchen.« Später in der Anhörung fragte Brian Schatz, der demokratische Senator aus Hawaii, ob Barr die Bezeichnung «Spionage« zurücknehmen wolle. »Illegale Lauschangriffe, ist Ihnen das lieber?« erwiderte Barr trocken.

Donald Trump begrüßte Barrs Kommentare auf Twitter und nannte die Affäre den »größten Skandal unserer Zeit – einen gescheiterten Putschversuch«.[394] Devin Nunes verwies am 11. April acht potenzielle Strafanzeigen gegen führende Anti-Trump-Verschwörer an den Generalbundesanwalt zur Prüfung.[395]

Der ehemalige Trump-Wahlkampfchef Corey Lewandowski gab dazu am 12. April 2019 auf Fox den Kommentar ab: »Das sind Menschen, die gegen mich und meine Freunde, gegen die Trumps und ihre Familie spioniert haben, weil sie etwas gegen unsere Politik hatten. Sie hatten solche Angst, dass Donald Trump gewählt werden könnte, dass sie illegale Inlandspionage betrieben haben. Sogar nach unserem Wahlsieg haben sie weiter spioniert und versucht, das Leben unserer Mitarbeiter zu zerstören und sie in die Pleite zu treiben. Ich gehe so weit zu sagen, dass ich dies für kriminell halte, und ich glaube, die Befehle kamen von ganz oben.«[396]

Der Generalinspekteur des Justizministeriums, Michael Horowitz, sollte nun mögliches Fehlverhalten innerhalb des FBI untersuchen. Außerdem beauftragte Barr am 13. Mai 2019 den Sonderermittler **John Durham** damit, die Ursprünge der Russland-Affäre zu untersuchen. Doch diese Ermittlungen sollten für die Republikaner ähnlich enttäuschend verlaufen wie die Mueller-Untersuchung für die Demokraten.

Horowitz und Durham: Die Großen lässt man laufen

»Das Ganze war ein illegal veranlasstes Märchen, eine gigantische Verschwendung von Zeit und Geld: 30 Millionen Dollar, um genau zu sein. Nun werden wir den Spieß umdrehen und diesen kranken, gefährlichen Leuten, die schwerwiegende Verbrechen bis hin zu Spionage und Hochverrat begangen haben, das Handwerk legen. So etwas darf nie wieder vorkommen!«, twitterte Donald Trump am 19. April 2019.[397]

Nach dem Nunes-Memo und dem Ende der Mueller-Hexenjagd hofften Trump-Unterstützer, dass nun die Urheber des Putschversuchs ins Visier der Justiz geraten würden: Barack Obama und Hillary Clinton. Zumindest James Comey und James Clapper hätten wegen Geheimnisverrats angeklagt werden müssen. Doch die Ermittler enttäuschten: Horowitz entlastete das FBI beinahe vollständig, und Durham brauchte 4 Jahre, bis einige wenige Bauernopfer verurteilt wurden.

Am 9. Dezember 2019 veröffentlichte Generalinspekteur Michael Horowitz seinen Bericht zu den FISA-Lauschangriffen des FBI,[398] warf dem FBI siebzehn »schwerwiegende Fehler und Falschbehauptungen« vor und empfahl Ermittlungen gegen einen namentlich nicht genannten FBI-Anwalt, der E-Mails betreffend Carter Page geändert habe – Kevin Clinesmith. Der Horowitz-Bericht behauptete aber, die Kampagne sei »nicht politisch motiviert« gewesen, trotz all der Page-Strzok-Textnachrichten und der offensichtlichen Doppelmoral beim Umgang mit Hillary Clintons E-Mail-Affäre.

In einem Interview mit dem Sender NBC kritisierte Justizminister Bill Barr Horowitz' Feststellung, die Lauschangriffe gegen die Trump-Kampagne seien nicht politisch motiviert gewesen: »Unser Land wurde 3 Jahre lang durch eine komplett aus der Luft gegriffene Affäre auf den Kopf gestellt, die von einer völlig verantwortungslosen Presse angefacht wurde. Es gab massiven Amtsmissbrauch und unerklärliches Verhalten seitens des FBI. Es ist sehr wohl möglich, dass dies aus böser Absicht geschah.« Zwar hatte Horowitz eine Million Dokumente untersucht und hundert Zeugen vernommen, um festzustellen, dass »keine Anhaltspunkte für eine politische Motivation zu finden seien«, doch Barr warf ihm vor, nicht intensiv genug gesucht zu haben. »Er hat nur gesagt, hier ist die offizielle Erklärung, die man mir gegeben hat, ich habe nichts gefunden, was dem entgegensteht. Aber den Vorwurf der missbräuchlichen Motive hat er nicht wirklich untersucht. Ich glaube, wir müssen das Ergebnis der [Durham-]Untersuchung abwarten«, so Barr.[399]

Der texanische Senator Ted Cruz fragte am 11. Dezember 2019 Generalinspekteur Michael Horowitz im Rechtsausschuss, ob er so etwas in seiner Laufbahn schon einmal erlebt habe.[400] Horowitz dementierte. Cruz fragte weiter, ob ein Privatbürger, der in dieser Weise Gerichtsdokumente gefälscht hätte, strafrechtlich verfolgt werden würde. Und Horowitz bestätigte dies. Daraufhin sagte Cruz im Senat:»Die Presse hat bezüglich Ihres Berichts betont, dass Sie keine Beweise für eine politische Kampagne [gegen Trump] gefunden hätten. Das ist Ihre Einschätzung, die ich nicht teile.« Die Tatsachen in dem Bericht seien »zutiefst erschütternd«, und die Bürger würden »selbst ihre Schlüsse daraus ziehen, warum Amtsmissbrauch in dieser Form auftrat.« Von den siebzehn »schwerwiegenden Fehlern und Falschbehauptungen« in dem Bericht, die das FBI und Justizministerium benutzt hatten, um einen Lauschangriff gegen die Trump-Kampagne genehmigt zu bekommen, seien »eine Reihe sehr, sehr verstörend. Das sind keine Tippfehler oder Versehen. Es sind groteske Fälle von Amtsmissbrauch«.

Zu derselben Zeit lief ein Amtsenthebungsverfahren gegen den amtierenden Präsidenten, weil er mit dem ukrainischen Präsidenten Selenskyj telefoniert hatte.

»Die Durham-Ermittlung ist eine Farce«

Ganze 4 Jahre lang brauchte der Sonderermittler John Durham, bis am 12. Mai 2023 endlich sein Bericht zur »Russiagate«-Affäre veröffentlicht werden konnte, obwohl Devin Nunes und sein Team schon im Februar 2018 die Beweise für die Zusammenarbeit zwischen FBI, Clinton-Kampagne und Fusion GPS präsentiert hatten. Trump-Unterstützer hatten sich anfangs viel von dem bärbeißigen Staatsanwalt erwartet. Doch die Hoffnung schwand, als Durham den Wahlkampf 2020 und das Ende der Trump-Präsidentschaft verstreichen ließ, ohne Ergebnisse zu präsentieren.

»Wo ist Durham? Lebt der noch? Wird es je einen Durham-Bericht geben?«, fragte Trump am 26. März 2021, als seine Amtszeit bereits zu Ende gegangen war.[401] Im Grunde brauchte man sich nicht zu wundern, schließlich hatte Durham 2010 die CIA entlastet, als sie Foltervideos aus Abu Ghraib und anderen Folterkerkern vernichtet hatte.[402] Schlussendlich wurden im Rahmen der Durham-Untersuchungen nur drei untergeordnete Beteiligte angeklagt oder verurteilt:

- Der FBI-Anwalt **Kevin Clinesmith**, der sich schuldig bekannte, eine E-Mail gefälscht zu haben, um Trump-Mitarbeiter Carter Page verdächtig erscheinen zu lassen. Clinesmith gehörte zur Mueller-Kommission und wurde im Januar 2021 zu gemeinnütziger Arbeit und 12 Monaten auf Bewährung verurteilt.[403]
- Der russische Informant **Igor Danchenko**, dessen Aussagen die Grundlage für das Steele-Dossier bildeten, wurde am 18. Oktober 2022 freigesprochen.[404]
- Anwalt **Michael Sussmann** von der Kanzlei Perkins Coie, der 2016 den Auftrag gegeben haben soll, Donald Trump zu hacken, und gegenüber dem FBI verschwiegen hat, für die Clinton-Kampagne zu arbeiten, als er dem FBI erfundene Informationen über einen angeblichen direkten Draht

zwischen Trump und dem Kreml zuspielte. Am 19. September 2016 traf sich Sussmann mit dem FBI-Justiziar James Baker und unterbreitete ihm fingierte Dokumente über eine angebliche Trump-Russland-Verschwörung. Sussmann wurde 2022 von dem Vorwurf freigesprochen, das FBI angelogen zu haben, als er Baker sagte, er handle als Privatmann.[405]

Laut dem Rechtsexperten **Jonathan Turley** hatten fünf der zwölf Jurymitglieder enge Kontakte zur Demokratischen Partei: Drei hatten an Hillary Clinton gespendet und eines an die linksradikale Alexandria Ocasio-Cortez. Außerdem sei die Tochter einer Jurorin in derselben Sportmannschaft wie Sussmanns Tochter. Der von Barack Obama nominierte Richter Chris Cooper weigerte sich, dem Antrag der Staatsanwaltschaft stattzugeben, diese Jurorin zu streichen.[406]

Im Zuge des Sussmann-Prozesses gab der republikanische Abgeordnete **Matt Gaetz** bekannt, dass das FBI seit 2012 einen »sicheren Arbeitsplatz« in der Kanzlei Perkins Coie unterhielt, wie diese ihm gegenüber schriftlich bestätigte. Er habe über einen Whistleblower von der Existenz dieser Zusammenarbeit erfahren, sagte Gaetz in einer Sendung mit Tucker Carlson am 1. Juni 2022. »Eine Kanzlei, die 42 Millionen Dollar von der Demokratischen Partei bekommen hat, unterhält einen gemeinsamen Arbeitsplatz mit dem FBI. Warum lässt FBI-Chef **Christopher Wray** so etwas zu?«, fragte Gaetz. »Und warum wird diese Zusammenarbeit ausgerechnet über Michael Sussmanns Kanzlei Perkins Coie abgewickelt, obwohl dieser 2017 das FBI angelogen hat? Welchen Einfluss hat Perkins Coie genau auf das FBI?«[407]

Während des Sussmann-Prozesses sagte Robby Mook, der ehemalige Wahlkampfleiter Hillary Clintons, aus, Clinton selbst habe die Anweisung gegeben, die erfundenen Infos über Trumps »geheime Serververbindung« mit Russland an die Presse durchzustechen. Trotzdem sind weder Hillary Clinton noch weitere hochrangige Mitwisser bisher angeklagt worden.

»Durham hat euch an der Nase herumgeführt!« schrieb die ehemalige Newsmax-Reporterin im Weißen Haus **Emerald Robinson** und nannte die Durham-Ermittlung »eine Farce, um die Öffentlichkeit zu täuschen«.[408] »Woher ich das weiß? Ich habe richtig vorhergesagt, dass die Durham-Ermittlung eine Farce sein würde, weil die Huber-Ermittlung [zu Hillary Clintons Atomdeal mit Rosatom] eine Farce war, die Hillary-Clinton-E-Mail-Ermittlung eine Farce war, die Huma-Abedin-Laptop-Ermittlung eine Farce war und die Jeffrey-Epstein-Ermittlung eine Farce war. Ihr versteht schon. Ich habe richtig vorhergesagt, dass die Bundesregierung niemals gegen sich selbst ermittelt, wenn Demokraten beteiligt sind. Nennen wir es das Emerald-Gesetz.« Und dann fragt sie weiter: »Habt ihr wirklich geglaubt, dass John Durham 2 Jahre brauchte, um die ›Spygate‹-Verschwörer anzuklagen? Ist euch nicht aufgefallen, dass er nur ein paar niedere Beamte kurz vor der Verjährungsfrist angeklagt hat? Weil sein Job immer war, ›Spygate‹ reinzuwaschen.«

Der renommierte Investigativjournalist **Seymour Hersh**, der seit seinen Vietnam-Enthüllungen in den 1970er-Jahren über ausgezeichnete Geheimdienstkontakte verfügt und unter anderem den Folterskandal von Abu Ghraib und die Hintergründe des Nordstream-Anschlags aufdeckte, beschrieb am 1. Juni 2023 auf Substack, warum die Durham-Ermittlung so grandios gescheitert war. »Einigen von Durhams Mitarbeitern wurde klar, dass es in Wahrheit nicht darum ging, ob Trump Pipi-Partys in einem Moskauer Hotelzimmer veranstaltete oder nicht. [...] Die Frage war, ob die Clinton-Kampagne mit ihrem ständigen Durchstechen von Fehlinformationen und falschen Anschuldigungen eine rote Linie überschritten hatte.«[409]

Laut Hershs Quellen gab es im Ermittlerteam »Anspannung und Frustration« über Durhams mangelndes Interesse, »zu prüfen, ob sich hochrangige FBI-Beamte offen der Clinton-Kampagne mit ihrem Trommelfeuer verleumderischer Vorwürfe angeschlossen hatten, weil sie alle wollten, dass Hillary Clinton gewinnt. Schließlich hoffte man, in einer Clinton-Regierung befördert zu werden«. Hersh erinnert sich an ein Mittagessen, welches er nach dem 11. September in der Nähe des CIA-Hauptquartiers mit einigen CIA-Agenten aus dem Nahen Osten hatte.»Sie machten sich über das stümperhafte FBI lustig. Wütend fragte ich einen von ihnen, wie er das FBI verspotten könne, obwohl sie doch alle zusammenarbeiten mussten, um die Verbrecher zu fangen. Die Antwort des CIA-Agenten lautete: ›Das FBI, Sy? Das FBI *fängt* die Bankräuber. Wir *sind* die Bankräuber.‹«

KAPITEL 9

»Ukrainegate« –
der Putsch geht weiter

★ ★ ★

»Da sind jetzt eine Menge Leute sehr nervös.«[410]

Donald Trump

Die Ukraine: das korrupteste Land Europas

Nach dem ergebnislosen Ende der Mueller-Untersuchung ging es mit dem nächsten Skandal weiter, der gleichermaßen an den Haaren herbeigezogen war:»Ukrainegate«. Die Vorwürfe angeblicher verräterischer Auslandskontakte des US-Präsidenten blieben, man tauschte im Grunde nur »Russland« gegen »Ukraine« aus. Diesmal sollten Adam Schiff und Nancy Pelosi endlich das bekommen, wonach sie immer gestrebt hatten: ein Amtsenthebungsverfahren gegen Donald Trump, das sich bis ins Wahljahr 2020 hinziehen sollte.

Am 25. Mai 2019 wurde der Schauspieler **Wolodymyr Selenskyj** überraschend zum neuen Präsidenten der Ukraine gewählt – mit dem Versprechen, Friedensverhandlungen mit Russland anzustreben und das gebeutelte Land wieder in ruhigere Fahrwasser zu bringen. Selenskyj war mit der Fernsehserie »Diener des Volkes« in dem ukrainischen Fernsehsender 1+1 berühmt geworden, in der er einen Lehrer spielt, der Präsident wird. 1+1 gehörte bis Oktober 2023 dem kriminellen Oligarchen **Ihor Kolomojskyj**, der in den wilden 1990er- und

175

2000er-Jahren mit »quasi-militärischen Trupps« Sowjetfirmen übernommen und dabei vor »Mord und Schlägereien« nicht zurückgeschreckt haben soll. Bei seiner Übernahme des Stahlwerks Krementschuk im Jahr 2006 soll Kolomojskyj »bewaffnete Gangster mit Baseballschlägern, Eisenstangen, Gaspistolen und Motorsägen« geschickt haben.[411] Und dieser Mann finanzierte Selenskyjs Wahlkampf 2018/2019.

Laut Korruptionsforscher Peter Schweizer stand Kolomojskyj hinter der ukrainischen Erdgasfirma Burisma Holdings, die dem Sohn des US-Vizepräsidenten Hunter Biden zwischen 2014 und 2017 jährlich eine Million Dollar für nicht präzisierte Aufgaben zahlte.[412] Im Gespräch mit dem damaligen ukrainischen Präsidenten **Petro Poroschenko** erwirkte Joe Biden 2016, dass der ukrainische Generalbundesanwalt **Wiktor Schokin**, der gegen Burisma ermittelte, entlassen wurde. In einem geleakten Telefonat vom 18. Februar 2016 bestätigte Poroschenko Biden die Entlassung des lästigen Staatsanwalts, die erfolgt war, »obwohl es keine Korruptionsvorwürfe gibt, obwohl [Schokin] nichts falsch gemacht hat«. Am 13. Mai gratulierte Biden Poroschenko zu diesem Akt: »Ich stehe zu meinem Wort. Jetzt, wo der neue Generalstaatsanwalt da ist, können wir mit der Milliarden-Dollar-Anleihegarantie fortfahren.« Anderthalb Jahre später, am 23. Januar 2018, brüstete sich Joe Biden bei einem Panel des Council of Foreign Relations dann damit, Poroschenko mit der Milliarden-Garantie der USA für einen Kredit des Internationalen Währungsfonds (IWF) unter Druck gesetzt zu haben.[413]

Dieser IWF-Kredit über insgesamt 17,5 Milliarden Dollar landete zu einem großen Teil bei Kolomojskyjs PrivatBank, wo sagenhafte 5,5 Milliarden Dollar verschwanden. Diese Bank wurde von Poroschenko im Dezember 2016 verstaatlicht und Kolomojskyj als Gouverneur von Dnipropetrowsk abgesetzt. Fortan arbeitete Kolomojskyj daran, Poroschenko durch seinen Kandidaten Selenskyj zu ersetzen. Doch Kolomojskyj wurde 2023 verhaftet und sein Vermögen beschlagnahmt.

Außerdem sollen weitere IWF-Milliarden an die Dnipro Credit und die Delta Bank des Oligarchen **Wiktor Pintschuk** geflossen sein, der den Clintons nahesteht. Pintschuk gründete mit der Wiktor Pintschuk Foundation 2006 die größte Stiftung der Ukraine, mithilfe derer er seit 2012 29 Millionen Dollar an die Clinton Foundation überwiesen hat. Die größten Transfers fanden 2015 und 2016 während des US-Wahlkampfs statt, wie der fahnenflüchtige Mitarbeiter des Ukrainischen Geheimdienstes SBU Wassili Prosorow auf Ukraine Leaks enthüllte.[414]

»Der ukrainische Stahlunternehmer Wiktor Pintschuk spendete 10 bis 25 Millionen Dollar an die Clinton Foundation«, meldete *The Independent* 2018. »Und viele Zeugen berichteten, dass er sich nicht scheute, die Hilfe von Hillary Clinton in Anspruch zu nehmen, als sie Außenministerin war.«[415]

Als Schokins Nachfolger als ukrainischer Generalbundesanwalt, Jurij Luzenko, 2016 seinen Antrittsbesuch bei der Obama-Botschafterin Marie Yovanovitch abstattete, wunderte er sich sehr: »Die Botschafterin gab mir eine Liste von Namen, gegen die ich nicht zu ermitteln hatte.«[416] Denn ukrainische Soros-NGOs wie das Anti-Corruption Action Center (AntAC) arbeiteten mit dem Obama-FBI und dem Nationalen Antikorruptionsbüro NABU daran, im Wahlkampf belastendes Material über Paul Manafort und den Wahlkampf von Donald Trump zu sammeln. Anonyme Hacker hatten illegalerweise sogar SMS zwischen Manafort und seinen Töchtern gehackt. (Ich habe in meinem Buch *George Soros' Krieg* ausführlich über diese Verbindungen geschrieben.)

Es gab – und gibt – in der Ukraine also mehr als genug Korruption, auch im Zusammenhang mit Joe Biden und Hillary Clinton. Nicht umsonst war die Ukraine 2018 laut Transparency International nach Russland das korrupteste Land Europas.[417] Das Wenigste davon hat mit Donald Trump zu tun, der seinen Anwalt Rudy Giuliani in die Ukraine schickte, um die Entstehung der »Russiagate«-Vorwürfe um

Alexandra Chalupa und die 5 Millionen Dollar schweren Geschäfte der Bidens zu untersuchen. Warum auch nicht? Doch daraus versuchte man nun, ihm einen Strick namens »Ukrainegate«-Affäre zu drehen.

Das Biden-Obama-Korruptionsnetzwerk und der Ukrainekrieg

Die Vorwürfe gegen Trump-Berater Paul Manafort im Wahlkampf 2016 begannen mit dem mutmaßlich gefälschten »Schwarzbuch«, das von dem ukrainischen Abgeordneten Serhiy Leschtschenko und dem Vertreter des Nationalen Antikorruptionsbüros der Ukraine (NABU), Artem Sytnyk, in Umlauf gebracht wurde. Diesem zufolge soll Manafort 12 Millionen Dollar von Wiktor Janukowitschs Partei der Regionen erhalten haben (siehe Unterkapitel von Kapitel 2: »Paul Manafort: die Ukraine-Connection«).

Leschtschenko war seit 2012 Mitglied der sogenannten Bürgerbewegung Chesno, die von der US-Regierung, George Soros' International Renaissance Foundation und Correctiv-Geldgeber Pierre Omidyar finanziert wurde. Er nahm 2013 bis 2014 an einem Praktikum beim National Endowment for Democracy (»Nationale Stiftung für Demokratie«) in Washington teil, das als verlängerter Arm der CIA und des US-Außenministeriums gilt.

Serhiy Leschtschenko stellte besagtes »Schwarzbuch« am 21. März 2017 ausgerechnet in Kiew im Ukraine Crisis Media Center der Öffentlichkeit vor, das 2014 von George Soros gegründet worden war, um die Darstellung des Ukrainekonflikts zu beeinflussen, auch in den deutschen Medien.[418]

Am 21. April 2019 wurde überraschenderweise der Kolomojskyj-Kandidat Wolodymyr Selenskyj zum ukrainischen Präsidenten gewählt. Selenskyj besiegte den von den USA unterstützten Petro Poroschenko mit dem Versprechen, Frieden mit Russland und eine

Einigung im Donbass zu erzielen, ja sogar bereit zu sein, dafür mit dem »kahlköpfigen Teufel« (Putin) zu verhandeln.[419]

Doch das durfte natürlich nicht sein, und so veröffentlichten die Soros- und NED-finanzierten NGOs der Ukraine, im Prinzip Frontorganisationen der CIA und des US-Staatsapparates, am 23. Mai 2019 eine »Gemeinsame Erklärung der Vertreter der Zivilgesellschaft zu den ersten politischen Schritten des ukrainischen Präsidenten Wolodymyr Selenskyj«, in der sie ihm »rote Linien« aufzeigten, die »nicht überschritten werden« durften.

Zu diesen »rote Linien« zählten:

- unabhängige Friedensverhandlungen mit Russland,
- ein Volksentscheid über eine Friedenslösung,
- ein Aufschub der NATO-Mitgliedschaft für die Ukraine,
- eine Aufhebung von Sanktionen gegen Russland,
- Änderungen am Verbot der russischen Sprache,
- Kompromisse in Bezug auf die Landesgrenzen,
- die Unterstützung der russisch-orthodoxen Kirche,
- die Verwendung der Medien (vor allem des Kolomojskyj-Senders 1+1) durch den Präsidenten,
- die Wiederherstellung russischer sozialer Medien und TV-Sender und
- Verhandlungen mit der prorussischen Partei der Regionen.[420]

Alles, was zu einem Frieden mit Russland im Donbass hätte führen können, war für die US-finanzierte NGO-Blase eine »rote Linie«. Dabei agierten die NGOs, als wären sie Soros' und Obamas Schattenaußenministerium, und das selbst unter Trumps Präsidentschaft. Es war im Prinzip ein Rezept für den Krieg, der 2022 ausbrechen sollte.

Sollte Selenskyj, der von seinen Landesgenossen im zweiten Wahlgang mit immerhin 75 Prozent der Stimmen gewählt wurde, »diese roten Linien überschreiten, würde dies beweisen, dass er nicht an echter demokratischer Veränderung interessiert ist«. Das machten die

US-Sockenpuppen deutlich und warnten vor »politischer Instabilität und einer Verschlechterung der internationalen Beziehungen«. Dies kam der unverhohlenen Androhung eines weiteren westlichen Putsches wie 2004 und 2014 in der Ukraine gleich.

Unterschrieben wurde dieser Drohbrief vom Ukraine Crisis Media Center, dem ehemaligen Stellvertretenden Außenminister Danylo Lubkivsky (Open Ukraine Foundation), dem Institute for Mass Information, Detector Media, *Euromaidan Press*, StopFake und etwa siebzig weiteren Repräsentanten der »Zivilgesellschaft«. Wer wissen will, warum Selenskyj sich von seinem Friedenskurs abwandte, braucht nur diesen »Rote Linien«-Brief zu lesen. Herausgegeben wurde er vom Ukraine Crisis Media Center, von wo aus auch die Trump-Russland-Verschwörung ihren Ausgang nahm.

Trump bezeichnete im Gespräch mit Sean Hannity auf Fox News am 26. April 2019 die Spuren, die in die Ukraine führten, als »sehr interessant« und erhoffte sich weitere Aufklärung durch den Generalbundesanwalt Bill Barr.[421] »Ich habe vor Kurzem mit dem neu gewählten Präsidenten der Ukraine [Wolodymyr Selenskyj] gesprochen, und ihm gratuliert, er hat ja ganz überraschend mit 75 Prozent der Stimmen gewonnen. Da wird noch einiges passieren.«

Daraufhin stellte Hannity Trump die Frage: »Die Ukraine bietet den Vereinigten Staaten also Informationen [zur Russland-Affäre] an? Sie sagen, dass Menschen in der Ukraine sich mit der Kampagne von Hillary Clinton verschworen hatten, um die Wahl zu beeinflussen. Sind das Infos, die die USA sehen müssen, vor allem angesichts der Angriffe auf Sie?« Als Antwort verwies Trump auf den Generalbundesanwalt Barr, den er »sehr taff und klug« fände. »Er wird das sicher verfolgen. Diese Spuren in die Ukraine gibt es schon länger. Wir werden sehen, was dabei rauskommt. Aber Bill Barr ist ein integrer Mann, das kann ich ihnen sagen. [...] Die Top-Leute beim FBI waren schmutzige Cops. Die normalen FBI-Agenten sind die besten auf der Welt. Aber ihre Chefs, Comey, McCabe, Strzok und Page, haben einen

Coup versucht, sie wollten die Regierung der Vereinigten Staaten stürzen. Die Wähler haben sich dafür entschieden, Amerika wieder groß zu machen, und diese Leute wollten das verhindern. Das ist eine Schande. Das ist viel größer als Watergate, vielleicht der größte politische Skandal aller Zeiten in diesem Land.«[422]

Trump deutete auch an, dass Hillary Clinton und Barack Obama involviert gewesen sein könnten: »Wenn [CIA-Chef John] Brennan und [der Nationale Geheimdienstchef James] Clapper Bescheid wussten, ist es schwer vorstellbar, dass die in der Etage drüber nicht Bescheid gewusst haben. Das werden wir uns jetzt sehr genau ansehen. [...] Da sind jetzt eine Menge Leute sehr nervös.« Trump kündigte an, alle relevanten Dokumente zu veröffentlichen, die bisher der Geheimhaltung unterlagen.

Bei den Demokraten klingelten mal wieder alle Alarmglocken. Es musste ein neuer Fake-Skandal her.

Das perfekte Telefonat

Bei seinem Telefonat mit Selenskyj am 25. Juli 2019, dem zweiten nach Selenskyjs Wahlsieg, wollte Trump die Allianz mit der Ukraine gegen Russland stärken und bat Selenskyj, bei der Aufklärung des Ukraine-Sumpfes mitzuwirken. Trump wusste, dass die »Russiagate«-Vorwürfe ihren Ursprung im Soros-Obama-Netzwerk in der Ukraine hatten und dass Joe und Hunter Biden aus der Ukraine ein paar Millionen erhalten hatten. Da Robert Mueller bei seiner Aussage vor dem Geheimdienstausschuss des Abgeordnetenhauses nichts Neues hinzugefügt hatte, das einen Verdacht gegen Trump hätte erhärten können, schien es jetzt nur logisch zu sein, den Spieß umzudrehen und die korrupten Verbindungen der Demokraten in der Ukraine zu beleuchten.

Trump gratulierte Selenskyj also zu seinem Überraschungssieg und nannte diesen »eine fantastische Leistung«. Selenskyj schmeichelte sich bei Trump ein und sagte, er habe »viel von [Trump] gelernt« und wolle auch »in seinem Land den Sumpf trockenlegen«. Er habe in die Regierung »viele neue Gesichter« mitgebracht, »nicht die typischen Politiker«. Trump sei »ein großes Vorbild« für ihn.

Trump bedankte sich und versprach, »sehr viel für die Ukraine zu tun« – viel mehr als Deutschland und Europa, die »immer nur reden« würden. »Als ich mit Angela Merkel geredet habe, sprach sie zwar über die Ukraine, sie unternimmt aber nichts. Viele europäische Länder sind so.« Selenskyj pflichtete Trump »zu 100 Prozent bei« und sagte, er habe sowohl Angela Merkel als auch Emmanuel Macron gebeten, »mehr zu tun«, was Sanktionen gegen Russland anginge. Die EU sollte eigentlich der engste Partner der Ukraine sein, aber in Wirklichkeit übernähmen die USA diese Rolle, vor allem was Sanktionen und Verteidigung beträfe. Außerdem wolle er mehr Javelin-Panzerabwehrraketen kaufen (die 2022 eine wichtige Rolle bei der Verteidigung Kiews spielen sollten).

Dann bat Trump Selenskyj um Hilfe bei der Aufklärung der »ganzen Ukraine-Situation« in Bezug auf »Russiagate« und die Firma CrowdStrike Holdings, die den Hack der E-Mails der Demokratischen Partei (DNC) 2016 untersuchen sollte. (CrowdStrike dementiert, Verbindungen zur Ukraine gehabt zu haben.)[423]

Und dann ging das Gespräch zwischen Trump und Selenskyj folgendermaßen weiter:

Trump: Ich möchte, dass der Generalbundesanwalt Sie anruft und dem auf den Grund geht. [...] Wie Sie gestern gesehen haben, hat dieser ganze Unsinn mit einem sehr schlechten Auftritt eines gewissen Robert Mueller ein Ende gefunden, aber diese Leute behaupten, es habe in der Ukraine angefangen. Ich hätte also gerne, dass Sie Ihr Bestmögliches tun, das wäre sehr wichtig.

Selenskyj: Ich kann Ihnen persönlich sagen, dass einer meiner Mitarbeiter vor Kurzem mit Herrn Giuliani gesprochen hat und dass wir uns sehr freuen würden, wenn Herr Giuliani in die Ukraine reisen könnte. Dann würden wir ihn treffen. […] Ich garantiere Ihnen als Präsident der Ukraine, dass alle Untersuchungen offen und transparent gehandhabt werden.

Trump: Sehr gut, denn ich habe gehört, dass Sie einen sehr guten Generalstaatsanwalt [Wiktor Schokin] hatten, der entlassen wurde, und das war sehr ungerecht, […] daran waren üble Leute beteiligt. Herr Giuliani ist ein renommierter Mann, er war Bürgermeister von New York City, ein großartiger Mann, ich hätte gerne, dass Sie mit ihm und dem [US-] Generalbundesanwalt [Bill Barr] telefonieren. […] Rudy weiß, was los ist, und ist sehr kompetent. Es wäre toll, wenn Sie mit ihm sprechen könnten. Die ehemalige Botschafterin [Marie Yovanovitch, die Trump im April 2019 abberief] war eine üble Person, und ihre Leute in der Ukraine auch. […] Außerdem gibt es Gerüchte wegen Bidens Sohn, dass Biden die Ermittlungen gestoppt hat. Er hat damit angegeben. Wenn Sie da etwas herausfinden, […] es klingt furchtbar.«

Selenskyj: Und zu diesem Ermittler: Ich weiß davon. […] Da wir die absolute Mehrheit im Parlament haben, wird der nächste Generalbundesanwalt zu 100 Prozent meine Wahl sein und im September anfangen. Er oder sie wird sich dieser Angelegenheit annehmen. […] Wir sind für jede Information dankbar, damit wir in unserem Land für Recht und Ordnung sorgen können. Und was die ehemalige US-Botschafterin in der Ukraine angeht, ich glaube sie hieß Yovanovitch: Sie haben mich als Erstes vor ihr gewarnt und hatten zu 100 Prozent recht. Sie hat meinen Vorgänger bewundert und war auf seiner Seite, deshalb hatte sie eine negative Einstellung zu mir. Sie hat mich nicht als neuen Präsidenten akzeptiert.

Trump: Naja, die wird noch einiges erleben. Ich werde Herrn Giuliani und den Generalbundesanwalt bitten, bei Ihnen anzurufen, und dann werden wir das klären. Ich habe gehört, dass dieser Bundesanwalt sehr schlecht behandelt wurde, aber ein sehr guter Bundesanwalt gewesen ist. Viel Glück dabei. Ihrer Wirtschaft wird es immer besser gehen, Sie haben sehr viele Rohstoffe. Die Ukraine ist ein tolles Land, ich habe viele ukrainische Freunde.[424]

Selenskyj erwiderte das Kompliment und beteuerte, er habe sehr viele ukrainische Freunde, die in den USA lebten, und habe selbst einmal im Trump Tower in New York gewohnt. Selenskyj bedankte sich bei Trump für seine Einladung in die USA und lud ihn seinerseits ein, die Ukraine zu besuchen. Es war, wie Trump später sagte, »ein perfektes Telefonat«. Den Demokraten, die mitten im Ukraine-Sumpf steckten, musste angst und bange werden, denn Rudy Giuliani war nicht irgendjemand. Als Staatsanwalt und dann Bürgermeister im New York der 1980er- und 1990er-Jahre hatte er das Verbrechen besiegt, New York wieder sicher gemacht, die Mafia zerschlagen und die Paten aller fünf Mafia-Familien einsperren lassen. Gambino-Pate John Gotti wollte Giuliani deswegen umbringen lassen. Bei den Terroranschlägen vom 11. September wurde Giuliani aufgrund seines robusten Auftretens an der Seite der Rettungskräfte am Ground Zero zu einem Helden der Nation, und das *Time Magazine* wählte ihn 2001 zum »Mann des Jahres«. 2016 schloss er sich der Trump-Kampagne an und wurde 2018 Trumps Anwalt.

Rudy Giuliani sprach mit vielen Kontaktpersonen in der Ukraine, darunter dem Generalbundesanwalt Jurij Luzenko und seinem Vorgänger Wiktor Schokin. Giuliani beschrieb Schokin als Opfer einer Obama-Biden-Intrige: »Er wohnt in einer kleinen Hütte im Wald und hat Angst«, sagte Giuliani zu Sean Hannity: »Die Leute, mit denen er sich angelegt hat, sind sehr mächtig.«[425]

Schokin gab Joe Biden die Schuld dafür, dass er entlassen wurde: »Die Wahrheit ist, dass ich wegen meiner Ermittlungen gegen Burisma Holdings, bei denen Hunter Biden im Aufsichtsrat sitzt, aus dem Amt gedrängt wurde. [...] Präsident Poroschenko hat mich immer wieder gebeten, die Untersuchungen gegen Burisma einzustellen, aber ich habe das abgelehnt.«[426]

Giuliani reiste im Dezember 2019 in die Ukraine und wies im Gespräch mit Charlie Kirk von Turning Point USA darauf hin, dass

George Soros tief in die »Russiagate«- und Ukraine-Affäre verstrickt sei. »›Es wurde Geld an die Botschaft geschickt, und Sie wissen, wer es bekam – nicht die Regierung, sondern die NGOs. Und wer waren diese NGOs? Soros und die Kinder von Soros‹, sagte Giuliani dramatisch. ›Linker Flügel, und noch weiter links, Sozialisten, Anarchisten, Kommunisten.‹«[427] Giuliani war sowohl Biden als auch Soros auf der Spur. Kein Wunder, dass sie ihn aufgehalten haben.

»Hat sich Trump Wahlkampfhilfe im Ausland beschafft?«

Am 19. September 2019 meldete die *Washington Post* den neuen »Trump-Skandal«: »Trumps Kommunikation mit ausländischem Staatschef ist Teil einer Whistleblower-Beschwerde [...]«.[428] Die Autoren waren dieselben, die 3 Jahre lang den Russland-Komplott heraufbeschworen hatten: Greg Miller, Ellen Nakashima und Shane Harris. Diesmal wurde der Skandal zu 100 Prozent vom neuen Chef des Geheimdienstausschusses Adam Schiff und den Geheimdiensten konstruiert, die er eigentlich beaufsichtigen sollte. »Trump hat den ukrainischen Präsidenten wiederholt unter Druck gesetzt, zu Bidens Sohn zu ermitteln«, wusste das *Wall Street Journal* am 21. September 2019 zu berichten.[429] »Hat sich Trump Wahlkampfhilfe im Ausland beschafft?« fragte (mal wieder) Hubert Wetzel in der *Süddeutschen Zeitung* vom 20. September 2019,[430] und »Whistleblower-Affäre um Trump-Telefonat: Drängte der Präsident die Ukraine zu Ermittlungen gegen Joe Bidens Sohn?« die *Neue Zürcher Zeitung*.[431]

Bereits am 25. September 2019 kündigte die Sprecherin des Abgeordnetenhauses Nancy Pelosi die Prüfung eines Amtsenthebungsverfahrens an – das eigentliche Ziel dieser Operation. Dabei hatte CNN schon am 20. September zugegeben, dass »der Whistleblower kein persönlicher Zeuge von Trumps Telefonat mit Selenskyj war«.[432] Und der ukrainische Außenminister Wadym Prystajko dementierte am 21. September die Vorwürfe, Trump hätte versucht, die Ukraine unter Druck zu setzen, um belastendes Material gegen seinen Herausforderer Joe Biden zu bekommen.[433] Es war also nur ein anonymer Hinweisgeber in Washington beziehungsweise ein *Wall-Street-Journal*-Reporter mit einer fiebrigen Fantasie, die diese Ente in die Welt gesetzt hatten.

Abgeordneter Devin Nunes sagte im Gespräch mit Maria Bartiromo auf Fox News:»Ich weiß nicht, wem das eingefallen ist. Vielleicht gibt es wirklich irgendwo einen neutralen, unparteiischen Whistleblower. Wenn ja, dann wollen wir gerne von ihm hören. Aber so wie es jetzt aussieht, ist das alles nach hinten losgegangen.«[434]

Normalerweise hätten sich die Medien für die Biden-Korruption mindestens genauso wie für Trumps Aufklärungsversuche interessieren müssen. Doch wie immer taten sie das Gegenteil. Dabei sind die undurchsichtigen Geschäfte des Präsidentensohnes Hunter Biden im Auftrag von Ihor Kolomojskyjs Firma Burisma Holdings, wie sie im Oktober 2020 durch die Veröffentlichung der E-Mails auf Hunter Bidens Laptop bekannt wurden, der weitaus größere Skandal.[435]

Lindsey Graham, der republikanische Senator aus South Carolina, witterte dies und forderte auf Fox News das Justizministerium auf, die Geschäfte von Hunter Biden in der Ukraine zu untersuchen:»Wir brauchen eine unabhängige Untersuchung darüber, was in der Ukraine im Wahlkampf 2016 geschehen ist. Es gibt Anschuldigungen, die Ukraine hätte den Demokraten Informationen über Trump-Mitarbeiter zugespielt. Deshalb benötigen wir jetzt eine Untersuchung der Verbindungen von Biden und seinem Sohn. Man kann nicht immer nur die eine Seite untersuchen und die andere nicht, wenn man bedenkt, was die Trump-Familie in den letzten 2 Jahren alles durchmachen musste. Ich traue den Medien nicht. Deshalb ist das Justizministerium gefragt.«[436]

Sogar den deutschen Systemmedien blieb nichts anderes übrig, als über die Korruptionsaffäre um den Sohn des ehemaligen Vizepräsidenten Hunter Biden zu berichten. So titelte der *Spiegel* »Joe Bidens ukrainischer Albtraum«,[437] als sei dem führenden Trump-Herausforderer aus Versehen ein Missgeschick widerfahren, und berichtete dann widerwillig über die Korruptionsaffäre:»Joe Biden war Obamas Mann für die Beziehungen zur Ukraine – und ließ zu, dass sein Sohn Hunter zeitgleich Geld von einem umstrittenen Gas-Oligarchen nahm. Die Hintergründe der Kiew-Connection.«

»Trumps Anwalt Rudy Giuliani behauptet zwar, Joe Biden habe den Ukrainern 2016 gedroht, die Freigabe von US-Hilfen über eine Milliarde Dollar zu verweigern – sofern nicht der Generalstaatsanwalt gefeuert werde, der im Fall Burisma ermittle. Glaubwürdig ist das nicht«, behauptete *Spiegel*-Autor Benjamin Bidder, dessen persönliche Meinung zur Glaubwürdigkeit von Korruptionsvorwürfen beim *Spiegel* ausschlaggebend zu sein scheint.

»Biden hatte dem damaligen ukrainischen Präsidenten Petro Poroschenko zwar tatsächlich eine mit 6 Stunden sehr knapp bemessene Frist gesetzt, um den damaligen Generalstaatsanwalt Wiktor Schokin zu entlassen. Auf dessen Entlassung hatten zuvor allerdings über Monate alle westlichen Verbündeten der Ukraine gedrungen, nicht nur die USA, sondern auch die Europäer und vor allen Dingen der Internationale Währungsfonds (IWF). Der Grund war allerdings nicht, dass Schokin Korruptionsermittlungen wie behauptet zu forsch vorangetrieben hätte. Er – ganz Mann vom alten Schlag – unterließ sie weitgehend«, behauptete Bidder.

Offenbar kannte Bidder die eidesstattliche Erklärung nicht, die Wiktor Schokin abgegeben hatte:»Die Wahrheit ist, dass ich wegen meiner Untersuchungen gegen Burisma Holdings aus dem Amt gedrängt wurde, bei denen Hunter Biden im Aufsichtsrat sitzt.«[438] »Präsident Poroschenko hat mich mehrfach gebeten, den Fall Burisma zu prüfen und die Möglichkeit zu erwägen, die Ermittlungen gegen dieses Unternehmen einzustellen, aber ich habe mich geweigert, dies zu tun«, haben wir Schokin bereits sagen gehört.[439] Schokin hat sogar behauptet, man habe zweimal versucht, ihn zu vergiften. Nach FBI-Verhörprotokollen von Burisma-Chef **Mykola Slotschewski** aus dem Jahre 2023 soll Joe Biden 10 Millionen Dollar erhalten haben, um Schokin feuern zu lassen.[440]

Doch der Ukraine-Skandal selbst interessierte den *Spiegel* nicht, nur, wie man ihn vergessen machen konnte, um wieder gegen Trump schießen zu können. Die wahren Hintergründe der Ukraine-Affäre aufzudecken blieb unabhängigen Journalisten wie John Solomon, Maria Bartiromo oder Paul Sperry überlassen, und dazu gehörte auch die Identität des anonymen Whistleblowers.

CIA-»Whistleblower« Eric Ciaramella

Die Whistleblower-Regelungen der US-Regierung dienen eigentlich dazu, die Anonymität mutiger Einzelpersonen zu schützen, die Korruption und Missbrauch innerhalb des Staatsapparates aufdecken wollen, und nicht als Tarnkappe für einen internen Putschversuch von gewissenlosen Politikern und Geheimdiensten. Doch genau so war es bei »Ukrainegate«. Der Name des vermeintlichen Whistleblowers begann in diesem Fall nicht nur mit den Buchstaben CIA, sondern er war tatsächlich CIA-Agent und tief in den Ukraine- und »Russiagate«-Skandal verstrickt.

Das Washington-Establishment, »das sonst löchrig ist wie ein Sieb«, habe einen Monat lang »erstaunlich dichtgehalten«, stellte der Investigativjournalist Paul Sperry fest, der am 30. Oktober 2019 wegen »überragenden öffentlichen Interesses« die Identität dieses »Whistleblowers« enthüllte. Sperry veröffentlichte den Namen entgegen dem Whistleblower-Schutzgesetz, weil dieser Whistleblower »erhebliche Anzeichen einer politischen Voreingenommenheit im Sinne eines politischen Gegners« aufwies. Der Name sei schon seit Wochen in Washington und im Internet im Umlauf. »Jeder weiß, wer er ist. CNN weiß es. Die *Washington Post* weiß es. Die *New York Times* weiß es.

Der Kongress weiß es. Das Weiße Haus weiß es. Sogar der Präsident weiß, wer er ist«, bestätigte Fred Fleitz, ein ehemaliger CIA-Analyst und Nationaler Sicherheitsberater von Trump, Sperry gegenüber: nämlich der damals 33-jährige **Eric Ciaramella**, ein eingetragener Demokrat und CIA-Agent, der im Sicherheitsstab von Vizepräsident Joe Biden und für den CIA-Chef John Brennan gearbeitet hatte und 2016 an der Verbreitung der »Russland-Verschwörung« beteiligt gewesen war.[441]

Ciaramella war 2016–2017 im Nationalen Sicherheitsstab für die Ukraine zuständig und blieb unter Trump bis zum Sommer 2017 tätig, als er aufgrund von Leaks an die Presse rausflog und ins CIA-Hauptquartier in Langley, Virginia, zurückbeordert wurde. Er arbeitete seit November 2015 mit der demokratischen »Russiagate«-Erfinderin Alexandra Chalupa zusammen und lud sie mehrmals ins Weiße Haus ein – auch zusammen mit einer ukrainischen Delegation, die mehr Hilfe für die Ukraine forderte. Im Zusammenhang mit Wiktor Schokins Entlassung traf er sich mit ukrainischen Sicherheitskräften im Weißen Haus und begleitete Joe Biden bei seiner Reise nach Kiew 2015, als dieser von Poroschenko Schokins Ablösung forderte.

Alsdann informierte Ciaramella die Ukraine-Beauftrage des Außenministeriums Victoria Nuland und den US-Botschafter **Geoffrey Pyatt** über Bidens Drohung, der Ukraine eine Milliarde Dollar an Kreditgarantien vorzuenthalten, wie Sperry im April 2024 aufzudecken vermochte, nachdem er 2000 diesbezügliche E-Mails durchgesehen hatte.[442] »Huch«, schrieb Ciaramella in einer E-Mail, als er von Bidens Erpressungsdrohung hörte, fühlte sich damals aber nicht dazu berufen, als Whistleblower tätig zu werden. Stattdessen koordinierte er mit Biden-Mitarbeitern die Reaktionen auf die Enthüllungen zu Hunter Bidens 1-Million-Dollar-Job bei Burisma.

Als Donald Trump auf Anraten des Vizejustizministers Rod Rosenstein den FBI-Chef James Comey entließ, informierte Ciaramella den Heimatschutzminister John Kelly, Trump habe am 2. Mai 2017 mit

Putin telefoniert und am 10. Mai den russischen Außenminister Sergei Lawrow im Weißen Haus getroffen. Ciaramellas Schlussfolgerung gemäß steckte nämlich Wladimir Putin hinter dieser Entlassung. Und aufgrund dieser Verschwörungstheorie eröffnete Andrew McCabe, Comeys Nachfolger beim FBI, am 10. Mai 2017 eine Untersuchung des Präsidenten.[443]

Als sein ukrainischstämmiger Kollege im Weißen Haus, Oberstleutnant **Alexander Vindman**, ihn über Trumps Telefonat mit Selenskyj informierte, muss Ciaramella in Panik geraten sein, denn als Burisma- und »Russiagate«-Mittäter drohten ihm die Felle davonzuschwimmen.

Daher wandte er sich an den Abgeordneten Adam Schiff und verfasste in dessen Büro die »Whistleblower-Beschwerde«, was Schiff zuerst leugnen sollte. Ciaramella kannte aber Schiffs Mitarbeiter Sean Misko, der vom Nationalen Sicherheitsstab ins Kapitol gewechselt war, und arbeitete auch mit der Nationalen Sicherheitsexpertin **Fiona Hill** zusammen, die im späteren Amtsenthebungsverfahren gegen Trump eine Schlüsselfunktion einnehmen sollte.

Ciaramella reichte also am 12. August 2018 beim Generalinspekteur der Geheimdienste seine »dringende Beschwerde« ein, die erst später, am 26. September, publik wurde. Kash Patel schildert dies folgendermaßen: »Ciaramella brachte seine Beschwerde vor, die auf Tratsch von [Alexander] Vindman basierte, und wurde prompt ausgelacht. Der Generalinspekteur der Geheimdienste und das Justizministerium sagten beide, sein sogenannter ›Whistleblower-Bericht‹ erfülle nicht die amtlichen Voraussetzungen, und ignorierten ihn.«[444] Daher musste dieser von Schiff an die Presse durchgestochen werden, die natürlich keine Skrupel hatte, den Bericht eines Biden-Parteigängers nur vom Hörensagen her weiter- und als Fakt auszugeben.

»Es scheint jetzt, dass es entlastende Beweise [zu Ciaramellas Beteiligung] gab, die Trump in seinem Amtsenthebungsverfahrens vorenthalten wurden«, konstatierte der Jurist Jonathan Turley, als er 2024

ein mögliches Amtsenthebungsverfahrens gegen Joe Biden über-
prüfte.»Trump warf den Bidens einen Interessenkonflikt vor. Die
Entlastungsbeweise hätten Bidens Darstellung anfechten und das
Interesse seines Sohnes an der Entlassung von Schokin nachweisen
können.«[445]

Es war also nicht Trump, der die ukrainische Regierung erpresst
hatte, sondern Joe Biden und der »Whistleblower« Eric Ciaramella.
Ciaramella brachte nicht nur kein Licht ins Dunkel, sondern half im
Gegenteil dabei, die Korruption der Bidens in tiefster Finsternis zu
belassen. Wie stets bei den Demokraten galt die Regel: Sie beschuldigten Trump dessen, was sie selbst taten.

Ciaramella verließ die CIA und arbeitet jetzt beim Carnegie
Endowment for International Peace für Russland und Osteuropa,
einem der wichtigsten Thinktanks im NATO-nahen Zensurkomplex.

»Schummel-Schiff« erfindet ein alternatives Telefonat

Am 24. September 2019 eröffneten die Demokraten im Repräsentantenhaus ein Amtsenthebungsverfahren gegen Donald Trump. Es war
erst das dritte der US-Geschichte und von vorneherein zum Scheitern
verurteilt, da die Demokraten weder über die nötige Zweidrittelmehrheit im Senat verfügten noch irgendeinen Republikaner überzeugen
konnten, dass der ganze Zirkus nicht rein parteipolitisch motiviert
war – ganz besonders, seitdem die Identität des »Whistleblowers«
Eric Ciaramella bekannt geworden war. Zudem mussten sie Beweise
fälschen, um zu belegen, dass Trump irgendetwas falsch gemacht
hatte.

So verlas der Abgeordnete Adam Schiff am 30. September 2019 vor
dem Geheimdienstausschuss eine »dramatisierte Version« von
Trumps Telefonat mit Selenskyj, in der er »Trumps Kernaussage« in
seine eigenen Worte fasste: »Wir sind sehr gut zu Ihrem Land. Sehr

gut. Kein anderes Land hat so viel getan wie wir. Aber wissen Sie was? Ich sehe hier nicht viel Gegenseitigkeit. Ich höre [immer nur], was Sie wollen. Ich wünsche mir aber auch einen Gefallen von Ihnen. Ich werde dies nur siebenmal sagen. Also hören Sie besser gut zu. Ich möchte, dass Sie belastendes Material über meinen politischen Gegner erfinden, verstehen Sie? Viel. Über alles Mögliche. Ich werde Sie mit Leuten in Kontakt bringen, wichtigen Leuten. Ich werde Sie mit dem Generalstaatsanwalt der Vereinigten Staaten, meinem Justizminister Bill Barr, in Kontakt bringen. Er hat die gesamte Macht der amerikanischen Justiz hinter sich. Und ich werde Sie mit Rudy in Kontakt bringen. Sie werden ihn lieben, vertrauen Sie mir. Sie wissen, was ich will, und deshalb werde ich das nur noch ein paar Mal wiederholen. Und übrigens, rufen Sie mich nicht mehr an. Ich rufe Sie an, wenn Sie getan haben, was ich will.«[446]

Das waren nicht Trumps Worte, sondern Schiffs Fantasie über Trumps Worte. Und das konnte jeder überprüfen, seitdem das Weiße Haus am 24. September das komplette Transkript des Telefonats veröffentlicht hatte. Mit einer solchen Inszenierung wollte Schiff vor dem Kongress die Amtsenthebung eines demokratisch gewählten Präsidenten erreichen: ein Skandal.

Trump schoss auf Twitter zurück:»Abgeordneter Adam Schiff hat illegal eine FALSCHE und schreckliche Erklärung erfunden, sie als meine Aussage während meines Gesprächs mit dem ukrainischen Präsidenten ausgegeben und sie vor dem Kongress und dem amerikanischen Volk vorgelesen«, twitterte Trump am 30. September.»Sie hatte KEINEN Bezug zu dem, was ich während des Gesprächs gesagt habe. Verhaftung wegen Hochverrats?«[447]

Fortan taufte Trump Adam Schiff »Shifty Schiff« (»Schummel-Schiff«). Er hatte nicht unrecht.

Am 13. November 2019 begannen die Anhörungen im Kongress zu einer möglichen Amtsenthebung Donald Trumps. Da sie den »Whistleblower« Eric Ciaramella geheim halten wollten, um seine offensichtliche Verstrickung mit den Bidens und »Russiagate« nicht zu offenbaren, mussten die Demokraten sich anderer »Experten« bedienen. Am 14. November wurde Fiona Hill, ehemalige Mitarbeiterin im Nationalen Sicherheitsrat, vernommen, die Christopher Steele 2016 kennengelernt und Igor Danchenko, seiner Quelle für das Steele-Dossier, vorgestellt hatte.[448] Fiona Hill erstaunte vor dem Kongress mit der Behauptung, die Vorwürfe, die Ukraine habe sich in die US-Wahlen 2016 eingemischt, seien »eine Fiktion«. Hill war, wie ihr Lebenslauf zeigte, von 2000 bis 2006 im Vorstand von Soros' Open Society Institute für Russische und Europäische Angelegenheiten gewesen.[449]

»Ich weigere mich, dazu beizutragen, eine alternative Version der Geschichte zu legitimieren, wonach die ukrainische Regierung der Feind der USA sei und die Ukraine – nicht Russland – uns 2016 angegriffen haben soll,« sagte Hill, die *POLITICO* als »Russland-Hardliner« beschrieb.[450] Der *Guardian* pflichtete ihr bei: «Manche Republikaner im Geheimdienstausschuss vertreten eine längst entkräftete Verschwörungstheorie, die von Trump und konservativen Medien wiederholt wurde, es sei die Ukraine und nicht Russland, die sich in den letzten US-Wahlen eingemischt hätte.«[451]

Der nächste Kronzeuge für die Demokraten war der ukrainischstämmige Oberstleutnant im Nationalen Sicherheitsrat Alexander Vindman, der beim Trump-Selenskyj Telefonat dabei war und so »besorgt« gewesen sein will, dass er »einen Geheimdienstmitarbeiter« (Ciaramella) informiert habe. Vindmans Zwillingsbruder Oberst **Yevgeny »Eugene« Vindman** sagte ebenfalls vor dem Kongress aus. Autor Byron York sagte, man müsse »kein ›Genie‹ sein, um zu verstehen, dass kein Whistleblower, sondern Vindman die treibende Kraft hinter Trumps Amtsenthebungsverfahren« gewesen sei.[452] Nach dem Ende des Amtsenthebungsverfahrens hat Trump Alexander und Yevgeny Vindman aus dem Nationalen Sicherheitsrat entlassen. Alexander ging im Juli 2020 in den Ruhestand, sein Bruder Yevgeny 2022. Im

Ukrainekrieg vermittelten die Zwillingsbrüder Waffenhilfe und US-Militärpersonal an die Ukraine.[453]

Am 18. Dezember stimmten die Demokraten im Abgeordnetenhaus für eine Amtsenthebung Donald Trumps. Kein einziger Republikaner stimmte dafür. In früheren Zeiten war es Konsens gewesen, dass es einer breiten Mehrheit in beiden Häusern des Kongresses bedurfte, um einen demokratisch gewählten Präsidenten vorzeitig des Amtes zu entheben. Deshalb hatte es in den ersten 222 Jahren der US-Geschichte nur ein einziges Amtsenthebungsverfahren gegeben, nämlich 1868 gegen Andrew Johnson, doch das scheiterte im Senat. 1998 scheiterte die Amtsenthebung von Bill Clinton nach der Lewinsky-Affäre im Senat, und am 5. Februar 2022 die erste Amtsenthebung von Donald Trump. Nur ein einziger Republikaner – Mitt Romney – stimmte dafür.

Als im Verlauf des Amtsenthebungsverfahrens deutlich wurde, dass Trump kein konkretes Verbrechen zur Last gelegt werden konnte, wandten sich die Wähler davon ab. Laut Rasmussen-Umfrage stand Trump am 20. Dezember stabil bei 50 Prozent Zustimmung. Die Anzahl der Befragten, die Trump »stark ablehnen«, sank von 47 Prozent im November auf 39 Prozent am 20. Dezember, die Anzahl derer, die Trump »stark befürworten«, stieg von 31 Prozent im November auf 39 Prozent. Daher hatte es die Mehrheitsführerin der Demokraten im Abgeordnetenhaus Nancy Pelosi gar nicht so eilig, das ach so wichtige Amtsenthebungsverfahren an den Senat zu überweisen. Sie wartete bis zum 15. Januar 2020, also fast einen Monat. Es war ja Wahljahr.

Präsident Trump sagte, er freue sich auf den Prozess im Senat. Er wollte Zeugen wie Hunter Biden, Eric Ciaramella und Adam Schiff in den Zeugenstand laden, was die Demokraten aber vereitelten. Somit hatte die Amtsenthebung um Weihnachten den absurden Zustand erreicht, dass Trump selbst damit fortfahren wollte, nicht aber die Demokraten: »Sie haben null Beweise in der Hand. Sie werden gar nicht erscheinen. Sie suchen einen Ausweg. Ich fordere einen sofortigen Prozess!«[454]

Der republikanische Mehrheitsführer im Senat **Mitch McConnell** sprach von einem »Mangel an Beweisen, einer gescheiterten Untersuchung und einer zusammengewürfelten Anklage, die angesichts der Tatsache, dass die Vorwürfe selbst verfassungsrechtlich unsinnig sind, nur ein Ergebnis haben kann.«[455]

Während der »Ukrainegate«-Ermittlungen wurden die Internetfirmen angewiesen, den Namen des »Whistleblowers« Eric Ciaramella zu zensieren, damit niemand seine Verbindungen zu den Bidens in der Ukraine und zu »Russiagate« nachvollziehen könne.[456] So verlangte Adam Schiff von Twitter, das Konto von Paul Sperry, der Ciaramella identifiziert hatte, zu sperren, wie Matt Taibbi 2023 im Rahmen der Twitter-Files enthüllte.[457]

Im Gespräch mit Tucker Carlson wies der Trump-Cybersicherheitsexperte Mike Benz darauf hin, dass die versuchte Amtsenthebung Trumps im Dezember 2019 vom Pentagon und der CIA ausgegangen war: »Diese Amtsenthebung wurde von Eric Ciaramella von der CIA sowie Alexander und Yevgeny Vindman vom Pentagon betrieben, da Trump angeblich gedroht hatte, Hilfe für die Ukraine zu blockieren. Dasselbe Netzwerk aus dem Pentagon, dieser militärische Zensurapparat der hybriden Kriegsführung, der nach dem Maidan-Putsch 2014 geschaffen wurde, war der Hauptarchitekt der Trump-Ukraine-Amtsenthebung 2019 und kam dann im Turbomodus zur Zensur der Wahl 2020 zurück.«[458]

Im nächsten Kapitel werden wir uns ansehen, wie nach dem Wahlsieg Trumps eine weltweite und flächendeckende Internetzensur durch den Staatsapparat und die Geheimdienste eingeführt wurde, um angebliche Fake News und russische Desinformation zu bekämpfen, womit aber im Grunde nur konservative, sogenannte »rechtspopulistische« und Pro-Trump-Inhalte gemeint waren – kurzum: wie der Zensurkomplex nach Trump das freie Internet zerstört hat.

KAPITEL 10

Internetzensur – Wir mussten die Demokratie zerstören, um sie zu retten

»Was wir jetzt erleben, ist im Prinzip eine Militärdiktatur. Mit dem Aufkommen der Zensurindustrie wurde die Idee von Demokratie völlig in ihr Gegenteil verkehrt. Die Demokratie bezieht ihre Legitimierung aus der Idee, dass die Staatsgewalt vom Volk ausgeht. Das heißt, wir werden nicht von der Obrigkeit regiert, sondern die Regierung ist vom Willen des Volkes und unserer Zustimmung zu den von uns gewählten Vertretern abhängig.

Nach der Trump-Wahl 2016, dem Brexit und einigen anderen Wahlen, die nicht so verlaufen sind, wie es das US-Außenministerium wollte, gab es diesen Push, die Grundlagen der demokratischen Gesellschaft auf den Kopf zu stellen, um mit der Bedrohung durch die Meinungsfreiheit im Netz fertigzuwerden. Es hieß, wir müssten die Demokratie neu definieren – weg von der Willensäußerung der Wähler hin zum Schutz ›demokratischer Institutionen‹. Und wer sind diese demokratischen Institutionen? Tja, das sind ›wir‹: das Militär, die NATO, der IWF und die Weltbank. Es sind die Systemmedien, es sind die NGOs. Und natürlich werden diese NGOs größtenteils vom Außenministerium oder von den Geheimdiensten finanziert.«[459]

Mike Benz im Gespräch mit Tucker Carlson

Nach dem schockierenden Wahlsieg Donald Trumps gaben die Demokraten den sozialen Medien und dem Internet die Schuld. Obwohl 91 Prozent der Berichterstattung über Trump negativ war,[460] konnte dieser sich dank Internet direkt an seine 83 Millionen Follower auf Twitter wenden und seine Sicht der Dinge – auch zu diesen Medien – in die Welt hinausposaunen. Die linken Medienlobbyisten von Media Matters for America führten den Feldzug gegen das an, was sie als Fake News und Desinformation definierten. Firmen wie Google, Twitter und Facebook streuten Asche auf ihr Haupt und ergriffen Maßnahmen, um zu verhindern, »dass sich so etwas wie 2016 wiederholt«. Denn man müsse »die nächste Trump-Situation verhindern«, wie Google-Managerin Jen Gennai vor versteckter Kamera sagte.[461]

Media Matters for America bekam laut einem internen Dokument[462] Zugang zu den Rohdaten von Twitter, Facebook und Google und wurde wie das deutsche Correctiv von den Internetfirmen zu »Faktencheckern« und Wahrheitswächtern ernannt. Die US-Regierung finanzierte den Global Disfomation Index (GDI) in London (im Inland ist der US-Regierung Zensur verboten), um konservative Websites als unzuverlässig abzustempeln und Werbekunden zu verschrecken.

So wurde das geschaffen, was Twitter-Files-Journalist Michael Shellenberger den »Zensurindustriellen Komplex« nannte. Bis zur Coronapandemie und dem Wahlkampf 2020 war der Zensurkomplex so stark geworden, dass dessen Betreiber Nobelpreisträger und angesehene Wissenschaftler wegzensieren und sogar die Enthüllung des Hunter-Biden-Laptops voller krummer Geschäfte und Pornografie komplett aus dem Internet verschwinden lassen konnten. Es begann mit der Zensur des Nunes-Memos 2018 und dem Skandal um eine Datenanalysefirma namens Cambridge Analytica.

Cambridge Analytica: Wie George Soros und der *Guardian* den »Facebook-Skandal« inszenierten

Während die Demokraten 2018 immer noch mit ihrer Niederlage gegenüber einem pöbelnden Raufbold wie Donald Trump haderten, tat sich im Mai 2018 ergänzend zur Putin-Russland-Verschwörungstheorie eine weitere auf. Im März 2018 meldete die *Guardian*-Journalistin Carole Cadwalladr (zusammen mit Emma Graham-Harrison), Cambridge Analytica habe im Auftrag von Trump-Berater Steve Bannon und Milliardär Robert Mercer die Facebook-Daten aller 330 Millionen Amerikaner ausgewertet und für ihren Wahlkampf genutzt.[463]

Eigentlich sollte das Geschäftsmodell von Facebook an und für sich schon ein Skandal sein: Man braucht nichts zu bezahlen, um die weltgrößte Social-Media-Plattform zu nutzen, doch dafür werden unsere Daten gesammelt und zu Werbe- und Marketingzwecken benutzt – oder auch »gehackt« und »missbraucht«, wie es im Falle des künstlich aufgebauschten Cambridge-Analytica-»Skandals« hysterisch formuliert wurde.

Dabei hatte der linke *Guardian* 2012 noch begeistert geschrieben: »Barack Obamas Wiederwahlkampagne baut ein riesiges digitales Datenunternehmen auf, das mithilfe einer einheitlichen Datenbank und der Macht von Facebook mehr als je zuvor auf individuelle Wähler zugeschnitten ist.«[464] Damals wurden die Republikaner nach *ihrer* Niederlage dafür kritisiert, dass sie nicht so modern und zukunftsfähig mit Big Data umgegangen waren wie der Nobelpreisträger Barack Obama.

Als nun Cambridge Analytica für die Republikaner genau dasselbe tat wie seinerzeit Obamas Team, sollte es ein Riesenskandal sein. Facebook-Chef Mark Zuckerberg wurde vor Untersuchungsausschüsse zitiert, weil dem *Guardian* plötzlich aufgefallen ist, dass Facebook die Daten von Nutzern sammelt und für Werbezwecke verkauft.

Warum diese unterschiedlichen Reaktionen? Der konservative Kommentator Ben Shapiro lieferte die Antwort:»Die Linken wollen Facebook unter Druck setzen, damit sie machen, was die Linke will. Einzig und allein darum geht es.«[465] Seit einem Jahr sei ständig von »Fake News«, die Rede, sagte Ben Shapiro am 20. März 2018, und dass »Trump nur aufgrund von Fake News gewonnen habe. Und was sind Fake News? Das sind alle konservativen Meinungen. Es geht nicht um offensichtliche Falschmeldungen. Die will keiner. Aber Mark Zuckerberg hat jetzt angekündigt, sein Netzwerk von allen konservativen Meinungen zu säubern. [Die Computerzeitschrift] *Wired* hat eine Titelstory darüber gebracht, dass sich Zuckerberg mit Barack Obama nach der Wahl getroffen hat. Nach der Wahl heißt, als Obama nicht mehr im Amt war! Und warum? Um Obama zu versprechen, dass er gegen den Missbrauch seiner Plattform vorgehen würde. Angeblich ging es bei diesem Missbrauch um Fake News und russische Manipulation. Was sie wirklich meinten, war, dass die Rechten plötzlich in den sozialen Netzwerken erfolgreicher waren. Denn das waren wir. Im Februar kündigte Zuckerberg an, die Algorithmen seiner Plattform zu ändern, um Inhalte zu begünstigen, die Facebook als ›vertrauenswert, informativ und loyal‹ einstuft. Das bedeutet links, links und noch mal links.«

Seither haben einer Studie des *Western Journal* zufolge konservative Seiten erheblich an Reichweite eingebüßt.[466] Das linke Blatt *New York Daily News* sah einen Anstieg an Facebook-Traffic um 25 Prozent, während die Zugriffe von Facebook auf die rechte *New York Post* um 12 Prozent abnahmen.»Das ist das Ziel«, kommentiert Shapiro diesen Prozess.»Hier geht es einzig und allein darum, den sozialen Medien einen Linksruck aufzuzwingen.«[467] Wie wir heute wissen, steckte das US-finanzierte Unternehmen Global Disinformation Index aus dem UK dahinter, das Werbetreibende seit 2017 vor »Desinformation« warnte und konservative Websites wie AchGut und Junge Freiheit ohne Beweise als Fake News diffamierte.

Woher kam diese Kampagne gegen Facebook, die von allen Medien kritik- und gedankenlos nachgeplappert wurde? Beim Weltwirtschaftsgipfel (World Economic Forum, WEF) in Davos im Januar 2018 hielt der linke Aktivist George Soros seine alljährliche WEF-Rede und blies zum Angriff auf die sozialen Medien, die nicht streng genug gegen konservative Meinungen vorgingen: »Die Social-Media-Giganten würden das Verhalten der Menschen verändern, ohne dass sie es mitbekämen, mit weitreichenden Konsequenzen für das Funktionieren der Demokratie, mit ganz speziellen Auswirkungen für die Wahlen«, zitierte ihn die *Welt*.[468]

Schon seit Jahren arbeitete der *Guardian* mit George Soros eng zusammen und bot ihm eine gute Plattform. So behauptete er in der Ausgabe vom 15. Februar 2018: »Nur die EU kann die Macht von Facebook und Google brechen.«[469] Und Carole Cadwalladr, die Verfasserin des ausschlaggebenden März-Beitrags, die die »Skandalgeschichte« um Facebook und Cambridge Analytica schon seit dem Brexit verfolgte,[470] arbeitete mit der linken Stiftung Open Democracy[471] zusammen, die von der Labour Party und den Open-Society-Stiftungen von George Soros finanziert wird. Ihre Darstellung wurde von allen deutschen Medien, der Bundesregierung und der EU kritiklos übernommen und förderte dementsprechend die weitere Zensur von konservativen Meinungen im Internet.

Wir sollten aus diesem »Facebook-Skandal« lernen, dass die Meinungsfreiheit und die Demokratie akut in Gefahr sind, dunkle Mächte uns manipulieren und die Medien dazu instrumentalisieren wollen. Doch diese dunklen Mächte waren nicht Donald Trump und Steve Bannon, sondern der NATO-Staatsapparat, die Soros-NGOs und der Zensurkomplex.

Die Skandalbetreiber erfanden einen neuen Namen für ihr Vorgehen: hybride Kriegsführung. Hierbei ist die Bedrohung das eigene Volk.

Mike Benz: Sie fühlten sich von der Demokratie bedroht

»Als 2016 die Präsidentschaftswahl stattfand, erwarteten alle im US-Außenministerium fette Beförderungen zum Nationalen Sicherheitsrat im Weißen Haus unter Hillary Clinton, die ja bereits unter Obama Außenministerin war«, erklärte der ehemalige Trump-Cybersicherheitsbeauftragte Mike Benz im Gespräch mit Tucker Carlson. »Damals nahmen diese Leute vom Außenministerium ihre speziellen Fähigkeiten, Regierungen zu stürzen, mit sich und gingen international auf Tournee, um europäische Regierungen zu drängen, Zensurgesetze zu verabschieden, mithilfe derer ›rechtspopulistische‹ Parteien in Europa und in den USA zensiert werden könnten.«[472]

Dann erläuterte Benz, wie sich der US-Staats- und Geheimdienstapparat seit dem Zweiten Weltkrieg darauf spezialisiert hat, auf »demokratische« Art und Weise Regierungen zu stürzen, angefangen mit der Wahl in Italien 1958 bis zur US-Wahl 2020, als sie diese »speziellen Fähigkeiten« im US-Inland anwandten. Da die US-Geheimdienste offiziell nicht im Inland tätig werden dürfen, schufen sie sich ein Netzwerk aus Quasi-Regierungsorganisationen, das angeführt wird: vom Atlantic Council, bei dem sieben ehemalige CIA-Direktoren im Vorstand sitzen; vom German Marshall Fund, der von der deutschen Bundesregierung jährlich mit 2 Millionen Euro finanziert wird; vom ebenfalls steuerfinanzierten Institute for Strategic Dialogue; vom Carnegie Endowment for International Peace; vom Global Disinformation Index, der Werbetreibende in USA und Europa vor »rechtspopulistischen« Webseiten warnt; und von CIA-nahen Regierungsorganisationen wie dem National Endowment for Democracy, dem Global Engagement Center (GEC) und der Cybersicherheitsbehörde CISA. Der wichtigste Schritt dabei war laut Benz, die Merkel-Regierung in Deutschland dazu zu bringen, im August 2017 das Netzwerkdurchsetzungsgesetz (NetzDG) zu verabschieden, das im Prinzip das Zeitalter der vollautomatisierten Zensur in Europa und den USA einläutete.

»Das Heimatschutzministerium hatte diese obskure kleine Cyber-security-Agentur CISA über einige Winkelzüge mit den Auslandsbe-fugnissen der CIA und den Inlandsbefugnissen des FBI ausgestattet«, berichtet Benz weiter. »CISA wurde im Jahr 2018 vom Kongress per Gesetz ins Leben gerufen, weil man befürchtete, dass Russland die Wahl 2016 gehackt hatte.«

Wir erinnern uns: Nach dem berühmt-berüchtigten Obama-Mee-ting am 5. Januar 2017 im Weißen Haus gab die CIA am 6. Januar ein Memo heraus,[473] in dem behauptet wurde, Russland habe sich in die Wahl 2016 eingemischt. Noch am selben Tag beschloss das Heimat-schutzministerium, Wahlen ebenso wie Kernkraftwerke und Strom-trassen von nun an als »kritische Infrastruktur« einzuschätzen, sodass diese von der Regierung »geschützt« werden müssten.

»Somit«, erklärt Benz, »hatte das Heimatschutzministerium nun die Befugnis über Wahlen, denn die mussten ja vor ›Cyberangriffen‹ geschützt werden. Dann haben sie zwei clevere Dinge getan. Erstens sagten sie, ›Online-Desinformation‹ sei eine Form von Cyberangriff, weil sie ja online stattfindet, und zweitens behaupteten sie, nachdem ›Russiagate‹ auseinandergefallen war: ›Eigentlich schützen wir die Demokratie vor Desinformation. Wir brauchen also gar keine Russen als Begründung.‹«[474]

Ab April 2020 habe »das Trump-feindliche, neokonservative, alt-republikanische Heimatschutzministerium im Ausland mit der NATO und im Inland mit der Demokratischen Parteiführung zusammenge-arbeitet, um eine staatlich koordinierte Massenzensurkampagne auf-zuziehen, die jede Social-Media-Plattform der Welt umspannte, um im Vorfeld Kritik an der Legitimität von Briefwahlen zu zensieren«, setzt Benz seine Analyse fort. Man habe dafür die Election Integrity Partnership (EIP) geschaffen, die von der Stanford University, der

University of Washington, einer Firma namens Graphika und dem Atlantic Council betrieben wurde.

Alle vier waren schon Teil der »Russiagate«-Verschwörung gewesen und »im Prinzip Pentagon-Ableger. Der Gründer des Stanford Internet Observatory war **Michael McFaul**, der unter Obama US-Botschafter in Russland war und einen Sieben-Punkte-Leitfaden verfasst hatte, wie man eine Farbrevolution durchführt. Wichtige Punkte waren, die totale Kontrolle über Medien und soziale Medien zu erlangen, die ›zivilgesellschaftlichen Organisationen‹ zu pushen und die Wahlergebnisse als illegitim darzustellen.«[475] Das Stanford Internet Observatory wurde vom ehemaligen Facebook-Manager **Alex Stamos** geleitet, der »Russiagate« mit der Nationalen Geheimdienstleitung ODNI koordinierte und bei Facebook »russische Propaganda« bekämpfte. Am Stanford Internet Observatory war außerdem **Renée DiResta**, die bei der CIA begann und den Bericht des Geheimdienstausschusses des US-Senats über »russische Desinformation« verfasste. **Kate Starbird** vom Center for an Informed Public an der University of Washington in Seattle, der Bill-Gates-Universität, überwachte für das Pentagon die sozialen Medien und war zusammen mit DiResta bei der CISA, wo beide für Zensuraufgaben eingesetzt wurden, was die Regierung eigentlich nicht machen darf. Die Firma Graphika erhielt vom Pentagon 7 Millionen Dollar für psychologische Kriegsführung und betrieb Social-Media-Spionage sowie die »Kartierung von Narrativen«. Die vierte Institution war der Atlantic Council mit den sieben CIA-Direktoren im Vorstand.

All dies geschah sogar noch unter der Regierung Trump. Weil sich das außenpolitische Establishment von Trump bedroht fühlte, erklärt Benz, mobilisierte es die »Auslandsabteilung für schmutzige Tricks, die Farbrevolutionen-Blase, professionelle Regime-Changer, die sich dann im Prinzip auf die US-Wahl 2020 einschossen. Sie machten das ganz offen. Der Chef der Election Integrity Partnership sagte auf Tonband, dass sie eingerichtet wurden, um zu tun, was der Regierung verboten war. Sie verfassten einen Leitfaden, um alle Internetfirmen zu zwingen, Zensurmaßnahmen zu ergreifen. Sie sprachen auf Band, die Internetfirmen hätten dies nicht getan, wenn die Regierung nicht mit staatlicher Gewalt gedroht hätte.«[476]

Der Heimatschutz habe unter dem Deckmantel des Kampfs gegen Fake News eine Desinformationsschaltzentrale eingerichtet, um sofort bei den Chefs der Internetfirmen Sperrungen veranlassen zu können. »Sie brüsteten sich in der Tonbandaufnahme damit, wie sie systematisch die Internetfirmen dazu gebracht hätten, eine neue Regel namens ›Delegitimierung‹ in die Nutzungsbedingungen aufzunehmen, was bedeutete, dass jeder Tweet, jedes YouTube-Video, jeder Facebook-Post, jedes TikTok-Video, das gesamte Internet, alles, was das ›öffentliche Vertrauen‹ in Briefwahlen oder in externe, unbeaufsichtigte Wahlurnen untergrub oder Probleme bei der Stimmabgabe am Wahltag thematisierte, unter dieser neuen Delegitimierungspolitik automatisch und ungeprüft ein Verstoß gegen die Nutzungsbedingungen war.«

Mithilfe der Election Integrity Partnership sind laut Mike Benz bei der US-Wahl 2020 allein auf Twitter 22 Millionen Pro-Trump-Tweets zensiert worden. Doch diese Zensur erfolgte nicht nur auf Twitter, sondern auf fünfzehn verschiedenen Plattformen. Hunderte Millionen Posts wurden gelöscht, gesperrt oder gedrosselt oder erhielten Warnhinweise von »Faktenprüfern«, sodass man sie nicht teilen konnte.

Da irgendein kanadischer Trucker mit seiner Meinung zu Corona oder der Ukraine plötzlich 70 000 Menschen erreichen könne, fühle sich der US-Staatsapparat vom Aufkommen des Internets und der »populistischen« Bewegungen bedroht. »Die Tatsache, dass eine einzelne kleine Stimme auf Social Media so populär werden kann, hat die Natur der amerikanischen Regierung grundlegend verändert. Deshalb haben Experten der US-Regierung in den USA ihre Fähigkeit eingesetzt, Regimewechsel herbeizuführen. Und jetzt werden wir die vielleicht nie wieder los.«[477]

TEIL 3

Das Wahljahr 2020

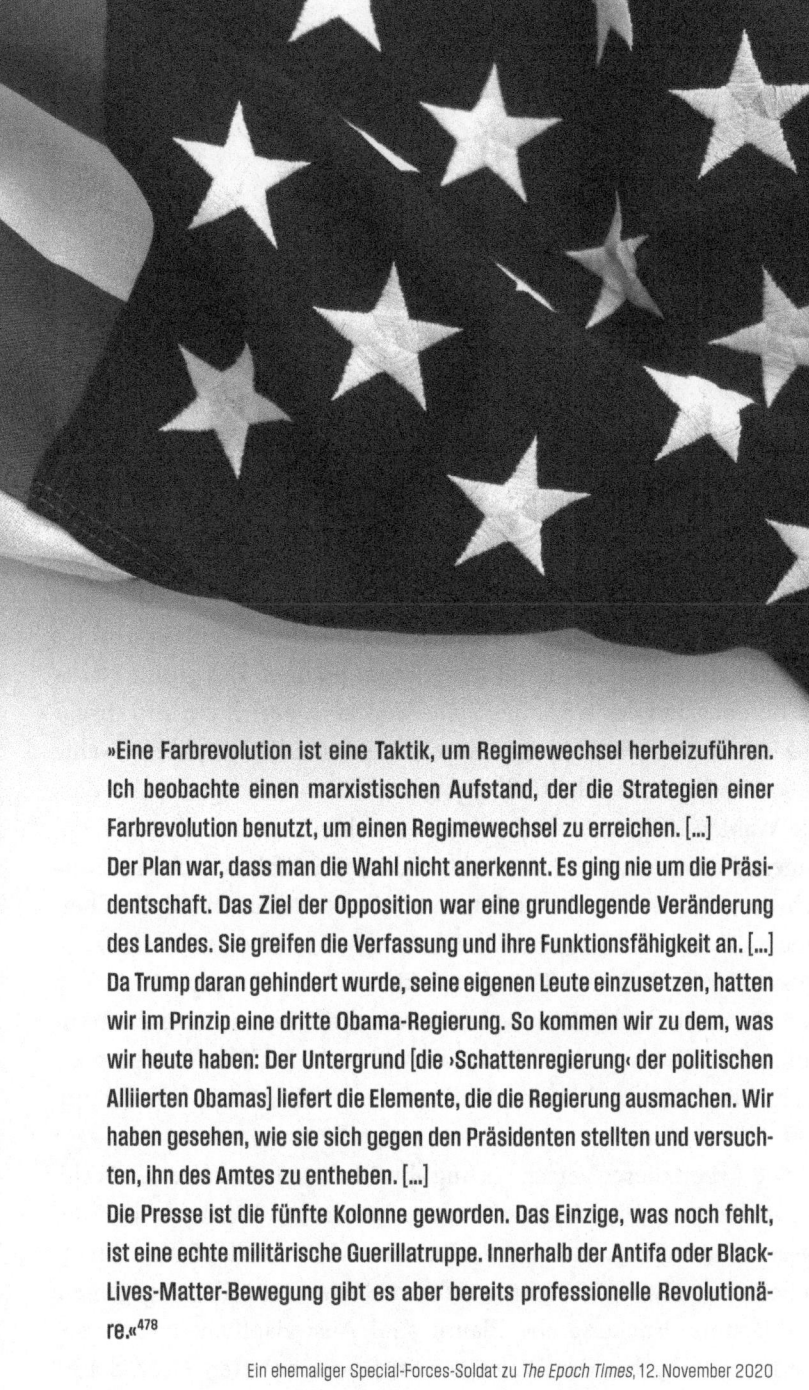

»Eine Farbrevolution ist eine Taktik, um Regimewechsel herbeizuführen. Ich beobachte einen marxistischen Aufstand, der die Strategien einer Farbrevolution benutzt, um einen Regimewechsel zu erreichen. [...]

Der Plan war, dass man die Wahl nicht anerkennt. Es ging nie um die Präsidentschaft. Das Ziel der Opposition war eine grundlegende Veränderung des Landes. Sie greifen die Verfassung und ihre Funktionsfähigkeit an. [...]

Da Trump daran gehindert wurde, seine eigenen Leute einzusetzen, hatten wir im Prinzip eine dritte Obama-Regierung. So kommen wir zu dem, was wir heute haben: Der Untergrund [die ›Schattenregierung‹ der politischen Alliierten Obamas] liefert die Elemente, die die Regierung ausmachen. Wir haben gesehen, wie sie sich gegen den Präsidenten stellten und versuchten, ihn des Amtes zu entheben. [...]

Die Presse ist die fünfte Kolonne geworden. Das Einzige, was noch fehlt, ist eine echte militärische Guerillatruppe. Innerhalb der Antifa oder Black-Lives-Matter-Bewegung gibt es aber bereits professionelle Revolutionäre.«[478]

Ein ehemaliger Special-Forces-Soldat zu *The Epoch Times*, 12. November 2020

KAPITEL 11

Die Farbrevolution

Im November 2020 wollten die Demokraten unbedingt verhindern, dass Donald Trump wiedergewählt wurde. Demgemäß begannen Wahlrechtsanwalt Marc Elias und Obama-Anwalt Norm Eisen Anfang 2020 mit einer konzertierten Kampagne, um »die Demokratie« und die »Integrität der Wahlen« zu »schützen« und einen Wahlsieg Trumps zu vereiteln. Sie sollten damit später sogar prahlen. Das größte Nachrichtenmagazin der USA, das *Time Magazine*, berichtete im Februar 2021 stolz über eine »riesige parteiübergreifende Kampagne«, »eine außergewöhnliche Schattenkampagne«, die dafür sorgen sollte, dass die Wahlen nicht von »einem autokratisch eingestellten Präsidenten angegriffen« wurden. »Hinter den Kulissen entfaltete sich eine Verschwörung«, die von gewalttätigen Straßenprotesten bis in die Chefetagen führender Konzerne reichte. »Es war alles sehr seltsam«, zitierte Molly Ball vom *Time Magazine* Präsident Trump. »Innerhalb von Tagen nach der Wahl erlebten wir eine orchestrierte Anstrengung, den Gewinner zu küren, obwohl viele Schlüsselstaaten noch nicht fertig ausgezählt waren. Und auf eine gewisse Weise hatte Trump recht.«[479]

Die Arbeit dieser Verschwörung »berührte jeden Aspekt der Wahl. Sie haben die Bundesstaaten dazu gebracht, Wahlsysteme und -gesetze zu ändern, und halfen, Hunderte Millionen Dollar an öffentlichen und privaten Mitteln zu sichern. Sie wehrten Klagen gegen die Wählerunterdrückung ab« [damit sind Ausweispflicht und Personenfeststellung bei der Wahl gemeint], »rekrutierten Heerscharen von Wahlhelfern und brachten Millionen Menschen dazu, zum ersten Mal per Briefwahl abzustimmen. Sie setzten Social-Media-Unternehmen erfolgreich unter Druck, eine härtere Linie gegen Desinformation zu ergreifen, und verwendeten datengesteuerte Strategien, um virale Angriffe zu bekämpfen. Sie führten nationale PR-Kampagnen durch, die den Amerikanern halfen zu verstehen, wie sich die Auszählung über Tage oder Wochen entwickeln würde, und verhinderten, dass Trumps Verschwörungstheorien und falsche Siegesansprüche mehr Zulauf bekamen. Nach dem Wahltag überwachten sie jeden Knotenpunkt, um sicherzustellen, dass Trump das Ergebnis nicht kippen konnte. ›Die unerzählte Geschichte der Wahl sind die Tausenden von Menschen beider Parteien, die den Triumph der amerikanischen Demokratie an ihrer Grundlage vollbracht haben‹, sagt Norm Eisen, ein prominenter Anwalt und ehemaliger Beamter der Obama-Administration, der Republikaner und Demokraten für den Vorstand des Wählerschutzprogramms rekrutiert hat.«[480] Dieser Text wurde nicht auf einer »Schwurbler«-Plattform publiziert, sondern im *Time Magazine*.

Die ersten Anzeichen, dass 2020 kein Wahljahr wie jedes andere sein würde, kamen Silvester 2020 aus Wuhan, China.

Corona und die Briefwahl

Anfang 2020 war Donald Trump so beliebt wie noch nie in seiner Amtszeit. Er hatte das inszenierte Ukraine-Amtsenthebungsverfahren überlebt. Die Wirtschaft blühte. Seine Reform des Freihandels und der illegalen Einwanderung brachte vor allem die untere Mittelschicht in Lohn und Brot. Und die Arbeitslosigkeit unter Schwarzen und Latinos war auf einem Allzeittief. Trump schien unschlagbar.

Doch dann kam das Coronavirus. »Das Auftauchen des Coronavirus hat alles verändert«, sagt die Journalistin Mollie Hemingway.

»Die weltweite Pandemie hat die brummende Wirtschaft abgewürgt, die Trumps bestes Argument für seine Wiederwahl war. Das Land wurde komplett zum Stillstand gebracht. [...] Es gab den Medien Munition für ihre Anti-Trump-Hysterie. Und es gab den Demokraten die Ausrede, die Regeln für die Wahlen im ganzen Land radikal zu ihren Gunsten zu verändern.«[481]

Trump war kein Epidemiologe. Deshalb verließ er sich auf die »Experten« in seinem Gesundheitsministerium, allen voran den Chef des Nationalen Instituts für Allergien und Ansteckende Krankheiten (National Institute of Allergy and Infectious Diseases, NIAID) **Anthony Fauci**, der Trump bei jedem Schritt sabotierte und öffentlich infrage stellte. Fauci war eingetragener Demokrat, seine Tochter Alison arbeitete in der Zensurabteilung von Twitter.

Wie sich später durch die Veröffentlichung seiner E-Mails herausstellte,[482] war Fauci selbst an der Finanzierung der biowaffenartigen Gain-of-Function-Virusforschung im Wuhan Institut für Virologie (WIV) beteiligt gewesen.[483] Seit 2014 hatte Fauci über die EcoHealth Alliance von **Peter Daszak** die Forschung der »Fledermausfrau« Dr. **Shi Zhengli** am Wuhan Institut für Virologie mit mindestens 600 000 Dollar gefördert. Dr. **Christian Drosten** von der Berliner Charité war der Redakteur ihrer wichtigsten Arbeit.[484]

Am 1. Februar 2020 telefonierte Fauci mit Christian Drosten, Dr. **Jeremy Farrar** vom Wellcome Trust beziehungsweise GlaxoSmith-Kline und anderen, um zu besprechen, wie sie ihre mögliche Beteiligung am Entstehen der weltweiten Pandemie vertuschen könnten. Und am 19. Februar 2020 schrieben Daszak, Drosten, Farrar und 24 weitere Forscher im führenden Medizinjournal *The Lancet*: »Wir stehen zusammen, um Verschwörungstheorien entschieden zu verurteilen, nach denen Covid-19 keinen natürlichen Ursprung hat.«[485]

»Tony Fauci wusste, dass dieses Virus vermutlich aus dem Wuhan Institut für Virologie stammte, denn er hatte es ja bezahlt«, sagte Trump-Berater Peter Navarro. »Er wusste, dass die Experimente der

Fledermausfrau dazu angelegt waren, ein tödliches Virus zu erschaffen. Sie hat ihm öffentlich für das Geld gedankt. Das wusste Fauci alles schon im Januar 2020. Doch was hat er getan? Er hat sich als Coronapapst inszeniert, der alle retten wird. Dieser Typ ist ein Soziopath.«[486] Trump wusste zu diesem Zeitpunkt nichts über Faucis Beteiligung am Entstehen des Coronavirus, nannte es aber weiterhin das »China-Virus« und wurde dafür als »Rassist« bezeichnet. Bis zur Veröffentlichung der Fauci-Mails 2021 war es dank Drosten, Daszak, Farrar und Fauci in den sozialen Medien und der Presse ein Tabu, zu behaupten, dass das Virus aus einem Labor in China komme.

Als Trump am 30. April 2020 behauptete, das Virus stamme höchstwahrscheinlich aus dem Wuhan-Labor, widersprach ihm Fauci öffentlich. Zu derselben Zeit begannen Fauci, Drosten und andere, die an der Wuhan-Forschung beteiligt waren, eine evidenzfreie Rufmordkampagne mit dem Ziel, alle Kritiker zu diffamieren und aus öffentlichen Diskurs zu verbannen. Der Schaden, den dies an der öffentlichen Gesundheit, am Ansehen der Wissenschaft sowie an Grundrechten und Demokratie angerichtet hat, ist bis heute nicht repariert. Es ist davon auszugehen, dass Fauci am 11. Mai 2021 Meineid begangen hat, als er Senator **Rand Paul** gegenüber behauptete, die National Institutes of Health (NIH, Behörde des Gesundheitsministeriums für biomedizinische Forschung) hätten die gefährliche Gain-of-function-Forschung nicht finanziert.[487]

»Die Coronapandemie war derart perfekt dazu geeignet, der Kandidatur von Präsident Trump zu schaden, dass man hätte annehmen können, dass sie eigens zu diesem Zweck in einem Labor konstruiert wurde«, kommentierte Mollie Hemingway die damaligen Vorgänge.[488] Die Demokraten nutzten die Coronapandemie, um die weitreichendsten Änderungen der US-Wahlgesetze durchzupauken, die es je gegeben hat, angetrieben von Anwalt Marc Elias und Barack Obama, der sich nun zum ersten Mal seit 4 Jahren wieder politisch zu Wort meldete und sich für die landesweite Briefwahl aussprach.

Eigentlich war es in den USA üblich, dass ehemalige Präsidenten die Hauptstadt verließen und sich nicht mehr ins politische Tagesgeschäft einmischten. Obama war der erste Präsident seit dem gelähmten Woodrow Wilson, der in Washington blieb. Warum wunderte sich keiner der Hauptstadtreporter, weshalb Obama in seiner 8 Millionen schweren Villa im noblen Viertel Kalorama Heights weiterhin die Führung der Demokratischen Partei empfing und seine engste Beraterin, Valerie Jarrett, dort immer noch ein Büro hatte? Weil alle wussten, dass Obama die Zügel in der Hand behalten hatte. So hatte er seinem Vizepräsidenten Joe Biden bereits 2019 öffentlich von einer Kandidatur abgeraten: »Du musst das nicht tun, Joe.«[489]

Im Gespräch mit dem Komiker Steven Colbert scherzte Barack Obama, er würde gerne auch nach seiner Amtszeit die Fäden ziehen: »Ich habe schon immer gesagt, dass ich mir ein Arrangement vorstellen könnte, bei dem ich einen Stellvertreter, einen Frontmann oder eine Frontfrau mit Ohrstöpseln hätte, sodass ich dem- beziehungsweise derjenigen zu Hause in meinem Keller in meiner Jogginghose ins Ohr diktieren könnte, während der- beziehungsweise diejenige die ganzen Pflichttermine übernähme. [...] Damit könnte ich leben. Ich finde die Arbeit nämlich extrem spannend.«[490]

Am 10. April 2020 meldete sich Obama auf Twitter zu Wort und sprach sich für eine landesweite Briefwahlkampagne aus:»Niemand sollte sich zwischen seinem Wahlrecht und seiner Gesundheit entscheiden müssen. [...] Alle sollten das Recht haben, sicher zu wählen, und es ist an uns, das umzusetzen. Das sollte nichts mit Parteipolitik zu tun haben. Lassen Sie uns die Tragödie einer Pandemie nicht dazu benutzen, unsere Demokratie zu gefährden. Informieren Sie sich über die Briefwahl.«[491]

Im Laufe des Jahres sollten die Demokraten mit 600 Anwälten und 10 000 Freiwilligen 300 Klagen anstrengen, und zwar überwiegend in den umkämpften Swing States (Wechselwählerstaaten), um die Regeln für die Briefwahl zu lockern, die Ausweispflicht abzuschaffen, die

Briefwahlsammlung durch Dritte und unbeaufsichtigte Briefwahlkästen zu erlauben.

Facebook-Chef Mark Zuckerberg hat 419 Millionen Dollar gespendet, um die Wahlen während der Coronapandemie »sicher zu machen«. Der Löwenanteil von Zuckerbergs Geld, 350 Millionen Dollar, ging an das Center for Tech and Civil Life (CTCL) aus Obamas Heimat Illinois, eine linke NGO voller ehemaliger Obama-Beamter, die sich laut ihrer Website »die Möglichkeiten der Technologie zunutze machen [will], um das amerikanische Wahlverfahren zu modernisieren«.[492] CTCL wurde außerdem von Facebook, Google, Correctiv-Finanzier Pierre Omidyar und der Rockefeller-Stiftung finanziert. Und diese immensen Summen flossen fast vollständig in die Wählermobilisierung in den demokratischen Hochburgen der Swings States wie Atlanta, Philadelphia, Detroit und Milwaukee. Zwar gab sich das CTCL als neutral und unparteiisch aus, doch drei seiner Gründer stammten aus dem New Organizing Institute,[493] das 2008 und 2012 das »Hogwarts digitaler Zauberei« der Obama-Kampagne war, wie die *Washington Post* es nannte.[494]

Im demokratischen Stützpunkt Green Bay, Wisconsin, hatte das CTCL 1,6 Millionen Euro für die »Infiltrierung der Präsidentenwahlen durch linke NGOs und Aktivisten der Demokraten« ausgegeben, wie sich die konservative NGO Wisconsin Spotlight beschwerte.[495] Der dortige CTCL-Chef war der New Yorker demokratische Aktivist **Michael Spitzer-Rubenstein**, der eng mit dem demokratischen Bürgermeister Eric Genrich zusammenarbeitete. Spitzer-Rubenstein bot in einer E-Mail vom 7. Oktober 2020 der Stadtreferentin Kris Teske »Hilfe« beim »Ausbessern von Stimmzetteln« an, »bei denen eine Unterschrift oder eine Adresse mit Zeugenunterschrift fehlt«. Laut Wisconsin Spotlight zeugten E-Mails vom Stadtreferat aber von »wachsendem Frust über den Bürgermeister, das ad hoc eingerichtete Wahlkomitee und die freiwilligen Störenfriede, die sich im Wahlsystem von Green Bay eingenistet haben«. »Ich verstehe nicht, wieso Außenseiter ohne Vorkenntnisse uns sagen dürfen, wie wir die Wahl zu leiten haben«, schrieb die Stadtreferentin Teske und klagte, ihre Mitarbeiter wollten kündigen, da sie sich »ignoriert oder gemobbt« fühlten. Schließlich ließ sich Teske selbst am 22. Oktober beurlauben und kündigte zum Jahresende aufgrund der »feindlichen Arbeitsatmosphäre«.[496]

Im Anschluss an Teskes Beurlaubung übernahm Wisconsin Spotlight zufolge das Facebook-Team die Wahlleitung in Green Bay vollständig, und Spitzer-Rubenstein erhielt »mehrere Tage vor der Wahl« »vier von fünf Schlüsseln« zum Raum im Wahlzentrum im Hyatt Hotel, in dem die Briefwahlzettel aufbewahrt wurden. Eine Mitarbeiterin des Stadtreferats schrieb, sie sei besorgt, dass das Auszählungslokal »vom Einwirken eines Mitarbeiters einer außenstehenden Organisation beeinflusst wurde«.[497]

Das Amistad Project hat in einem Bericht im Dezember 2020 den Einfluss von Facebooks CTCL auf die US-Wahlen dokumentiert, insbesondere in Bezug auf fünf demokratische Hochburgen in Wisconsin, nämlich Green Bay, Racine, Kenosha, Madison und Milwaukee: »Im Prinzip hat das CTCL die Wahl in diesen fünf Städten geleitet.«[498] Dies sei in mehrfacher Hinsicht illegal gewesen.

»Es ist total verrückt, dass so etwas passieren kann«, sagte Mollie Hemingway am 21. Oktober 2021 zu Tucker Carlson. Zuckerberg habe »2020 quasi genauso viel Geld für die Wahlen ausgegeben wie die Bundesregierung, 419 Millionen Dollar an zwei linke Gruppen, die das Geld in demokratischen Bezirken zur Wählermobilisierung verwendeten. […] Eine Armee von linken Mitarbeitern übernahm in diesen Bezirken die gesamten Wahlen.«[499]

Der pensionierte Richter **Michael Gableman** hat 2022 in einem ausführlichen Bericht für das Parlament von Wisconsin dokumentiert, wie die Wahl dort von Facebook-Aktivisten übernommen wurde.[500] Mark Zuckerberg musste nach dem Gableman-Bericht klein beigeben und sagte, er werde 2022 nicht mehr in die »Wahlsicherung« investieren.[501] Im April 2024 stimmte Wisconsins Wählerschaft für eine Verfassungsänderung, die privates Geld und externe Mitarbeiter bei den Wahlen verbietet.[502]

Am 8. Juli 2022 entschied das Oberste Gericht von Wisconsin, dass die ungeregelte Verwendung von Briefwahlkästen in Wisconsin 2020 gegen die Verfassung des Bundesstaates verstieß.[503] In seinem Film und Buch *2000 Mules* hat Dinesh D'Souza den massiven Missbrauch dieser Briefwahlkästen dokumentiert.

2000 Briefwahlsammler

Die Sicherheitsauflagen bei Wahlen sind in den USA viel geringer als in Europa. Beispielsweise haben nur vierzehn Bundesstaaten eine Ausweispflicht zur Anmeldung zur Briefwahl. Wegen Corona wurden bei der Wahl von 2020 viele Auflagen weiter gelockert, sodass die Unterschriftenprüfung auf den Umschlägen von Briefwahlzetteln fast gänzlich ausblieb. Sobald aber ein Briefwahlstimmzettel aus seinem Umschlag entfernt wurde, gibt es keinen Hinweis mehr auf seinen Urheber. Deshalb ist ein Betrug mit solchen Briefwahlzetteln sehr schwer nachweisbar. Donald Trump warnte allerdings schon im Juni 2020 auf Twitter, die Massenversendung von Briefwahlzetteln an Millionen ungeprüfter Adressen öffne dem Betrug Tür und Tor.[504] Dafür wurde er von den Medien als Verschwörungstheoretiker dargestellt, obwohl Ex-Präsident Jimmy Carter 2005 in einer Studie die Briefwahl als »größte Gefahr eines Wahlbetrugs« bezeichnet hatte.[505]

Für seinen bereits erwähnten Dokumentarfilm *2000 Mules*, die bisher schlagkräftigste Dokumentation möglicher US-Wahl-Manipulation, arbeitete Dinesh D'Souza 2021 mit Catherine Engelbrecht und Gregg Phillips, den Wahlprüfern der Organisation True the Vote, zusammen.[506] Um den Betrug nachzuweisen, kaufte True the Vote 1000 Terabyte Handy-Trackingdaten, die in den USA üblicherweise zu Marketingzwecken verkauft werden. Bei ihrer Recherche konzentrierten sie sich auf die demokratischen Hochburgen in den fünf Swing States, die das Rennen für Joe Biden mit nur etwa 80 000 Stimmen entschieden hatten: Atlanta, Philadelphia, Detroit, Milwaukee und Phoenix. Dort suchten sie per Geofencing[507] nach Signalen, die im Laufe des Wahljahres 2020 mehr als zehnmal zu Briefwahlzettelkästen und mehr als fünfmal zu verdächtigen linken NGOs hinführten.

Sie fanden in den fünf Staaten über 2000 Stimmzettelkuriere, deren Verhalten mit normalem Wahlverhalten nicht in Einklang zu bringen schien. Das Muster, das sie fanden, ähnelte der Struktur, nach der Drogenkartelle ihre Straßenverkäufe organisieren. Deshalb nannten sie diese Stimmzettelkuriere »Mules« (»Maultiere«) und die linken NGOs, bei denen diese immer wieder Stimmzettel abzuholen schienen, »Bunker«.

In Atlanta, Georgia, fanden sie 242 solcher »Mules«, die die 309 Wahlboxen der Stadt durchschnittlich 24-mal besuchten, in Phoenix, Arizona, über 200 Stimmzettelkuriere mit einem Durchschnitt von 20 Botengängen und in Milwaukee 100 mit einem Durchschnitt von 28. In Detroit, Michigan, identifizierten Engelbrecht und Philipps über 500 »Maultiere« mit einem Durchschnitt von 100 Wahlurnenbesuchen, in Philadelphia 1100 mit einem Durchschnitt von 50.

True the Vote geht davon aus, dass jeder Wahlfälscher 10 Dollar pro Stimmzettel erhielt und pro Urnenbesuch etwa 5 Briefwahlzettel einwarf. In drei der fünf Swing States ist es illegal, für andere Stimmen zu sammeln und abzugeben, und in keinem Bundesstaat ist es legal, im Auftrag von politischen NGOs gegen Geld Stimmen zu sammeln.

Die Handydaten konnte True the Vote in vielen Fällen mit Überwachungsvideos abgleichen und so tatsächlich Videos der Stimmzettelkuriere einsehen. Eigentlich hätten über allen Briefwahlkästen Überwachungskameras angebracht werden sollen, aber in vielen Fällen wurde dies unterlassen oder ursprünglich vorhandene Videos wurden allem Anschein nach gelöscht. Auf den Videos sind Menschen zu sehen, die sich vorsichtig einem Briefwahlkasten nähern, eine Handvoll Stimmzettel hineinstopfen und dann schnell wieder verschwinden. Teilweise sind es so viele Stimmzettel, dass sie wieder herausfallen. Manchmal filmten oder fotografierten sich die Stimmzettelkuriere beim Einwerfen der Stimmzettel selbst, wohl als Nachweis, »um ihr Geld kassieren zu können«, wie Engelbrecht vermutet.

Das auf den Überwachungsvideos gezeigte Verhalten ist schwer mit normalem Wahlverhalten in Einklang zu bringen – vor allem wenn man bedenkt, dass dies Menschen sind, die mehr als zehnmal wählen gegangen sind und dabei mindestens fünf Stopps bei linken NGOs eingelegt haben. »Mir fällt kein Grund ein, auch nur zweimal wählen zu gehen, geschweige denn 50- oder 100-mal«, merkt Dinesh D'Souza an. Laut D'Souza liegt die Zahl der in Georgia, Arizona und Philadelphia vermutlich illegal via Stimmzettelkuriere abgegebenen Stimmen über der Siegesmarge von Joe Biden. Daraus lässt sich schließen, dass Donald Trump in der Tat der rechtmäßige Wahlsieger gewesen wäre.

Nach der Veröffentlichung von *2000 Mules* wurden Gregg Phillips und Catherine Engelbrecht von Marc Elias und den Demokraten mit Klagen überhäuft und 2022 wegen angeblicher »Missachtung des Gerichts« sogar eine Woche lang in Einzelhaft genommen.[508]

Viele der »Mules« hatten offenbar einen linksextremen Hintergrund. 2020 gab es in Atlanta mehrere gewaltsame Ausschreitungen durch Black Lives Matter und sogenannte »Anti«-Faschisten. »Wir konnten anhand der Handydaten 67 unserer ›Mules‹ identifizieren, die auch an diesen gewaltsamen Antifa-Ausschreitungen beteiligt waren«, erklärte Phillips.

Am 25. Mai 2020 eröffneten die Demokraten die nächste Front im Krieg gegen Trump: Black Lives Matter.

Von Charlottesville zu Black Lives Matter

Vom 11. bis zum 12. August 2017 kam es in Charlottesville, Virginia, zu gewaltsamen Auseinandersetzungen zwischen Rechts- und Linksradikalen, als linke Aktivisten eine Statue des Südstaatengenerals Robert E. Lee entfernen wollten. Unter der Beteiligung des Ku-Klux-Klan-Führers David Duke und des »Alt-Right«-Begründers Richard Spencer formierte sich die rechtsextreme Szene unter dem Motto »Unite the Right« dagegen. Als der rechtsradikale James Alex Fields Jr. dann mit Vollgas in die Menge fuhr, wurde die 32-jährige Heather Heyer getötet und neunzehn weitere Menschen erlitten Verletzungen.

Donald Trump verurteilte die Extremisten »auf beiden Seiten«: »Rassismus ist böse – und diejenigen, die in seinem Namen Gewalt ausüben, sind Kriminelle und Verbrecher, darunter KKK, Neonazis, weiße Rassisten und andere Hassgruppen, die alles ablehnen, was uns als Amerikanern am Herzen liegt«, ließ Trump am 14. August wissen.[509] Da Trump es gewagt hatte, auch die Linksradikalen zu kritisieren, die gleichermaßen zur Eskalation beigetragen hatten, drehten die Medien durch.

»Was ist mit den linksradikalen Gruppen, die zuerst angegriffen haben? Trifft die auch eine Schuld? Die haben mit Knüppeln bewaffnet zum Angriff geblasen. Sind die auch ein Problem? Ich finde schon«, konterte Trump 2 Tage später.[510] Dann wurde Trump grundsätzlich: »Ich habe die Neonazis verurteilt. Aber nicht alle Demonstranten waren Neonazis oder Rassisten, bei Weitem nicht. Manche Leute waren nur da, weil sie für den Erhalt der Statue von Robert E. Lee demonstrieren wollten. Wenn Sie ein ehrlicher Reporter wären, würden Sie das ebenfalls berichten. Man muss sich fragen, wo hört das auf? Ist nächste Woche George Washington dran, und die Woche darauf Thomas Jefferson?«

Für diese Worte wurde Trump 2017 ausgelacht. Aber er sollte recht behalten. Es dauerte nur 3 Jahre, bis aufgebrachte Mobs die Statuen von George Washington, Thomas Jefferson und sogar Abraham Lincoln und Mahatma Gandhi vom Sockel stürzten.

Der virale Tod des George Floyd

Am 25. Mai 2020 wurde der 26-jährige George Floyd in Minneapolis, Minnesota, von vier Polizisten verhaftet, weil er einen gefälschten 20-Dollar-Schein benutzt hatte. Floyd war ein Berufsverbrecher, der bereits neunmal mit Gefängnishaft bestraft worden war, unter anderem 5 Jahre, weil er eine junge schwarze Frau mit der Waffe auf dem schwangeren Bauch bedroht hatte, während seine Komplizen ihre Wohnung ausraubten.[511]

Die ersten beiden Beamten, die Floyd stellten, waren J. Alexander Kueng, der schwarz ist, und Thomas Lane, der weiß ist. 9 Minuten später trafen der weiße Beamte Derek Chauvin und der Asiate Tou Thao ein. Floyd hatte zu diesem Zeitpunkt Methamphetamin und das Vierfache einer tödlichen Menge Fentanyl im Blut. Fentanyl unterdrückt die Lungenfunktion und ist 50- bis 100-mal wirkungsvoller als Morphium. Floyd war außerdem herzkrank und positiv auf Corona getestet. Eine halbe Stunde lang versuchten die Beamten, Floyd dazu zu bringen, sich friedlich verhaften zu lassen. Doch Floyd war 1,98 groß und wog 108 Kilogramm. Er war extrem desorientiert, widerspenstig und konnte sich kaum konzentrieren. Er klagte mehrmals auf der Straße und im Streifenwagen, er könne »nicht atmen« und ihm sei »klaustrophobisch« zumute, was bei seiner Dosis Fentanyl nicht erstaunlich war. Als Floyd sich wehrte, in den Streifenwagen einzusteigen, versuchte Offizier Chauvin den Widerständigen mit einem Knie auf dem Rücken zu bändigen. Chauvin handelte damit streng nach dem polizeilichen Lehrbuch von Minneapolis, das Zwangsmaßnahmen wie die Fixierung am Boden dem Einsatz von Waffe, Schlagstock oder Taser (einem Distanzelektroimpulsgerät) vorzieht. Laut Obduktion war Floyds Luftröhre unverletzt, und es gab keinen Befund, dass Chauvins Kniedruck Floyds Tod herbeigeführt hätte. Trotzdem verstarb Floyd nach 9 Minuten in dieser Position. Die Beamten versuchten ihn bis zum Eintreffen des Krankenwagens zu reanimieren. Das 9-Minuten-Video von George Floyds Tod ging viral – und Amerika ging in Flammen auf.

Währenddessen hielt Keith Ellison, der Obama-nahe Staatsanwalt von Minnesota, die vollständigen Bodycam-Videos der Beamten zurück, die es erlaubten, den kompletten Tathergang und Chauvins Knie auf dem Rücken von George Floyd genau nachzuvollziehen. Sie wurden erst 3 Monate später an die *Daily Mail* geleakt.[512] Doch da war es schon zu spät.

Am 28. Mai 2020 brannten Randalierer das 3. Polizeirevier in Minneapolis nieder, in dem Chauvin Dienst tat. Etwa 1300 Gebäude wurden in Minneapolis beschädigt, 100 davon zerstört. Der Schaden belief sich auf 350 Millionen Dollar. Donald Trump verurteilte in einem Tweet sowohl den Tod von George Floyd als auch das Vorgehen der Randalierer und sagte, diese würden »das Andenken an George Floyd entweihen«. Trump versprach, das Militär zu schicken, und warnte, »wenn geplündert wird, wird zurückgeschossen«.[513] Anstatt der Randalierer griffen die Medien den Präsidenten an, und Twitter zensierte Trumps Post als »Aufruf zur Gewalt«.[514]

Bis heute gibt es keinen Hinweis darauf, dass Derek Chauvin aus rassistischen Gründen gehandelt hat. Staatsanwalt Keith Ellison verneinte, dass es sich um ein «Hassverbrechen» handelte, und konstatierte: »Es gibt keine Anzeichen, dass George Floyds Rasse für Derek Chauvin eine Rolle gespielt hat.«[515] Dennoch wurde Chauvin am 20. April 2021 des Mordes für schuldig befunden, nachdem Präsident Biden gesagt hatte, er hoffe auf das »richtige« Urteil. Am Tag vor der Urteilsverkündung rief die Abgeordnete Maxine Waters Demonstranten dazu auf, »›stärker in die Konfrontation zu gehen‹, falls es zu keinem Schuldspruch im Derek-Chauvin-Prozess komme«.[516] Die

Adressen der Juroren wurden geleakt und ihre Häuser angegriffen. Chauvin wurde zu 22 ½ Jahren Haft verurteilt und sitzt bis heute hinter Gittern.

Trumps Herausforderer Joe Biden nannte den Tod von George Floyd »einen Mord bei Tageslicht, der [...] der ganzen Welt den systemischen Rassismus vor Augen geführt hat, der unser Land plagt. Das Knie im Nacken schwarzer Amerikaner, die tiefe Angst und den Schmerz, den schwarze und braune Amerikaner jeden Tag spüren.«[517] Und die Vizepräsidentschaftskandidatin Kamala Harris forderte auf, für die Kautionen verhafteter Randalierer zu spenden.[518]

Dabei sind die USA nach den Worten des schwarzen Harvard-Soziologen Orlando Patterson »das am wenigsten rassistische Land der Welt, dessen Mehrheit weiß ist; die USA bieten Minderheiten einen besseren rechtlichen Schutz als jedes andere Land; und sie bieten Schwarzen mehr Chancen als jedes andere Land der Welt, Afrika inklusive.«[519]

Laut der Kriminologin Heather McDonald werden US-Polizisten 18,5-mal so oft von Schwarzen getötet wie Schwarze von Polizisten. Die Wahrscheinlichkeit für einen US-Polizisten, von einem Kriminellen getötet zu werden, ist 45-mal so hoch wie die für einen unbewaffneten Schwarzen, von der Polizei getötet zu werden. Schwarze begehen 90,4 Prozent, Weiße nur etwa 9,5 Prozent der rassistisch motivierten Hassverbrechen in den USA. Der Anteil Schwarzer an der Bevölkerung beträgt 12 Prozent.[520]

Die neomarxistische Organisation Black Lives Matter (BLM), die unter anderem von der Open Society Foundation, der Ford Foundation und der MacArthur Foundation finanziert wird, rief unter dem Motto »Keine Gerechtigkeit, kein Frieden« zu mithin also implizit gewalttätigen landesweiten Demonstrationen auf. Nach einer Studie der Princeton University gab es im Laufe des Jahres 2020 an 2400 verschiedenen Orten 11 700 Proteste, darunter an 220 Orten 633 gewalttätige. 95 Prozent davon waren von BLM organisiert.[521] Dabei entstand ein Sachschaden von circa 2 Milliarden Dollar, 700 Polizisten wurden verletzt, und 25 Menschen starben – darunter der 77-jährige pensionierte schwarze Polizeihauptmann David Dorn, der in St. Louis erschossen wurde, während er das Geschäft eines Freundes bewachte. Die 24-jährige Mutter Jessica Doty-Whitaker wurde in Indianapolis erschossen, weil sie »All Lives Matter« (»Alle Leben sind wichtig«) gesagt hatte, was 2020 als rechtsradikal galt.[522] Die Medien stellten diese Randale jedoch als »friedlichen Protest« dar. Selbst als die Stadt Kenosha, Wisconsin, in Flammen aufging, bezeichnete CNN die Proteste als »feurig, aber überwiegend friedlich«.[523] Die hundert größten US-Firmen unterstützten BLM und anverwandte Organisationen mit 1,6 Milliarden Dollar. Später wurden BLM-Aktivisten wie Patrisse Cullors und Ibram X. Kendi als Betrüger entlarvt, weil sie von diesem Geldsegen Millionen abgezweigt hatten. Black Lives Matter forderte, der Polizei die Geldmittel zu streichen (*defund the police*),[524] was in den Folgejahren beinahe zu einer Verdoppelung der Mordrate in vielen amerikanischen Großstädten führte und vor allem wehrlose Schwarze wie Kinder, Frauen und ältere Menschen traf. Landesweit stieg die Mordrate 2020 um 29 Prozent. Dutzende schwarze Kinder und Kleinkinder wurden in ihren Betten und Kinderstuben bei Drive-By-Schießereien getötet. »Die Wahrscheinlichkeit für einen schwarzen Jugendlichen, erschossen zu werden, ist 24-mal höher als für Weiße«, erklärte die Anwältin und Autorin Heather MacDonald. »Und sie werden nicht von Polizisten erschossen, sondern von anderen schwarzen Jugendlichen.«[525]

Nachdem Trump 2017 noch verhöhnt wurde, als er suggerierte, als nächste würden Statuen von George Washington und Thomas Jefferson vom Sockel gestürzt werden, begann 2020 tatsächlich ein Bildersturm, der bis nach London reichte. Statuen von Washington, Jefferson und sogar Abraham Lincoln wurden geschändet und zerstört, ebenso wie die des polnischen Obersten im US-Revolutionskrieg Tadeusz Kościuszko, der in seinem Testament seinen ausstehenden

Lohn der Befreiung der Schwarzen gespendet hatte. Und in London wurde das Standbild von Winston Churchill geschändet, der im Zweiten Weltkrieg die Nazis besiegen half.

In Seattle und Portland richteten BLM und Antifa nach dem Vorbild der Berliner Autonomen »Autonome Zonen« ein. Während Seattles Bürgermeisterin Jenny Durkan »einen Sommer der Liebe« versprach, musste die Polizeichefin Carmen Best am nächsten Tag einräumen, es habe »Vergewaltigungen, Überfälle und Gewalttaten« in der Capitol Hill Autonome Zone (CHAZ) gegeben.[526] Am 29. Juni wurden ein 16-jähriger Schwarzer erschossen und ein 14-jähriger Schwarzer schwer verletzt, und die Bürgermeisterin ließ endlich das Gelände räumen. Nach drastischen Budgetkürzungen reichte die erste schwarze Polizeichefin Seattles, Carmen Best, im September ihren Rücktritt ein.

Am 31. Mai erreichten die Proteste Washington und das Weiße Haus, wo St. John's Church, die »Kirche der Präsidenten«, angezündet wurde. Das Lincoln Memorial und die Statue von Mahatma Gandhi vor der indischen Botschaft wurden geschändet, und der Präsident musste in den Bunker gebracht werden, weil Randalierer versuchten, den Zaun des Weißen Hauses zu stürmen. Steine und Molotowcocktails flogen. Über sechzig Secret-Service-Beamte wurden verletzt. Als Trump die Nationalgarde einberief, am nächsten Tag mit einer Bibel vor der angezündeten Kirche posierte und versprach, die Ordnung wiederherzustellen, echauffierten sich die Medien und warfen ihm unisono vor, er habe die Nationalgarde auf »friedliche Demonstranten gehetzt« und die Kirche »für einen Fototermin missbraucht«.[527]

Doch die Medien und Demokraten verstanden nicht, dass die gewaltsamen Unruhen beim Wähler nicht gut ankamen. Am Unabhängigkeitstag, dem 4. Juli, hielt Trump demonstrativ eine patriotische Rede vor dem Mount-Rushmore-Denkmal und prangerte die »gnadenlose Kampagne« an, »die unsere Geschichte ausradieren, unsere Helden verunglimpfen und unsere Werte auslöschen will.

Wütende Mobs wollen die Statuen unserer Gründer stürzen, unsere heiligsten Monumente verschandeln und eine Welle der Gewalt in unseren Städten auslösen.« Trump beklagte »den linksextremen Faschismus, der bedingungslose Treue« verlange.»Wer sich weigert, ihre Sprache zu sprechen, ihre Rituale zu vollführen und ihren Geboten zu folgen, wird zensiert, verbannt, gecancelt, verfolgt und bestraft,« konstatierte Trump und appellierte an »alle Amerikaner jenseits von Rasse, Hautfarbe, Religion oder Überzeugung, als eine große Familie« zusammenzustehen.[528]

Die Medien drehten durch. Sie versuchten Trumps Appell an die Einheit der Nation als »rassistisch« und als »einen Angriff auf die Demonstranten für Rassengerechtigkeit« darzustellen. Die deutschen Medien plapperten die linksextreme Propaganda der neomarxistischen BLM-Bewegung artig nach. Daniel Friedrich Sturm kopierte die Schlagzeile der New York Times in der Welt: »Trump nutzt Unabhängigkeitstag für Rede zur Spaltung der Nation«.[529] Die Zeit übernahm die Schlagzeile der Washington Post: »Trumps düstere Botschaft zum Unabhängigkeitstag«.[530]

Nur die Achse des Guten brachte tatsächlich die ganze Rede im Wortlaut.[531] Doch Trump hatte einen Nerv getroffen. Die meisten Amerikaner, ob schwarz oder weiß, hielten nichts von brennenden Städten und Forderungen, die Polizei abzuschaffen. Heather MacDonald argumentierte in ihrem Buch The War on Cops, ihrer Abrechnung mit BLM, sogar, dass gerade in verbrechensgeplagten schwarzen Ghettos die Bewohner nach mehr Polizei rufen würden und nicht nach weniger.[532]

Am 23. August 2020 wurde der 29-jährige vorbestrafte Jacob Blake in Kenosha, Wisconsin, von Polizisten erschossen, nachdem er um 6:00 Uhr morgens bei seiner Ex-Freundin eingedrungen war, und das trotz einstweiliger Verfügung wegen sexueller Gewalt. Die junge Mutter war laut ihrer Aussage regelmäßig von Blake sexuell belästigt worden. Als die Polizei eintraf, stellten sie Blake an seinem Auto, in dem drei seiner kleinen Söhne auf dem Rücksitz saßen. Als er sich weigerte, sich zu ergeben, schossen sie zweimal mit einem Taser auf ihn, konnten ihn aber nicht bändigen. Stattdessen öffnete Blake die Fahrertür und griff nach einem Messer. Die Beamten eröffneten das Feuer und trafen ihn viermal in den Rücken. Blake überlebte querschnittsgelähmt.[533] Wieder randalierte der wütende Mob in Kenosha und richtete 50 Millionen Dollar Schaden an. Der 17-jährige freiwillige Verteidiger Kyle Rittenhouse erschoss in Notwehr zwei bewaffnete, vorbestrafte »Antifa« und wurde im November 2021 nach einem landesweit beachteten Prozess freigesprochen.

Nachdem Trump seine Rede gehalten hatte und die friedliche Kleinstadt Kenosha in Flammen aufgegangen war, kippte die Stimmung. Die Demokraten begannen zu merken, dass die landesweite Randale beim Wähler nicht gut ankam. »Die Unruhen müssen aufhören«, sagte der linke Meinungsmacher Don Lemon am 26. August auf CNN. »Das schlägt sich jetzt in den Umfragen nieder, in den Fokusgruppen. Das ist das Einzige, mit dem Republikaner jetzt punkten können«, sagte Lemon zu seinem CNN-Kollegen Chris Cuomo. Dabei hatte Cuomo noch einen Monat zuvor die Gewalt unterstützt und auf CNN gesagt »Zeig mir, wo steht, dass Proteste immer friedlich sein müssen.«[534]

Am 31. August, nach 3 Monaten Krawallen, 2 Milliarden Dollar Sachschaden, 700 verletzten Polizisten und 25 Toten, sprach sich Kandidat Joe Biden endlich gegen Gewalt aus: »Ich möchte klarstellen, Randale ist kein Protest, Plündern ist kein Protest.«

Damit war der Spuk vorbei. Die Demokraten pfiffen ihre Straßenguerilla zurück. Trump hatte gewonnen und Biden in den Umfragen eingeholt.[535] Also musste eine neue Strategie her. Jetzt half nur noch Schummeln.

KAPITEL 12

Die Wahlen werden »abgesichert« und »beschützt«

»In einem gewissen Sinn hatte Trump recht. Hinter den Kulissen fand eine Verschwörung zwischen den Demokraten um den ehemaligen Ethikrat der Obama-Regierung, Norm Eisen, und den Chefs der großen Internet- und Medienfirmen statt. Sie bewegten Bundesstaaten dazu, ihre Wahlsysteme und Gesetze zu ändern, und sicherten sich eine öffentliche und private Finanzierung von mehreren Hundert Millionen Dollar. Sie verhinderten Wählerunterdrückung, rekrutierten Heerscharen von Wahlmitarbeitern und holten Millionen Briefwähler an die Urnen. Sie übten erfolgreich Druck auf Internetfirmen aus, um härter gegen Desinformation vorzugehen, und benutzten datengetriebene Strategien gegen virale Hetze. [...]

Deshalb wollen die Teilnehmer, dass die geheime Geschichte der Wahl 2020 bekannt wird, auch wenn es wie ein paranoider Fieberwahn klingt - eine gut finanzierte Kabale mächtiger Menschen, die hinter den Kulissen zusammenarbeiteten, um Wahrnehmungen zu beeinflussen, Regeln und Gesetze zu ändern, die Medienberichterstattung zu lenken und den Informationsfluss zu kontrollieren. Sie haben die Wahl nicht manipuliert, sie haben sie gerettet. Und sie glauben, dass die Öffentlichkeit verstehen muss, wie anfällig das System ist, um sicherzugehen, dass die Demokratie in Amerika fortbesteht.«[536]

Molly Ball, *Time Magazine*, 4. Februar 2021

Wie Molly Ball nach der Wahl im *Time Magazine* offenbarte, setzten die Demokraten 2020 unter dem Vorwand der Coronapandemie diverse Initiativen in Gang, um die Präsidentenwahl am 3. November 2020 »abzusichern« und zu »schützen«. Dazu gehörten mehrere »Planspiele«: die Onlinezensur des Stanforder »Wahlintegritäts«-Projekts Election Integrity Partnership, das Vorhaben des Aspen Institute, die Enthüllung der wahren Hunter-Biden-Laptop-Geschichte durch die *New York Post* am 14. Oktober 2020 zu vereiteln – und das Transition Integrity Project, das dafür sorgen sollte, dass Trump nicht wiedergewählt wurde. Da ich mich mit der Election Integrity Partnership und dem Aspen Institute bereits in meinem Buch *Der Zensurkomplex*[537] ausführlich befasst habe, wenden wir uns nun dem Transition Integrity Project zu und damit den Drahtziehern hinter dem Plan, Trumps Wiederwahl zu verhindern.

Das Transition Integrity Project

»Sie begannen 7 Monate vor der Wahl damit, weil sie sich Sorgen machten, dass man die Legitimität eines Biden-Sieges anzweifeln würde, wenn Trump zuerst vorne läge und Biden dann durch die Briefwahl gewinnen würde, weil die Briefwähler eher Demokraten sind.

Sie wussten, dass es extrem seltsam wirken würde, wenn es in der Wahlnacht so aussähe, als hätte Trump alle sieben Swing States für sich gewonnen, sich dann 3 Tage später aber herausstellen würde, dass Biden doch gewonnen hat. Das würde eine Krise auslösen, die die Wahlkrise der Bush-Gore-Wahl 2000 komplett in den Schatten stellen würde.

›Die Öffentlichkeit wird darauf nicht vorbereitet sein‹, sagte der Sicherheitsapparat. ›Deshalb müssen wir im Voraus die Möglichkeit zensieren, die Legitimität der Wahl überhaupt infrage zu stellen.‹«[538]

Mike Benz im Gespräch mit Tucker Carlson, 16. Februar 2024

Das Transition Integrity Project (TIP) wurde Ende 2019 von **Rosa Brooks**, Politologin an der Georgetown University, und **Nils Gilman** vom Berggruen Institute des deutschen Karstadt-Investors Nicolas Berggruen ins Leben gerufen. Rosa Brooks war Beraterin des Pentagon und des Außenministeriums unter Obama, hatte einen CIA-Ausweis und saß im Rat der Open Society Foundations. Die Georgetown University in Washington ist die akademische Anstalt des US-Staatsapparates schlechthin.

In einem Kommentar für die *Washington Post* schrieb Brooks am 3. September 2020: »Was ist das Schlimmste, was passieren kann? Trump könnte gewinnen.«[539] Brooks versammelte etwa Hundert überwiegend linke Staatsdiener, Aktivisten, Journalisten und Politiker, um diverse Szenarien durchzuspielen, mithilfe derer die Wahl am 3. November 2020 »abgesichert« werden konnte. Sie taten so, als ob sie »überparteiisch« und nur an einer »Absicherung« der Demokratie interessiert seien, dabei war TIP tief in der Obama-Regierung verwurzelt. Laut Website wurde es vom Protect-Democracy-Projekt des Obama-Juristen Ian Bassin finanziert, dem Ex-Chef des linken Avaaz-Netzwerks und des Truman National Security Project, bei dem Biden-Sohn Hunter und der heutige Nationale Sicherheitsberater Jake Sullivan im Aufsichtsrat sitzen. Wie Raheem Kassam am 14. September 2020 enthüllte, waren an Protect Democracy 22 Ex-Obama Mitarbeiter beteiligt.[540]

TIP sollte angeblich überparteiisch sein, war aber in Wirklichkeit ein Projekt von Obama und Podesta, mit dessen Hilfe die Wiederwahl Trumps verhindert werden sollte. Die putschartigen Szenarien, die es durchspielte, ähnelten dem Verlauf, den das Wahljahr 2020 nehmen sollte, auf verblüffende Weise, und der Abschlussbericht ist eindeutig gegen Trump gerichtet. Obwohl Szenarien wie die Mobilisierung von Straßenschlägern durch die Biden-Kampagne sowie Bürgerkriegsszenarien bis hin zur Abspaltung der Westküste von den USA diskutiert wurden, war es für die TIP-Betreiber immer nur Trump, der »die

Demokratie gefährdete« und »keine Niederlage akzeptieren« würde. Dabei war es der Obama-Staatsapparat, der seine Niederlage 2016 unter allen Umständen rückgängig gemacht sehen wollte.

An diesem »Projekt zur Wahrung der Integrität beim Übergang« zwischen den Regierungen nahm kein einziger Pro-Trump-Republikaner teil. Die Republikaner beim TIP waren alle von der »Never Trump«-Fraktion, etwa David Frum vom Magazin *The Atlantic* und der führende Neokonservative William »Bill« Kristol, der Begründer der Zensur-NGO Alliance for Securing Democracy im German Marshall Fund. Frum und Kristol übernahmen bei diesem Planspiel die Rolle von Donald Trump, der Clinton-Intimus John Podesta die von Joe Biden.

»Das TIP war im Grunde eine Farbrevolution durch den US-Staatsapparat«, erklärte Trump-Cybersicherheitsberater Mike Benz Jack Posobiec. »Im Juni 2020 haben sie einen Fahrplan herausgegeben, über den verhindert werden sollte, dass Trump noch einmal Präsident wird. Sie hatten damals furchtbare Angst, Donald Trump könnte wiedergewählt werden. Zwar hatten sie sich gerade diesen Briefwahlbetrug ausgedacht, waren sich aber nicht sicher, ob das funktionieren würde. Deshalb spielten sie auf siebzehn Seiten vier unterschiedliche Szenarien einer ›Wahlkrise‹ durch.«[541]

Diese vier Szenarien waren: klarer Biden-Sieg, klarer Trump-Sieg, knapper Biden-Sieg und unentschieden. Bei den letzten beiden Szenarien ging es darum, dass Trump am Wahlabend mit einer »roten Fata Morgana« vorne liegen würde, dann aber durch eintreffende Briefwahlstimmen eine »blaue Korrektur« stattfinden würde, ähnlich wie es im November dann passierte.[542]

Laut dem Bericht ging eine Gefahr für die Demokratie einzig und allein von Donald Trump aus – ganz gewiss nicht von den Demokraten, die seit 2016 den Staatsapparat für den permanenten Putsch instrumentalisiert hatten. Donald Trump würde »grundlos Wahlbetrug behaupten«, sagten genau die Leute, die Trumps Wahl 2016 nicht anerkannt hatten und jetzt den größten Wahlbetrug der US-Geschichte planten. Das Konzept der »Wahlnacht« sei veraltet, behaupteten die Putschplaner und benannten ausdrücklich den 6. Januar 2021 als mögliches Datum für eine Eskalation. Die Möglichkeit, dass »Provokateure« eingeschleust würden, um die Eskalation von Gewalt zu befordern, wurde ausdrücklich mit einkalkuliert, ebenso wie die Fähigkeit der Demokraten, Antifa- und BLM-Straßenkämpfer zu mobilisieren.

Es war ein Rezept für einen Putsch – natürlich im Namen der »Wahlabsicherung«. Das ganze Planspiel zielte darauf ab, mit allen Mitteln zu verhindern, dass Trump am 20. Januar 2021 wieder als Präsident vereidigt werden würde. In der Rolle von Joe Biden »schockierte« John Podesta die Veranstalter für den Fall eines »klaren Trump-Sieges« mit der Ankündigung, die Wahl nicht anerkennen zu wollen. Podesta hatte in der Rolle von Biden »das Gefühl, seine Partei würde seine Niederlage nicht akzeptieren. Unter dem Vorwand der Wählerunterdrückung überredete er die Gouverneure von Wisconsin und Michigan, alternative Pro-Biden-Wahlmänner ins Wahlkollegium zu schicken. Und Kalifornien, Oregon und Washington drohten mit dem Austritt aus den Vereinigten Staaten, wenn Herr Trump wie geplant sein Amt antreten würde.«[543]

»Sie fragten sich, was man tun könnte, wenn Trump das Electoral College gewinnt«, erläuterte Mike Benz. »Sie überlegten sich, wie man mit Antifa und Black Lives Matter das Land zum Stillstand bringen könnte, als wäre es Jugoslawien oder irgendeine Bananenrepublik. Sie überlegten sich, wie man Trump aus dem Amt jagen könnte, so wie wir es mit Slobodan Milošević in Jugoslawien und Wiktor Janukowytsch in der Ukraine getan haben. Sie überlegten sich, was die Biden-Kampagne im Gegenzug für Black Lives Matter machen könnte, damit BLM mitspielen würde.«[544]

Laut Mike Benz entsprach das TIP-Szenario »der Endphase einer Farbrevolution«, in der »Hunderttausende von bezahlten Demonstranten und NGO-Antifa-Schlägern die Straßen erobern und die Polizei lahmlegen, die Bundesbehörden besetzen und die Regierung zum Stillstand bringen. Das verhindert man klassischerweise, indem man das Militär einsetzt. Auf diese Weise hat [Alexander] Lukaschenko den Versuch einer US-Farbrevolution 2020 in Weißrussland beendet, und so waren andere Länder auf der Welt zu einem Militäreinsatz gezwungen, um Farbrevolutionen der Open Society Foundations und des US-Außenministeriums abzuwehren. Das TIP wollte also das Militär besetzen, um Trump aus dem Amt jagen zu können.«

Außerdem hätten sie angekündigt, im Falle eines klaren Trump-Sieges alternative Wahlmänner zu schicken, »um die Vereidigung zu verhindern, sowie Straßenschläger, um Terrorismus zu verüben«. Und genau das waren die Gründe, die später zur Inhaftierung der Demonstranten vom 6. Januar geführt hätten. »Jeder einzelne dieser TIP-Teilnehmer hat sich mutmaßlich strafbar gemacht.« Eine einzige Handlungsaufforderung, eine einzige E-Mail an Black Lives Matter oder Antifa in dieser Richtung würde 10 Jahre Haft wegen Verschwörung bedeuten. Benz' Analyse folgend könne »alles, was juristisch gegen das Trump-Lager eingesetzt wurde, genauso gegen die Teilnehmer des TIP angewandt werden«. Und tatsächlich habe der Abschlussbericht des TIP »konkrete Schritte« angekündigt, um die Planspiele in die Tat umzusetzen. »Ich kenne diese Leute«, sagt Mike Benz. »Nie im Leben haben die 3 Tage in der Sommerhitze von Washington zusammengesessen, ohne dieses Treffen mit konkreten Handlungsschritten zu verlassen«.[545]

Der Aufsichtsausschuss des US-Repräsentantenhauses kündigte im März 2024 – endlich – eine Untersuchung des Transition Integrity Project an und forderte Rosa Brooks und die Georgetown University auf, alle diesbezüglichen Dokumente auszuhändigen.[546] »Es wäre höchst unangemessen, dass eine öffentlich finanzierte Einrichtung wie die Georgetown University eine parteipolitisch voreingenommene Operation ausführt, um eine legal durchgeführte Wahl zu sabotieren«, sagte der Vorsitzende des Ausschusses, der Abgeordnete Pete Sessions.[547] Sessions verlangte die Namen aller hundert Teilnehmer, von denen nur fünfzehn bekannt sind.[548] Unter ihnen befanden sich John Podesta, Rosa Brooks, Donna Brazile von der Demokratischen Parteiführung, der ehemalige republikanische Parteiführer Michael Steele, Generalmajor a. D. Paul D. Eaton sowie die Journalisten Bill Kristol, David Frum, Edward Luce und Max Boot.

Sessions äußerte seine Sorge über einen Artikel von General Eaton, einem Clinton- und Obama-Unterstützer, der am 17. Dezember 2021 in der *Washington Post* Pläne skizziert hatte, wie das US-Militär die Wahl 2024 »sichern« könnte.[549] Und die Juristin Mary McCord von der Georgetown University – die bereits 2017 zur Mueller-Kommission gehörte – schrieb im Januar 2024, dass ein »lockeres Netzwerk aus zivilgesellschaftlichen Gruppen und Politikern still und heimlich Pläne entwickelt«, um »bereit zu sein, falls Trump im Herbst 2024 gewinnt«. Es geht also wieder los.[550]

Der Wahlbetrug hatte ja schon 2020 geklappt. Warum sollten sie es 2024 nicht noch einmal probieren?

KAPITEL 13

Der Wahlbetrug

Wahlnacht 2020: »Wir haben gewonnen«

In der Wahlnacht vom 3. auf den 4. November 2020 lag US-Präsident Donald Trump klar in Führung. Er hatte zu diesem Zeitpunkt 213 Wahlmänner sicher und voraussichtlich Georgia, North Carolina, Pennsylvania und Michigan mit 67 Wahlmännern gewonnen. Das wären insgesamt 280 Wahlmänner gewesen. 271 waren für einen Sieg nötig.

In acht Swing States stand der Wahlausgang noch offen:

Für Trump:

Georgia	16 Wahlmänner	Trump 50,47 Prozent	Biden 48,31 Prozent
Michigan	16 Wahlmänner	Trump 51,82 Prozent	Biden 46,56 Prozent
North Carolina	15 Wahlmänner	Trump 50,09 Prozent	Biden 48,69 Prozent
Pennsylvania	20 Wahlmänner	Trump 56,09 Prozent	Biden 42,49 Prozent

Für Biden:

Arizona	11 Wahlmänner	Biden 51,85 Prozent	Trump 46,82 Prozent
Minnesota	10 Wahlmänner	Biden 52,60 Prozent	Trump 45,26 Prozent
Nevada	6 Wahlmänner	Biden 50,09 Prozent	Trump 47,99 Prozent
Wisconsin	10 Wahlmänner	Biden 49,55 Prozent	Trump 48,97 Prozent

Joe Biden hatte zu diesem Zeitpunkt 227 Wahlmänner und voraussichtlich auch Nevada, Arizona und Wisconsin mit 27 Wahlmännern gewonnen. Das wären 254 Wahlmänner gewesen. Wisconsin schien zuerst knapp für Trump zu stimmen, in der späten Auszählung ging dort jedoch Biden in Führung.

Trump ließ alle Systemmedien dumm dastehen, die bis zu 17 Prozent Vorsprung für Joe Biden vorhergesagt hatten. 57 Prozent zu 40 Prozent, hatte der *Guardian* am 13. Oktober orakelt.[551] Das sei ein Offenbarungseid für alle Statistiker,»die sich jetzt lieber neue Jobs suchen sollten«, kommentierte Trump-Kritiker Ben Shapiro nach der Wahl. Wie 2016 schien Trump wieder einen Überraschungssieg aus dem Hut gezaubert zu haben.

Am 4. November 2020 um 2:30 Uhr trat Trump im Weißen Haus vor die Kameras und warnte, dass etwas nicht stimme:

Das ist vielleicht die späteste Pressekonferenz, die ich je gegeben habe … *(Gelächter, Rufe von »We Love You!«)* Vielen Dank. Ich möchte dem amerikanischen Volk für seine überwältigende Unterstützung danken. Abermillionen Menschen haben heute für uns gestimmt, aber eine Gruppe sehr trauriger Gestalten versucht, sie ihrer Stimme zu berauben, und das werden wir nicht zulassen … *(Jubel)*
Wir haben uns schon auf eine große Party vorbereitet, doch auf einen Schlag wurde die Auszählung einfach gestoppt. Unsere Ergebnisse heute waren phänomenal. Wir wollten schon rausgehen und etwas so Schönes und Gutes, einen solchen Erfolg feiern. Wir hatten eine Rekordwahlbeteiligung und haben in Bundesstaaten gewonnen, wo wir es gar nicht erwartet haben, Florida zum Beispiel. Da liegen wir mit einem Riesenvorsprung vorne. Wir haben in Ohio gewonnen und in Texas, um 700 000 Stimmen. Außerdem haben wir in Georgia klar gewonnen *(Jubel)*. Wir führen um 117 000 Stimmen, und es sind nur noch 7 Prozent der Stimmen auszuzählen. Das ist uneinholbar. Genauso in North Carolina, wo wir um 77 000 Stimmen führen und nur noch 5 Prozent der Stimmen auszuzählen sind. Das ist ebenfalls uneinholbar. Außerdem ist in Arizona noch alles offen. Irgend-

jemand [Fox News] hat Arizona schon Biden zugeschlagen. Das ist zwar möglich, aber es gibt dort noch viel auszuzählen, vor allem in Trump-Wählerkreisen. Das könnte sich also noch wenden. Der Moderator sagte, »Wir halten das für unwahrscheinlich.« Was soll das? Und wir brauchen Arizona nicht einmal.

Denn am allerwichtigsten ist: Wir gewinnen in Pennsylvania. Mit einem enormen Vorsprung *(Jubel, Applaus)*. Wir führen in Pennsylvania mit 690 000 Stimmen. Das ist bei 64 Prozent der ausgezählten Stimmen nicht einmal knapp, und jetzt kommen noch die ländlichen Regionen dazu, wo sie ihren Präsidenten mögen.

Wir gewinnen in Michigan um fast 300 000 Stimmen, bei 65 Prozent ausgezählten Stimmen. Wir führen in Wisconsin, obwohl wir das nicht mal brauchen. Wir haben Texas gewonnen, das ist noch gar nicht miteingerechnet. Ich habe mit dem Gouverneur von Texas gesprochen, Greg Abbott, und der sagte: »Herzlichen Glückwunsch, aber was ist da mit der Wahl los? So was habe ich noch nie gesehen.« Wir führten in Michigan mit 107 000 Stimmen, 81 Prozent wurden ausgezählt, aber dann hat man plötzlich aufgehört, auszuzählen. Ich sagte, »Was ist passiert? Warum haben sie aufgehört zu zählen?« Es ist ja nicht so, als ob wir um 12 Stimmen vorne lagen. Wisst ihr, was passiert ist? Sie haben gemerkt, dass sie verlieren. Also sagten sie, lasst uns vor Gericht ziehen. Ich habe das schon lange vorhergesagt, seitdem ich gehört hatte, dass sie viele Millionen Briefwahlstimmen verschicken wollten.

Auf einmal haben sie einfach mit dem Auszählen aufgehört. Das ist ein Betrug am amerikanischen Volk. Das ist eine Schande für unser Land. Wir waren drauf und dran, diese Wahl zu gewinnen, und ehrlich gesagt: Wir haben diese Wahl auch gewonnen! *(Jubel, Applaus)*

Wir müssen jetzt also die Integrität dieser Wahl schützen. Das ist ein historischer Augenblick und ein großer Betrug. Wir wollen, dass die Gesetze geachtet werden. Wir werden also vor den Obersten Gerichtshof ziehen. Wir wollen, dass die Abstimmung jetzt beendet wird. Nicht, dass sie um

4 Uhr morgens plötzlich weitere Stimmen »finden«. Das ist ein sehr trauriger Augenblick für unsere Nation. Wir werden diese Wahl gewinnen, und ich bin überzeugt: Wir haben sie bereits gewonnen.[552]

Atlanta, Georgia: Rollkoffer voller Stimmen

Im Wahlzentrum in Atlanta, Georgia, wurden am Abend vom 3. auf den 4. November alle Wahlbeobachter, Presse und Mitarbeiter um 22:25 Uhr gebeten, die Basketballhalle State Farm Arena zu verlassen. Eine Wahlmitarbeiterin habe angekündigt, »wir machen Schluss, bitte alle heimgehen«, berichtete eine Zeugin. Zuvor hatte es Meldungen von einem Wasserrohrbruch gegeben, der sich später als überfließendes Pissoir herausstellte. Bis etwa 23:00 Uhr hatten alle Wahlbeobachter und Presseleute den Raum verlassen.

Vier Mitarbeiter blieben aber im Raum, und die konnten von Journalisten der Pro-Trump-Website *www.thegatewaypundit.com* namentlich identifiziert werden: Unter ihnen befanden sich die demokratische Mitarbeiterin Ruby Freeman, ihre Tochter Wandrea »Shaye« Moss und Wahlleiter Ralph Jones.[553] Freeman, Moss und Jones war offensichtlich nicht klar, dass es in diesem Raum Überwachungskameras gab, was dazu führte, dass das gesamte Geschehen in der State Farm Arena von mehreren Videokameras aufgezeichnet wurde.

Diese Überwachungsvideos zeigte die Sprecherin der Trump-Kampagne Jacki Pick Deason dem Justizausschuss des Kongresses von Georgia bei einer Anhörung am 3. Dezember 2020 als unübertrefflichen Beweis dafür, dass etwas mit der Wahl 2020 nicht in Ordnung war. Obwohl sie damit Teil einer offiziellen Anhörung des Parlamentes von Georgia waren, werden sie fortlaufend aus dem Internet gelöscht.[554]

Auf den Überwachungsvideos sieht man, wie vier Mitarbeiter und zwei Kofferträger zurückblieben, um 23:02 Uhr vier Rollkoffer voller Stimmzettel unter einem Tisch hervorzogen und zu den Auszählungstischen fuhren. Dann holten die Mitarbeiterinnen Stapel von Stimmzetteln aus den Koffern und begannen sie – zum Teil offensichtlich mehrmals – durch die Zählmaschinen zu jagen. Laut Pick waren diese Rollkoffer dort um 8:22 Uhr morgens deponiert worden. Der Anwalt Bob Cheely zeigte dieses Video ein zweites Mal am 30. Dezember 2020 vor dem Justizausschuss des Senats von Georgia und erklärte, wie die Stimmzettelstapel allem Anschein nach mehrmals gezählt wurden.[555] Dies dauerte bis etwa 00:50 Uhr am Morgen des 4. Dezember, als die Mitarbeiter das Wahlzentrum verließen.

Die republikanischen Wahlbeobachter Michelle Branton und Mitchell Harrison erinnerten sich, wie ihnen zuerst gesagt wurde, es habe einen Rohrbruch gegeben, eine Aussage, die dann zu einem defekten Pissoir relativiert wurde. Um etwa 22:30 Uhr habe man ihnen gesagt, die Auszählung sei für diesen Tag beendet und es würde am nächsten Morgen um 8:30 Uhr weitergehen. Sie wollten von der Wahlaufseherin Regina Waller erfahren, wie viele Stimmen gezählt wurden und wie viele noch verblieben, aber Waller weigerte sich trotz wiederholter Nachfrage, diese Zahlen zu nennen. Sie sagte, sie stünden »auf der Webseite«, so Branton und Harrison.[556]

Sie verließen die State Farm Arena und fuhren zum Lagerhaus des Fulton-County-Wahlausschusses auf der anderen Seite von Atlanta, wo sie von Kollegen aus den sozialen Medien erfuhren, dass die Auszählung in der State Farm Arena weiterging. Schockiert fuhren sie zusammen mit einem dritten republikanischen Wahlbeobachter, Trevin McCoy, zurück zur State Farm Arena, wo sie um etwa 1:00 Uhr eintrafen. Zunächst wurden sie von der Security aufgehalten, erfuhren aber, dass die Auszählung bis vor wenigen Minuten tatsächlich weitergegangen war.

Freeman und Moss sagten vor dem Kongressausschuss am 6. Januar aus und erhoben Klage gegen die Website *www.thegatewaypundit.com*, die ihre Namen identifiziert hatte.[557] Ein Gericht im linken Washington, D. C., entschied am 15. Dezember 2023 gegen den Trump-Anwalt Rudy

Giuliani, er habe Freeman und Moss verunglimpft, und verurteilte ihn zu einer Zahlung von aberwitzigen 150 Millionen Dollar Schmerzensgeld. Freeman und Moss behaupten, sie seien infolge dieser Berichterstattung Opfer von Todesdrohungen geworden. Außerdem sei es völlig normal, Koffer voller Stimmzettel unter einem Tisch zu verstecken. Die Wahlbeobachter seien von niemandem nach Hause geschickt worden, sondern alle freiwillig und rein zufällig zur gleichen Zeit heimgegangen. Dagegen hatte Joe Henke vom Lokalsender 11Alive News an besagtem Abend auf Twitter geschrieben und mithin bestätigt, dass die Wahlbeobachter um 22:30 Uhr heimgeschickt worden seien.[558]

Eine Nachzählung 2021 und der Ermittlungsbericht des Bundesstaates Georgia vom 7. März 2023 förderten nichts Ungewöhnliches an den Ereignissen in der State Farm Arena vom 3. bis 4. November 2020 zutage.[559] Dabei ist es gar nicht zulässig, Stimmen ohne die Anwesenheit von Wahlbeobachtern auszuzählen. Im Mai 2024 ergab eine Untersuchung der Wahlaufsicht von Georgia dann, dass offenbar mindestens 3000 Stimmzettel doppelt gescannt wurden und 380 761 digitale Scans von Stimmzetteln aus dem Jahr 2020 gar nicht mehr auffindbar waren.[560]

Jedenfalls waren an besagtem Wahltag um 1:34 Uhr auf einen Schlag 136 155 Stimmen für Joe Biden dazugekommen, für Donald Trump aber nur noch 29 115. Trumps uneinholbarer Vorsprung in Georgia war verschwunden. Aus allen demokratischen Hochburgen der wahlentscheidenden Wechselwählerstaaten trudelten ähnliche Berichte ein: Auszählungen wurden offiziell pausiert, inoffiziell aber weitergeführt, bis schlagartig Stimmtranchen für Joe Biden eintrafen, die Trumps Vorsprung ausradierten.

Detroit, Michigan: das TCF-Wahlzentrum

In der demokratischen Hochburg Detroit hatte die republikanische Aktivistin Maria Sheridan Hunderte von Freiwilligen organisiert, um im TCF-Wahlzentrum zu arbeiten. Schon 2016 war sie im Einsatz gewesen – damals mit 35 Wahlbeobachtern – und hatte den Eindruck gehabt, dass die Wahl ohne ihre Anwesenheit gestohlen worden wäre.[561] Doch 2020 weigerten sich die Wahlbehörden in Detroit einfach, republikanische Mitarbeiter zu beschäftigen. Trotzdem schaffte es der Journalist Shane Trejo, das Briefing für die Wahlmitarbeiter heimlich aufzunehmen. Darin befahl die Wahlleiterin den Mitarbeitern, zu lügen, republikanische Wahlbeobachter zu ignorieren, die Polizei zu rufen, wenn diese nicht spurten, und Coronaabstandsregeln zu benutzen, um Wahlbeobachter auf Abstand zu halten. »Die müssen schon sehr gute Augen haben oder Ferngläser«, scherzte die Wahlleiterin. Doch anstatt diese Leaks zu untersuchen, griff die Staatsanwältin von Michigan, Dana Nessel, den Reporter Shane Trejo an und befahl ihm am 28. Oktober 2020, die Aufnahmen aus dem Internet zu entfernen.[562]

Als die konservative Aktivistin Patty McMurray sich am Morgen des 4. November als Wahlbeobachterin meldete, stellte sie fest, dass die republikanischen Wahlbeobachter in eine kleine Ecke gesteckt und mit Schildern kenntlich gemacht wurden. Währenddessen durften die Demokraten sich frei bewegen, standen oft zu zweit oder dritt an einem Auszählungstisch, und belästigten und verhöhnten die republikanischen Wahlbeobachter. Republikaner, die sich beschwerten, wurden unter dem Jubel der grölenden Menge von der Polizei hinauseskortiert. Als es Zeit wurde, die Briefwahlstimmen von Soldaten aus Übersee auszuzählen, die oft republikanisch wählen, wurde die Hälfte der republikanischen Wahlbeobachter ausgesperrt. Alsdann klebten die verbliebenen Mitarbeiter die Fenster mit Pizzakartons und Pappschachteln zu, was nicht gerade für eine faire, transparente Wahl spricht. Eine Beobachterin berichtete, sie habe »keine einzige Stimme für Trump« gesehen. Und die Wahlbeobachterin Kristina Karamo bezeugte, Drittparteienstimmen seien Joe Biden zugeschlagen worden.[563]

Trotz alledem führte Donald Trump in Michigan am Wahlabend des 3. November um etwa 100 000 Stimmen, bis schlagartig fast

200 000 Stimmen für Joe Biden auftauchten. Um 3:50 Uhr des Folgetags kamen in Michigan 54 497 Stimmen für Joe Biden und nur 4718 Stimmen für Donald Trump dazu, um 6:31 Uhr 141 258 Stimmen für Joe Biden und 5968 Stimmen für Donald Trump. Dazu sagten die Wahlmitarbeiter Shane Trejo, Jose Aliaga und Mellissa Carone unter Eid aus, dass um circa 4:00 Uhr morgens im TCF-Wahlzentrum in Detroit containerweise Biden-Stimmen angeliefert wurden.

Die Journalistin Cassandra Fairbanks MacDonald vom *www.thegatewaypundit.com* bemühte sich 2 Monate lang um die Herausgabe der Überwachungsvideos aus dem TCF-Wahlzentrum. Zuerst wurde ihr ein Preis von 22 000 Dollar für das gesamte Material genannt. Also beantragte sie nur das Material für die 2 Stunden mitten in der Nacht, in denen laut Zeugenaussagen zusätzliche Stimmen angeliefert worden waren. Darauf ist zu sehen, wie um 3:23 Uhr ein weißer Lieferwagen, der auf die Stadt Detroit gemeldet ist, in die Tiefgarage fährt. Aus einem anderen Winkel ist zu erkennen, wie vier Männer um 3:25 Uhr Kisten voller Stimmen auf einen Rollwagen laden und ins Wahlzentrum transportieren. Um 3:53 Uhr fährt der Lieferwagen davon und kehrt um 4:30 Uhr wieder. Erneut werden Kisten voller Stimmen auf einen Rollwagen geladen.[564] Dabei war die Stimmabgabe in Michigan offiziell am 3. November um 20:00 Uhr beendet.

Der unabhängige Wahlbeobachter Braden Giacobazzi berichtete, wie er erfahren hatte, dass mitten in der Nacht 35 000 Stimmen im TCF-Wahlzentrum eingetroffen waren. Als er dort ankam, um laut Gesetz die Auszählung zu beobachten, wurde ihm von demokratischen Mitarbeitern Gewalt angedroht: »Ich werde dir einen Arschtritt verpassen!«[565]

Pennsylvania: »In Philadelphia passieren üble Dinge«

Während der Präsidentschaftsdebatte gegen Joe Biden hatte Donald Trump am 29. Oktober bereits auf Probleme mit Frühabstimmern im demokratisch regierten Philadelphia hingewiesen: »In Philadelphia wurden Wahlbeobachter hinausgeworfen, sie durften nicht zusehen. Und warum? Weil in Philadelphia üble Dinge passieren.«[566] Und kurz vor der Wahl hatte Joe Biden im Stahl- und Öl-Revier Pennsylvania (vergleichbar mit dem Ruhrpott) für Entsetzen gesorgt, als er in der zweiten Debatte mit Trump am 23. Oktober 2020 aus Versehen seine wahre Agenda ausplauderte: »Ich würde mich von der Ölindustrie wegbewegen [...] und sie durch ›Erneuerbare‹ ersetzen.« Als Trump ihn deswegen in Pennsylvania geißelte, musste Biden die Aussage wieder zurücknehmen. »Bidens Kommentare zum Fracking könnten ihn die Wahl kosten«, reagierte die *Washington Post*, änderte aber die Schlagzeile nachträglich in »Gewerkschaften unterstützen Bidens Kommentare zum Fracking«.[567]

Am Wahlabend führte Donald Trump in Pennsylvania um beinahe 700 000 Stimmen – mit insgesamt 2 965 636 zu 2 290 624 Stimmen – überraschend deutlich vor Joe Biden. Doch bis zum 7. November legte Joe Biden in diesem Bundesstaat um fast eine Million Stimmen zu und lag am Ende mit 80 555 Stimmen (1,17 Prozent Vorsprung) vor Trump.

Trump-Anwältin Pam Bondi und Trump-Berater Corey Lewandowski wurden am 4. November daran gehindert, das Auszählungszentrum im Pennsylvania Convention Center zu betreten. Mithilfe eines Gerichtsbeschlusses vom 5. November 2020 erzwang Bondi den Zutritt, woraufhin die republikanischen Wahlbeobachter mit Verweis auf Corona hinter einer Barriere auf 10 Meter Abstand gehalten wurden und die Auszählung nur mit Ferngläsern beobachten konnten.[568] Am 5. November erwirkten die Republikaner auch gegen diese Schikane einen Gerichtsbeschluss, der ab 10:30 Uhr gültig war, wurden aber trotzdem daran gehindert, der Auszählung beizuwohnen.[569] Videoaufnahmen zeigten, wie sich die demokratische Aktivistin Michele Hangley gegenüber Bondi weigerte, den Gerichtsbeschluss zu befolgen.[570]

Zwar gibt es nach der US-Verfassung nur wenige Regeln für die Präsidentenwahl, doch eine davon besagt, dass alle Bürger »am gleichen Tag« wählen sollen. Daher hatte der Oberste Richter Samuel Alito die Wahlbehörden in Pennsylvania angewiesen, alle Stimmen, die am 3. November nach 20:00 Uhr eingegangen waren, getrennt aufzubewahren und auszuweisen.[571] Doch Trump-Wahlleiter Mike Roman dokumentierte, wie »Freiwillige« in einem Vorstadtkeller in Philadelphia ohne Wahlaufsicht neu eingegangene Briefwahlzettel bearbeiteten,[572] und James O'Keefe von Project Veritas filmte, wie mindestens zwei Postangestellte in Pennsylvania angewiesen wurden, neu eingegangene Briefstimmen auf den 3. November zurückzudatieren.[573] Einer dieser Zeugen, Richard Hopkins, ist an die Öffentlichkeit gegangen und hat gegen seine Vorgesetzten ausgesagt.[574]

Der Postfahrer Jesse Morgan berichtete, er habe am 21. Oktober eine Lkw-Ladung von bis zu 288 000 gefälschten Stimmen aus Long Island, New York, nach Pennsylvania gefahren, was sich am elektronischen Fahrtenschreiber seines Lkws nachweisen lasse.[575] Und laut Trump-Anwalt Phil Kline fuhr am 4. November erneut ein Lkw voller Stimmen aus New York nach Pennsylvania.[576]

Der Abgeordnete Mike Kelly, ein Republikaner aus Pennsylvania, beantragte beim Supreme Court der USA, die Zertifizierung der Wahlergebnisse aus Pennsylvania aufzuheben, da die Verlängerung der Abgabefrist für die Briefwahl in Pennsylvania gegen die Verfassung des Bundesstaates verstoße.[577] Daraufhin ermutigte der republikanische Senator Ted Cruz aus Texas in einem Schreiben das Oberste Gericht der USA, dem Eilantrag stattzugeben.[578] Dieses lehnte aber ab.

Über ein Jahr später, am 28. Januar 2022, erklärte das Oberste Gericht von Pennsylvania, wie die *New York Times* berichtete, die Regeländerungen zur Briefwahl 2020 rückwirkend für verfassungswidrig, ging aber nicht so weit, auch die Präsidentschaftswahl nachträglich für ungültig zu erklären.[579]

Wisconsin und Arizona: »Ich wette, du hattest diese Stimmen um Mitternacht längst ausgezählt und wolltest es einfach spannend machen!«

In Wisconsin kamen am 4. November 2020 um 3:42 Uhr morgens 143 379 Stimmen für Joe Biden dazu und nur 25 163 Stimmen für Donald Trump. Um 4:17 Uhr am Morgen des 4. November schrieb Ryan Chew eine E-Mail an Claire Woodall-Vogg, die Wahlleiterin in Milwaukee, Wisconsin: »Verdammt, Claire, du hast echt Sinn für Drama! Du lieferst um 3:00 Uhr morgens genau den nötigen Vorsprung! Ich wette, du hattest diese Stimmen um Mitternacht längst ausgezählt und wolltest die Welt einfach warten lassen!«[580] Claire Woodall-Vogg war nach dem Schließen des Wahlzentrums in Milwaukee bis spät in die Nacht allein zurückgeblieben und hatte sich an den Wahlmaschinen zu schaffen gemacht.[581] Wegen dieser Unregelmäßigkeiten 2020 ist Claire Woodall-Vogg am 6. Mai 2024 – also nur 6 Monate vor der Wahl 2024 – als Wahlleiterin von Milwaukee gefeuert worden. Ihre Stellvertreterin Kimberly Zapata wurde des Wahlbetrugs für schuldig befunden und zu einem Jahr Haft auf Bewährung verurteilt.[582]

Ryan Chew war Mitarbeiter der Elections Group, die mit Zuckerbergs Center for Tech and Civil Life (CTCL) und dem Center for Civic Design (CCD) zusammenarbeitete. Elections Group war auch an den Unregelmäßigkeiten in Georgia beteiligt, und Co-Chefin Jennifer Morrell wurde in Arizona eingesetzt, um die dort stattfindende Wahlprüfung des Senats in Maricopa County zu »überprüfen« beziehungsweise zu behindern.

Im Auftrag des Senats von Arizona wurden 2021 bei der Wahlprüfung in Maricopa County, Arizona, im größten Wahlkreis von Arizona um die Stadt Phoenix herum 2,1 Millionen Stimmzettel vierfach überprüft, digital eingescannt und mehrmals maschinell und per Hand gezählt. Darunter fanden sich 23 344 Briefwahlzettel, die von falschen Adressen abgeschickt worden waren. 9041 Stimmzettel wurden doppelt eingereicht, 5295 Wähler stimmten in zwei Wahlkreisen ab. Bei insgesamt 53 305 Stimmzetteln – einem Vielfachen von Joe Bidens Vorsprung von 10 457 Stimmen –wurden schwerwiegende Probleme festgestellt. Die Wahlprüfer gingen aber nicht so weit, eine Annullierung des Wahlergebnisses zu fordern, obwohl dies in der ursprünglichen Fassung des Berichts vorgesehen war.

»Bei Tausenden Stimmen gab es signifikante und weitreichende Unregelmäßigkeiten«, erklärte Trumps Anwältin Jenna Ellis, die die Wahl 2020 als »hoffnungslos kompromittiert« bezeichnete.[583] Donald Trump nannte die Wahlprüfung »einen großen Erfolg für uns und für die Demokratie« und fuhr dann fort: »Die Unehrlichkeit der Fake-News-Medien in Bezug auf die Wahlprüfung von Arizona ist unglaublich, sie hat unfassbaren Betrug aufgezeigt – genug, um die Wahl zu kippen! Die Fake-News-Medien weigern sich, die Wahrheit zu berichten, und machen sich zu Mittätern im Verbrechen des Jahrhunderts! Sie sind so unehrlich, aber Patrioten kennen die Wahrheit! Arizona muss die Ergebnisse der Präsidentschaftswahl 2020 sofort für ungültig erklären.«[584]

Der damalige Staatsanwalt von Arizona, Mark Brnovich, sprach in seinem Abschlussbericht von »schwerwiegenden Mängeln, die Fragen zur Wahl 2020 aufwerfen«. Der Staatsanwalt habe »Beispiele von Wahlbetrug durch Individuen gefunden, die strafrechtlich verfolgt werden sollten«, und »zahlreiche Beispiele von Verstößen beim Stimmzetteltransport«, die 100 000 bis 200 000 Stimmen betreffen könnten.[585] Dennoch zog Brnovich nicht die Konsequenz, die Wahl 2020 nachträglich zu annullieren. Bei den US-Zwischenwahlen von 2022 kam es in Maricopa County erneut zu massiven Problemen, als ganze Wahlkreisbüros wegen Druckerproblemen ausfielen und Wähler stundenlang Schlange stehen mussten. Die Gouverneurskandidatin Katie Hobbs war als Staatssekretärin gleichzeitig die Wahlaufseherin für ihre eigene Wahl, die sie gegen die Journalistin Kari Lake gewann. Letztere hat seitdem eine Klage angestrengt. Die massiven Probleme in Arizona erinnerten an die Berlin-Wahl 2021, die nach akribischen Recherchen von *Tichys Einblick* und dem Abgeordneten Marcel Luthe 2022 wiederholt werden musste. Auch in Deutschland zensierten Google und YouTube prophylaktisch alle Behauptungen über Unregelmäßigkeiten bei der Wahl 2021, obwohl diese nachträglich vom Bundesverfassungsgericht bestätigt wurden.

Der Navarro-Bericht

Dieses Muster wiederholte sich in allen wichtigen Swing States in städtischen Hochburgen der Demokraten wie Atlanta, Detroit, Philadelphia und Milwaukee. Trumps Wirtschaftsberater und Harvard-Ökonom Peter Navarro kam in seinen drei ausführlichen Berichten zum Wahlbetrug auf eine Zahl von 3 069 002 möglicherweise illegalen Stimmen. Das sind zehnmal so viel wie der Vorsprung von Joe Biden von 312 992 Stimmen.[586]

So waren in Arizona unter anderem 150 000 Stimmen erst nach der Abgabefrist eingesendet worden, in Georgia hatten 10 315 Tote mitgewählt und in 136 155 Fällen lagen Unregelmäßigkeiten mit den Wahlmaschinen vor (in Michigan 195 755, in Wisconsin 143 379). In Michigan wurden 174 000 Stimmen ohne Wählerregistrierungsnummern registriert, was in diesem Bundesstaat illegal ist, und in Pennsylvania 680 774 Stimmen ohne Wahlbeobachter – also ebenfalls illegalerweise – ausgezählt.

In jedem einzelnen Swing State gebe es eine Vielzahl von unregelmäßigen Stimmen, die die Wahl für Trump entschieden haben könnten, erklärt Navarro. In Arizona, wo der Vorsprung von Biden 10 457 Stimmen betrug, gebe es 242 722 und in Georgia, wo der Vorsprung von Biden 11 799 Stimmen betrug, 601 130 nachweislich fragwürdige Stimmen. In Michigan lag Biden laut Navarro bei 446 803 dubiosen Stimmen mit 154 818 Stimmen vorne. In Nevada betrug Bidens Vorsprung nur 33 596 Stimmen, aber 220 008 der abgegebenen Stimmen waren anfechtbar. In Wisconsin lag Biden mit gerade mal 20 682 Stimmen vorne, dennoch gibt es auch hier in 553 872 Fällen Unregelmäßigkeiten. In Pennsylvania, wo Trumps Vorsprung in der Wahlnacht am größten war, wurden auch die meisten dubiosen Stimmen festgestellt: ganze 992 467, wobei Joe Biden in Pennsylvania mit nur 81 660 Stimmen Vorsprung gewonnen hat.

»Fast das halbe Land glaubt, dass es bei der Präsidentenwahl 2020 schwerwiegende Unregelmäßigkeiten gab«, resümiert Navarro. »Die Weigerung, diese Vorwürfe zu untersuchen, wird diese Zweifel nur nähren, vor allem wenn die Suche nach der Wahrheit durch eine kleine und zunehmend autoritär – gar faschistisch – auftretende Gruppe von Internetoligarchen unterdrückt wird, die sich das Recht herausnehmen, Millionen von Pro-Trump-Amerikanern zu sperren und zu zensieren, die jetzt nicht mehr Nutzer, sondern Opfer von Plattformen wie Facebook, Twitter und YouTube sind.« Und dann gibt Navarro das Statement ab: »Innerhalb einer gefühlten Nanosekunde haben wir uns von einer vollwertigen, lebhaften Demokratie in eine kommunistische, China-artige Cancel Culture verwandelt, einen Polizeistaat, der von einer verschworenen Internetoligarchie behütet wird und außer Kontrolle geraten ist.«[587]

Berge von Beweisen

Seit dem 4. November 2020 wiederholen die Systemmedien in den USA und in Deutschland gebetsmühlenartig, es gebe keine Beweise für einen Wahlbetrug, ohne die Möglichkeit eines solchen überhaupt überprüft zu haben. Alle Klagen gegen die Wahl 2020 seien gescheitert, wird behauptet, obwohl Donald Trump bis Februar 2021 die Mehrzahl der Klagen zu verschiedenen Wahlthemen gewonnen hat.[588]

Trumps Anwalt Rudy Giuliani präsentierte bei Anhörungen zwischen November und Dezember 2020 in Arizona, Michigan (am 2. Dezember),[589] Georgia und Pennsylvania (am 25. November)[590] viele Dutzend Zeugen und eidesstattliche Erklärungen für massive Unregelmäßigkeiten. Dafür wurde er in New York, Washington und Arizona angeklagt, verlor seine Zulassung als Anwalt und ging im Dezember 2023 in die Privatinsolvenz. In Fulton County, Georgia, wurde er von der Staatsanwältin Fani Willis angeklagt, die auch gegen Trump zu Felde zog. Nach dem Bekanntwerden von Fani Willis' Korruptionsaffäre mit ihrem Mitarbeiter und Geliebten Nathan Wade 2024 forderte Giuliani eine FBI-Razzia bei Willis.[591]

Am 2. Dezember 2020 trug Donald Trump in einer 46-minütigen Rede aus dem Weißen Haus einen Überblick über alle Beweise für Wahlbetrug vor, die sein Team zusammengetragen hatte. Trump nannte diese Rede die »wichtigste, die ich jemals gehalten habe«. Ich habe diese Rede komplett auf Deutsch übersetzt und auf Achse des Guten sowie Reitschuster veröffentlicht.[592] Und in seiner 74-minütigen Rede vor dem Weißen Haus am 6. Januar 2021 fasste Trump noch einmal alle Wahlbetrugsbeweise zusammen. Es würde den Rahmen dieses Buches sprengen, diese Reden komplett abzudrucken, der Leser wird jedoch ermutigt, die Rede vom 2. Dezember nachzulesen.

Bis heute werden diese Beweise von den Systemmedien für inexistent erklärt oder komplett ignoriert, obwohl Hillary Clinton seit 2016 auf ihrer Behauptung besteht, Trump habe die Wahl gestohlen. Auch die US-Gerichte scheuten sich, sich in die Wahl einzumischen, und wiesen die meisten Klagen wegen Nichtzuständigkeit, Nichtbetroffenheit (zu früh oder zu spät) oder aus anderen formaljuristischen Gründen ab. Eine umfassende Entscheidung in der Sache gibt es bis heute nicht.

Als Ken Paxton, der Generalstaatsanwalt von Texas, am 7. Dezember 2020 mit dreißig weiteren Bundesstaaten wegen Benachteiligung bei der Wahl Klage einreichte,[593] wies der Oberste Gerichtshof diese am 11. Dezember mit abstrusen Argumenten ab: Texas habe kein Klagerecht, da es »nicht betroffen« sei. Auch der US-Präsident sei durch einen möglichen Wahlbetrug nicht benachteiligt und daher nicht klageberechtigt.

Trumps Unterstützer hatten gehofft, die Unklarheiten in der umstrittensten Wahl der US-Geschichte in einem ordentlichen Rahmen vor Gericht klären zu können. Doch sie wurden nicht gehört. Im Nachgang sollten die Obersten Gerichte von Wisconsin und Pennsylvania die Änderung der Wahlrichtlinien, die unter Umgehung der Parlamente erfolgt war, für verfassungswidrig erklären. In Arizona fand die Nachzählung 2021 »schwerwiegende Probleme« bei 53 305 Stimmzetteln, und der Bericht der Bundesagentur für Cybersicherheit (CISA) erwies am 1. Juni 2022, dass die in sechzehn Bundesstaaten verwendeten Wahlmaschinen »schwerwiegende Sicherheitslücken« aufwiesen.[594] 2023 brachten Twitter-Leaks zutage, wie Election Integrity Partnership im Auftrag der Bundesregierung und CISA entgegen dem 1. Artikel der US-Verfassung Donald Trump und seine Unterstützer massiv zensieren hatte lassen.[595] Und im April 2024 eröffnete der Aufsichtsausschuss des Abgeordnetenhauses eine Untersuchung gegen das Transition Integrity Project, das den mutmaßlichen Wahlbetrug geplant und koordiniert hatte.

In Deutschland wurde 2005 die Verwendung digitaler Wahlmaschinen wegen ihrer Manipulierbarkeit vom Bundesverfassungsgericht verboten. In Berlin musste die Senats- und Bundestagswahl 2021 nach Enthüllungen von *Tichys Einblick* aufgrund massiver Unregelmäßigkeiten 2023 und 2024 wiederholt werden.

Dennoch weigern sich alle Systemmedien in den USA und Europa nach wie vor, über den Wahlbetrug und die Instrumentalisierung des Staatsapparates gegen Donald Trump zu berichten. Die Informationen in diesem Buch sucht man bis heute vergeblich auf Google und *Wikipedia*. Die Videos von den Rollkoffern mit den Stimmzetteln werden auf YouTube immer wieder gelöscht, und die Verantwortlichen erhielten vor dem Gericht einer linken Hochburg sogar 148 Millionen Dollar Schmerzensgeld für ihre Aktion.[596]

Die Wahlaufsicht von Georgia hat im Mai 2024 bestätigt, dass 380761 Scans von digitalen Stimmzetteln in Fulton County verschwunden sind, und die Staatssekretärin von Georgia, Charlene McGowan, hat bestätigt, dass Fulton County bei der Nachzählung nicht sachgemäß vorgegangen ist, und dementsprechend für die Wahl 2024 Sonderbeobachter angekündigt.[597]

Trotz alledem beharren alle Medien darauf, die Geschichte vom Wahlbetrug 2020 gehe auf eine Verschwörungstheorie zurück. Es ist wie ein Leben in der Matrix. Dieses Buch ist die rote Pille.

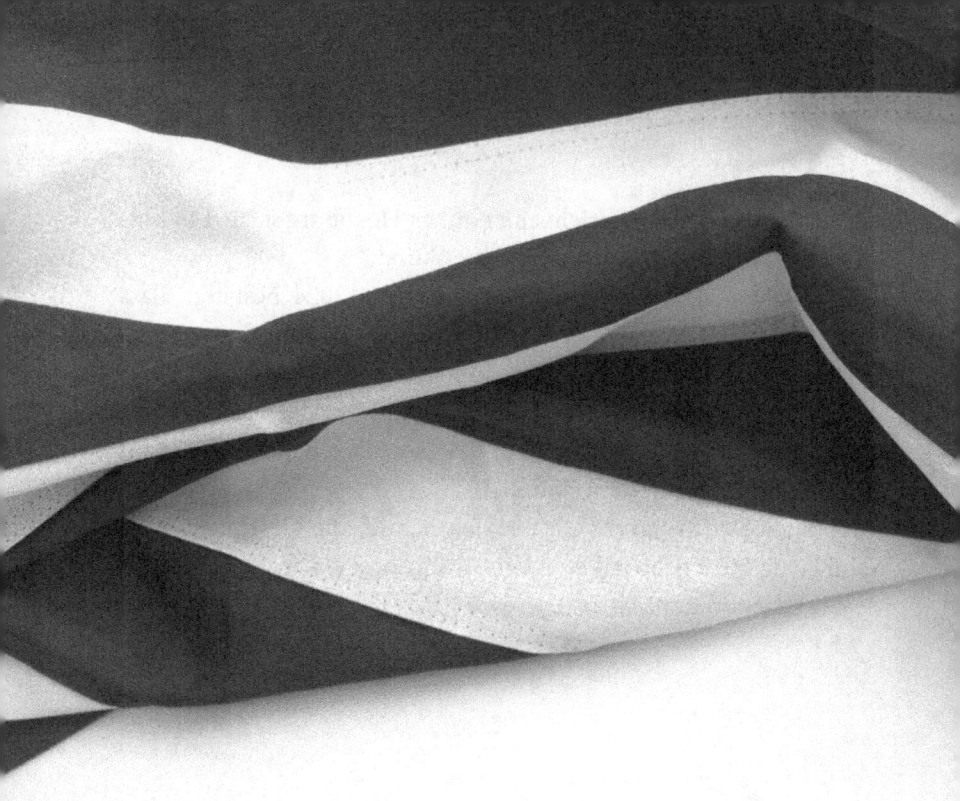

TEIL 4

Der Putsch
gelingt

KAPITEL 14

Der Sturm auf das Kapitol

★★★

Senator Ted Cruz: »Wie viele FBI-Agenten oder Informanten waren an den Ereignissen vom 6. Januar aktiv beteiligt?«
Stellvertretende FBI-Chefin Jill Sanborn: »Sie können sicher verstehen, dass ich nicht näher auf unsere Methoden und Quellen eingehen kann, Sir.«
Cruz: »Waren FBI-Agenten oder Informanten an den Ereignissen vom 6. Januar aktiv beteiligt? Ja oder nein?«

Sanborn: »Das kann ich nicht beantworten, Sir.«

Cruz: »Haben FBI-Agenten oder Informanten am 6. Januar Gewaltverbrechen begangen?«

Sanborn: »Das kann ich nicht beantworten, Sir.«

Cruz: »Haben FBI-Agenten oder FBI-Informanten am 6. Januar aktiv zu Gewaltverbrechen ermutigt und angestiftet?«

Sanborn: »Das kann ich nicht beantworten, Sir.«

Cruz: »Frau Sanborn, wer ist Ray Epps?«

Sanborn: »Ich kenne die Person, Sir, kann aber keine weiteren Angaben machen.«

Cruz: »Viele Leute haben Fragen zu Herrn Epps. In der Nacht vom 5. auf den 6. Januar 2021 wurde Epps in der Nähe einer Menschenmenge am Kapitol gesehen, wo er immer wieder rief, ›Morgen müssen wir ins Kapitol-Gebäude reingehen!‹ Das war so auffällig, dass die Menge ›Spitzel! Spitzel! Spitzel!‹ zu skandieren begann. Frau Sanborn, war Ray Epps ein FBI-Spitzel!?«

Sanborn: »Das kann ich nicht beantworten, Sir.«[598]

Befragung vor dem Justizausschuss des US-Senats, 11. Januar 2022

»Friedlich und patriotisch zum Kapitol marschieren«

Am 19. Dezember, nachdem der Supreme Court die Klage von Texas und 30 anderen Bundesstaaten aufgrund »fehlender Klageberechtigung« abgewiesen hatte, rief Präsident Donald Trump auf Twitter zu einer Großdemonstration unter dem Motto »Rettet Amerika« auf, und zwar für den 6. Januar 2021, den Tag der Abstimmung der Wahlmänner aus den Bundesstaaten über den nächsten Präsidenten.

Die Einschaltung von Wahlmännern ist eine Tradition aus jener Zeit, in der jeder Bundesstaat seine Delegierten persönlich via Ponyexpress nach Washington schickte. Die Versammlung der Wahlmänner findet vor dem gesamten Kongress statt und wird vom Vizepräsidenten geleitet, der laut Verfassung für die »Öffnung der Wahlzertifikate« und deren Zählung zuständig ist. Donald Trump war der Ansicht, dass der Vizepräsident die Befugnis hatte, die Zertifizierung einer illegitimen Wahl abzulehnen und an die Bundesstaaten zurückzuschicken. Aus sieben Bundesstaaten hatten die republikanisch dominierten Parlamente konkurrierende Gruppen von Wahlmännern nach Washington geschickt. Diese Bundesstaaten waren genau die Swing States, in denen die größten Unregelmäßigkeiten festgestellt worden waren: Arizona, Nevada, New Mexico, Michigan, Wisconsin, Pennsylvania und Georgia.

Eigentlich war daran nichts Verbotenes oder Neues. 2016 hatten die Demokraten versucht, Wahlmänner dazu zu bringen, »nach ihrem Gewissen« und nicht nach dem Wahlergebnis zu stimmen.[599] Und als bei der Zertifizierung der Wahlmänner am 8. Januar 2017 demokratische Abgeordnete aus zehn Bundesstaaten gegen die Wahl von Donald Trump wegen »russischer Einflussnahme« und »Wählerunterdrückung« protestierten, hatten sie keinen Erfolg damit. Der damalige Vorsitzende, Vizepräsident Joe Biden, lehnte die Proteste ab, da keiner der Abweichler die erforderliche Unterstützung eines Senators hatte.[600]

Während sich die Abgeordneten und Senatoren am 6. Januar 2021 im Kapitol versammelten, sprachen Donald Trump Jr., Eric und Lara Trump, Rudy Giuliani und Präsident Trump vor dem Weißen Haus auf der »Save America«-Demo zu einer Menschenmenge, die Trump auf 250 000 schätzte: »Heute sind Hunderttausende Menschen hier, und ich hätte gerne, dass die Fake-News-Medien das zur Kenntnis nehmen. Bitte schwenkt eure Kameras und zeigt das, denn die Leute wollen das nicht länger hinnehmen. [...] Es wäre wirklich schön, wenn die Medien fair darüber berichten würden. Meiner Meinung nach sind die Medien unser größtes Problem, die Medien und die

Internetriesen. Jetzt übernehmen das die Internetriesen. Vor 4 Jahren haben wir sie überrascht, aber dieses Jahr haben sie die Wahl getürkt. Sie haben die Wahl gefälscht wie nie zuvor.«[601]

Ähnlich wie schon am 2. Dezember 2016 brachte Trump einen Überblick über alle Beweise.[602] Er pries seine Politik an, die bis Corona zu einer blühenden Wirtschaft und einer historisch niedrigen Arbeitslosigkeit – vor allem unter Schwarzen und Latinos – geführt habe. Er habe mit dem Islamischen Staat kurzen Prozess gemacht, US-Soldaten heimgeholt und die endlosen Kriege beendet. Wenn Joe Biden unrechtmäßig Präsident werde, gäbe es eine Katastrophe. Deshalb hoffe er, dass die Abgeordneten »das Richtige tun«, und diesen »Angriff auf die Demokratie« abwehren. »Alle hier werden jetzt zum Kapitol marschieren, um friedlich und patriotisch ihre Stimmen zu erheben, damit nur die Wahlmänner gezählt werden, die legal gesetzt wurden.«

Trumps Rede dauerte 74 Minuten, von 11:58 bis 13:12 Uhr. Um 12:54 Uhr begann der sogenannte »Angriff auf das Kapitol«. Die Trump-Anhänger hörten Trump gerade zu und befanden sich noch am Weißen Haus, das heißt 2,5 Kilometer vom Kapitol entfernt. Während Trump sprach, gab Vizepräsident Mike Pence das Statement ab, er habe »keine einseitige Autorität«, um »zu beurteilen, welche Stimmen gezählt werden sollen und welche nicht«.[603] Pence wollte sich also komplett aus der Verantwortung stehlen und zog damit in Erwägung, die Zertifizierung möglicherweise unrichtiger Ergebnisse zuzulassen. Doch mit seinem merkwürdigen Argument, er könne nicht entscheiden, »welche Stimmen gezählt werden sollen«, traf er ja eine Entscheidung. Und eigentlich sollten nur legale, rechtmäßige Stimmen gezählt werden. Mike Pence, der 2017 schon die Entlassung Mike Flynns gefordert hatte, gilt seitdem im Pro-Trump-Lager als »U-Boot« und scheiterte 2024 mit seiner Präsidentschaftskandidatur als Trump-Herausforderer.

»Ich rufe alle am Kapitol auf, friedlich zu bleiben. Keine Gewalt!«

Es war extrem kalt an diesem Tag im windigen Washington. Viele Trump-Unterstützer verließen die Demo enttäuscht, als klar wurde, dass der Vizepräsident Joe Biden unterstützen würde. Um 12:40 Uhr wurde vor dem Eingang des republikanischen Parteihauptquartiers eine Rohrbombe gefunden, und um 13:07 eine zweite vor dem demokratischen Parteihauptquartier. Wie Überwachungsvideos zeigen, waren diese Rohrbomben dort bereits am Vorabend zwischen 19:30 Uhr und 20:20 Uhr von einem Unbekannten deponiert worden. Seltsamerweise ist die Identität des Rohrbombers, der bei der Tat gefilmt wurde, bis heute nicht enthüllt worden und wird bei allen öffentlichkeitswirksamen Inszenierungen der Demokraten zum »Sturm auf das Kapitol« ausgelassen. Der ehemalige Chef der Kapitol-Polizei Steven Sund sagte vor dem Senat am 23. Februar 2021 aus,[604] die Rohrbomben seien vermutlich eine Ablenkung gewesen, um Polizeikräfte vom Kapitol abzuziehen: »Ich glaube, das war Teil eines koordinierten Plans, das Kapitol anzugreifen.«

Um etwa 12:50 Uhr begannen der Chef der Oath Keepers (»Eidwächter«, einer rechtsextremen Miliz) in Arizona, Stewart Rhodes, und der FBI-Informant Ray Epps zusammen mit Komplizen, Absperrungen vor dem Kapitol zu entfernen, sodass die alsbald eintreffenden Trump-Anhänger nicht merkten, dass sie auf gesperrtes Gelände gelangten. Auf einem Video, das Senator Ted Cruz im Justizausschuss des Senats vorführte, sieht man, wie Epps einem anderen Mann etwas zuflüstert und dieser dann beginnt, die Absperrungen zu beseitigen.[605] Als Epps bereits am Vorabend, dem 5. Januar 2021, zu einer Gruppe Trump-Anhänger sagte, »morgen müssen wir ins Kapitol gehen«, war es offensichtlich merkwürdig, dass die Trump-Leute »Fed! Fed! Fed!« (»Spitzel!«) zu skandieren begannen. Epps wurde nie angeklagt, obwohl 1425 andere J6-Teilnehmer (J6: »January 6 Capitol Riot«) verhaftet und teilweise bis

heute in Haft genommen wurden, viele davon nur wegen Hausfriedensbruchs. Einem Reporter der *Daily Mail* gegenüber, der Ray Epps im
Dezember 2021 auf seiner Ranch in Arizona ausfindig gemacht hatte,
weigerte er sich, zu dementieren, ein FBI-Spitzel zu sein.[606]
Als die ersten Demonstranten von der Trump-Rede eintrafen, pas-
sierten sie unwissentlich die entfernten Absperrungen und gelangten
zu einem Fernsehturm, auf dem ein unbekannter Mann stand, der mit
einem Megafon die friedlichen Demonstranten eine Stunde lang auf-
rief:»Nach vorne gehen! Nicht stehenbleiben!« Als ein weiterer
Trump-Anhänger dessen Mikrofon ergriff und ein Statement zu verlesen begann, wurde der »Fernsehturm-Kommandeur« wütend und
sagte:»Sie sollen weitergehen! Das ist das Einzige, das zählt!« Nachdem die ersten Demonstranten ins Kapitol eingedrungen waren,
änderte der »Fernsehturm-Kommandeur« seine Botschaft in:»Wir
müssen das Kapitol füllen!«[607]

Mehrere Videos dokumentieren, wie der Angriff auf das Kapitol
von schwarz vermummten Antifa-ähnlichen Gestalten losgetreten
wurde, als diese inmitten der friedlichen Trump-Demonstranten
begannen, Fenster und Türen an der Westseite des Kapitols mit
Schlagstöcken und Holzbohlen einzuschlagen. Trump-Anhänger riefen immer wieder »Keine Antifa!« und versuchten die Provokateure
davon abzuhalten.[608]

»Allen Anwesenden war klar, dass das Provokateure waren und
keine Trump-Anhänger«, sagte die persisch-amerikanische Aktivistin
Saghar Erica Kasraie dem Autor aus eigener Erfahrung, denn sie war
Augenzeugin und filmte. Aufgrund einer nachrichtendienstlichen
Lagebewertung sei im Vorfeld gewarnt worden, dass sowohl rechte
Gruppen wie die Proud Boys als auch die »Antifa und andere extre-
mistische Gruppen an der Demo teilnehmen werden«, sagte der Ex-
Chef der Kapitol-Polizei Steven Sund schriftlich vor dem Senat aus.
»Diese Verbrecher waren auf einen Krieg vorbereitet. Sie kamen mit
Waffen, Munition und Sprengstoff. Sie kamen mit Schilden, ballisti-

scher Schutzkleidung und taktischer Kampfausrüstung. Sie hatten ihr eigenes Funknetz, um den Angriff zu koordinieren, sowie Klettergerät und andere Ausrüstungsgegenstände, um die Sicherheitssysteme des Kapitols zu überwinden.«

Laut Sund waren die Antifa-Aktivisten teilweise am Vortag in Bussen angekommen, ließen aber am 6. Januar ihre Waffen zurück und mischten sich unter die Trump-Anhänger.[609]

Entgegen der Darstellung deutscher Medien, »bewaffnete Trump-Anhänger« hätten das Kapitol gestürmt, wurden unmittelbar nach dem 6. Januar nur zwei Kapitol-Stürmer wegen Waffenvergehen angeklagt.[610] Dabei ist in der Stadt Washington, D. C., das Führen von Schusswaffen verboten. Hätten waffenaffine US-Rechtsextreme in der Hauptstadt einen »bewaffneten Staatsstreich« organisieren wollen, wären sie vermutlich anders aufgetreten. Die Waffen, die in den Videos zu sehen sind, sind in erster Linie Schlagwaffen wie Tonfas und Teleskopschlagstöcke, wie sie auch von Linksextremen verwendet werden.

Der BLM- und Antifa-Aktivist John Sullivan machte mithilfe der Kamerafrau Jade Sacker beim »Sturm auf das Kapitol« Aufnahmen, wie er beispielsweise die Menge anfeuerte, eine Tür zu stürmen, was unmittelbar zur Erschießung der Trump-Anhängerin Ashli Babbitt führte. Laut *POLITICO* soll Sullivan von CNN und NBC jeweils 35 000 Dollar für seine Aufnahmen erhalten haben.[611]

Die Medien und *Wikipedia* behaupten, fünf Polizisten seien bei dem »Sturm auf das Kapitol« ums Leben gekommen, dabei ist kein einziger Polizist an dem Tag gestorben. Der 42-jährige Polizist Brian Sicknick, ein Trump-Anhänger, starb am 7. Januar an einem Schlaganfall. Die *New York Times* behauptete ohne Belege, Sicknick sei von Trump-Anhängern mit einem Feuerlöscher erschlagen worden, und diese Nachricht ging dann um die Welt.[612] Nachdem CNN enthüllte, dass die Meldung mit dem Feuerlöscher nicht zutreffend war, änderte die *New York Times* am 14. Februar 2021 heimlich ihren Bericht.[613]

Die einzigen Todesopfer an besagtem Tag waren vier Trump-Anhänger: die Luftwaffenveteranin Ashli Babbitt (sie wurde von dem Polizisten Michael Byrd erschossen), Rosanne Boyland (sie soll an einer Methamphetamin-Überdosis gestorben sein, obwohl mehrere Videos zeigen, wie sie von Polizisten erschlagen wurde), Benjamin Phillips und Kevin Greeson (beide erlitten nach Blendgranaten-Beschüssen einen Herzinfarkt).

Um 14:38 Uhr schrieb Donald Trump auf Twitter: »Bitte unterstützt unsere Kapitol-Polizei. Sie sind auf der Seite Amerikas. Bleibt friedlich!« Und insistierte um 15:13 Uhr: »Ich rufe alle am Kapitol auf, friedlich zu bleiben. Keine Gewalt! Wir sind die Partei von Recht und Gesetz, denkt dran!« Nach 18:00 Uhr begannen Facebook und Twitter, Trumps Aufrufe zu Frieden und Gewaltlosigkeit zu löschen. Und Twitter löschte am 8. Januar Trumps Account mit 80 Millionen Followern komplett.

Der »QAnon-Schamane« Jacob Chansley

Von den über 44 000 Stunden Kapitol-Überwachungsmaterial vom 6. Januar 2021 wurden der Öffentlichkeit jahrelang nur wenige besonders gewalttätige Szenen vorgeführt, um das Bild eines Umsturzversuchs durch extremistische Trump-Anhänger zu verfestigen. Und um den Eindruck noch zu verstärken, hat man den stummen Überwachungsvideos teilweise sogar Rufe und Lärm hinzugefügt.

Nachdem die Republikaner jedoch im Januar 2023 die Mehrheit im US-Abgeordnetenhaus übernommen hatten, drängten sie darauf, dass das gesamte Videomaterial vom 6. Januar freigegeben wurde. Im Februar 2023 erhielt der damalige Fox-News-Moderator Tucker Carlson als Erster Zugang zu dem ungeschnittenen Material, und aus dem ergab sich ein ganz anderes Bild. Beispielsweise sieht man, dass der Polizist Brian Sicknick, der angeblich von gewalttätigen Trump-

Unterstützern erschlagen wurde, an diesem Tag wohlauf und unverletzt war.[614]

In seinen ersten Beiträgen zu diesem Thema am 7. und 8. März 2023 zeigte Carlson Bilder des sogenannten »QAnon-Schamanen«[615] im Büffelkostüm, Jacob Chansley, einem 36-jährigen Navy-Veteran und Kinderpfleger aus Arizona mit einer Vorliebe für psychedelische Drogen.[616] Chansley wurde von den Medien und den Demokraten als Anführer eines gewalttätigen Umsturzversuchs dargestellt. Doch auf Videos ist zu sehen, wie er sich am 6. Januar bei minus 8 Grad Celsius den ganzen Tag im Büffelkostüm mit nacktem Oberkörper und Gesichtsbemalung durch Washington bewegte. Dies stellte für ihn aufgrund seiner langjährigen Übung im Eisbaden keine Schwierigkeit dar, sondern entsprach seinem Selbstverständnis. Wie er 2024 dem *Daily Telegraph* erzählte, versteht sich Chansley nämlich als Schamane. Er befand sich an jenem Tag also nicht aus politischen, sondern spirituellen Gründen am Kapitol.[617]

Chansleys etwa 2-stündiger Aufenthalt im Kapitol ist komplett auf Video dokumentiert.[618] Dabei wurde er von bis zu neun Polizisten begleitet, die ihm verschlossene Türen aufsperrten und ihn durch das Gebäude bis ins Plenum des Senats führten, wo er für die Beamten ein Gebet sprach. Sein Auftritt wirkte eher wie eine ulkige Touristenführung auf psychedelischen Pilzen denn als ein Putschversuch.

Nachdem Donald Trump seine Unterstützer auf Twitter aufgefordert hatte, heimzugehen, verlas Chansley diesen Tweet per Megafon an alle Anwesenden: »Donald Trump hat uns gebeten, heimzugehen. Wir haben unseren Protest ausgedrückt. Jetzt hat Donald Trump uns gebeten, nach Hause zu gehen. Was werden wir also tun? Wir werden das tun, worum uns unser Präsident bittet, und heimgehen!«

Sollte der unbewaffnete Chansley eine Gefahr dargestellt haben, so muss man sich fragen, warum neun bewaffnete Polizisten nicht nur nichts gegen ihn unternahmen, sondern ihn sogar herumführten, wofür er sich höflich bedankte. Doch aus welchem Grund wurde er dann am 9. Januar 2021 verhaftet und 8 Monate später zu 4 Jahren Haft wegen Hausfriedensbruchs verurteilt? Warum bekam sein Anwalt – oder die Weltöffentlichkeit – dieses Video nie zu sehen? Es drängt sich der Verdacht auf, dass die entlastenden Beweise von der Sprecherin des Abgeordnetenhauses, Nancy Pelosi, absichtlich zurückgehalten wurden, um das Narrativ eines gewaltsamen Putschversuches am 6. Januar 2021 aufrechtzuerhalten. Nach der Veröffentlichung dieser Bilder schrieb Elon Musk am 11. März 2023 auf X »Befreit Jacob Chansley« und erklärte:»Ich gehöre nicht zur Trump-Bewegung, aber ich glaube an die Gleichheit vor dem Gesetz. Chansley wurde in den Medien fälschlicherweise als gewalttätiger Verbrecher dargestellt, der einen Staatsstreich durchführen und andere zur Gewalt anzustiften wollte. Aber hier [auf dem auf X hochgeladenen Video] drängt er die Menschen dazu, friedlich zu sein und nach Hause zu gehen. Und das andere Video zeigt ihn, wie er ruhig durch das Kapitol-Gebäude spaziert, von Beamten begleitet, und sich bei ihnen dann bedankt.«[619]

Chansley wurde am 28. März 2023 in ein Männerwohnheim transferiert und am 25. Mai 2023 vorzeitig entlassen. Eine Entschuldigung dafür, dass man ihm aufgrund einer Lüge 26 Monate seines Lebens geraubt hat, hat er bis heute nicht bekommen. Auf *Wikipedia* wird er immer noch als Schwerverbrecher dargestellt, und das entlastende Video wird dort nicht erwähnt. Jacob Chansley kandidiert jetzt für das Abgeordnetenhaus in Arizona.[620]

Sofern die Videoaufnahmen des friedlichen und höflichen Chansley typisch für das Verhalten der angeblichen »Putschisten« vom 6. Januar sind, steht wohl eine Neubewertung der Ereignisse an jenem Tag an. Die Demokraten gerieten über die Veröffentlichung dieses ungeschnittenen Videomaterials derart in Panik, dass sie ihren schlimmsten Feind um Hilfe baten, nämlich Rupert Murdoch von Fox News. Dies geschah am 7. März 2023, als der Mehrheitsführer im Senat, Chuck Schumer, an Murdoch appellierte, er möge doch bitte verhindern, dass Tucker Carlson weiterhin Lügen verbreite, indem er diese Videos vom 6. Januar zeige.[621]

Einige Wochen später, am 24. April 2023, wurde Tucker Carlson, der erfolgreichste Nachrichtenmoderator der USA, von Fox News entlassen. Gründe wurden keine genannt.

KAPITEL 15

Bleierne Zeit: die Biden-Jahre

»Auf eine kranke Weise macht mir das sogar Spaß. Das ist wie im kommunistischen China oder im stalinistischen Russland. Aber wir werden 2024 gewinnen. Und Amerika wird wieder ein freies Land sein.«[622]

Donald Trump in North Carolina, 11. Juni 2023

Die Gefangenen des 6. Januar

Nicht jeder Demonstrant vom 6. Januar hatte das Glück, wie Jacob Chansely Hilfe von einem prominenten Nachrichtenmoderator zu bekommen. Im Jahr 2024 werden mehr als 3 Jahre später immer noch Trump-Unterstützer wegen Hausfriedensbruchs verhaftet und eingesperrt. Das FBI verwendet (wie das Filmteam von *2000 Mules*) Handydaten, um Schuldige ausfindig zu machen. Seit dem 6. Januar 2021 hat das FBI offiziell 1424 Menschen wegen Beteiligung an J6 verhaftet. Im ersten Quartal des Wahljahres 2024 wurden 159 Menschen verhaftet, doppelt so viele wie im selben Zeitraum 2023. Es ist die größte Ermittlung in der Geschichte des FBI.[623]

1335 Menschen wurden wegen »Hausfriedensbruchs in einem Bundesgebäude« angeklagt und teilweise jahrelang inhaftiert. Viele mussten Jahre auf ihren Prozess warten – unter unwürdigen und unhygienischen Bedingungen, teilweise in Einzelhaft. Fünf J6-Angeklagte haben Selbstmord begangen.

Als BLM- und Antifa-Randalierer am 31. Mai 2020 das Weiße Haus attackierten und die St. John's Kirche anzündeten, wurde niemand festgenommen und jahrelang verfolgt. Als Pro-Abtreibungs-Demonstranten 2022 den Obersten Gerichtshof oder Pro-Palästina-Demonstranten 2023 das Kapitol besetzten, ebenfalls nicht.

Die Nationalgarde besetzt Washington

Im Vorfeld des 6. Januar hatte Donald Trump angeboten, 10 000 bis 20 000 Nationalgardisten zur Sicherung der Hauptstadt einzusetzen. Doch die Kongressvorsitzende Nancy Pelosi und die Bürgermeisterin von Washington, Muriel Bowser, lehnten ab. Am Tag des 6. Januar selbst musste der ehemalige Chef der Kapitol-Polizei, Steven Sund, dann 5 Stunden lang auf die Nationalgarde warten, nachdem er sie um 12:58 Uhr angefordert hatte.[624] Zwar verglich Nancy Pelosi den 6. Januar später mit dem Angriff auf Pearl Harbor, zeigte an besagtem Tag und in seinem Vorfeld aber kein Interesse, für Sicherheit zu sorgen. Laut Kash Patel, der damals im Verteidigungsministerium arbeitete, war Nancy Pelosis größte Sorge, wann die Kantine im Kapitol wieder aufmachte. Außerdem wollte sie in Washington Kampfpanzer des Typs M1 Abrams auffahren lassen.[625]

Am Tag der Amtseinführung von Joe Biden, dem 20. Januar 2021, wurden 21 500 Nationalgardisten in Washington eingesetzt. Sie blieben bis März in der Hauptstadt stationiert, obwohl es augenscheinlich keine Sicherheitsbedrohung gab.[626] Das Kapitol und das Oberste Gericht wurden mit NATO-Draht, Panzersperren und Sicherheitszäunen gesichert. Bewaffnete Soldaten mit FFP2-Masken patrouillierten in den Straßen und richteten wie in Bagdad eine »Grüne Zone« ein. Am 12. Januar 2021 wurden sie sogar dazu ermächtigt, tödliche Gewalt einzusetzen.[627] Washington wirkte wie aus einem Zombiefilm oder wie mitten in einem Putsch in einer Bananenrepublik der Dritten Welt. Und das war gar nicht so weit von der Wahrheit entfernt. Denn schon im Januar 2017 begann die »Säuberung« des US-Militärs von vermeintlich rechtsextremen Soldaten. Demokraten äußerten die Furcht, rechtsradikale Soldaten könnten einen Anschlag auf den neuen Präsidenten Joe Biden planen. Neun Nationalgardisten wurden heimgeschickt, weil sie »rechte« Inhalte im Internet geteilt hätten.[628] Der erste schwarze Verteidigungsminister Lloyd Austin verordnete dem Militär im Februar eine »Auszeit«, um »Feinde in den eigenen Reihen« aufzuspüren und zu vertreiben.[629] Bereits im Februar wurden »Hunderte von Trump-Anhängern« aus dem Dienst entlassen und die Profile von Soldaten in den sozialen Medien nach Anzeichen einer »rechten« Gesinnung durchforstet.[630] Stabschef General Mark A. Milley sagte am 23. Juni 2021 vor dem Kongress aus, er wolle »weiße Wut verstehen« lernen.[631]

Im Laufe der Biden-Präsidentschaft wurde das US-Militär sukzessive von sogenannten »rechten« Soldaten gesäubert und eine LGBTQ-freundliche und »rassenbewusste« Agenda eingeführt, um das Militär »diverser« und »inklusiver« zu machen. Im Mai 2021 wurde Oberstleutnant Matthew Lohmeier vom Weltraumkommando Space Force seines Postens enthoben, nachdem er die »neomarxistische« Agenda der Biden-Regierung kritisiert hatte. Sein Kommentar dazu: »Als Konservativer wird man mit Extremisten in eine rechte Ecke gestellt, wenn man seine Meinung äußert. Als Linker darf man sagen, was man will, und wird dafür nicht zur Rechenschaft gezogen.«[632]

Heute leidet das US-Militär an akutem Personalmangel.

Die zweite Amtsenthebung

Auch als Trumps Amtszeit längs zu Ende war, blieben Nancy Pelosi und die Demokraten besessen von ihm. Zum ersten Mal in der US-

Geschichte strebten sie am 9. Februar 2021 ein Amtsenthebungsverfahren gegen einen Präsidenten an, der gar nicht mehr im Amt war – vermutlich um zu verhindern, dass Trump 2024 wieder kandidierte. Doch auch diesmal war ihr Bemühen zum Scheitern verurteilt, da Pelosi keine Zweidrittelmehrheit im Senat hatte.

Der Jurist Alan Dershowitz argumentierte, der Kongress habe kein Recht, einen Präsidenten *ex post facto* des Amtes zu entheben. Sonst erhebe sich »der Kongress über das Gesetz«. Und weiter: »Sie sagen immer, dass der Präsident nicht über dem Gesetz steht. Aber der Kongress steht auch nicht über dem Gesetz, das genaue Vorgaben für ein Amtsenthebungsverfahren macht. Die Ausübung der Meinungsfreiheit gehört nicht dazu.«[633]

Am 13. Januar stimmten 222 Demokraten und 10 Republikaner im Abgeordnetenhaus für eine Amtsenthebung wegen »Anstiftung zum Aufstand«, die aber wie erwartet mit 57 zu 43 nicht die nötige Zweidrittelmehrheit im Senat erhielt. Damit war Nancy Pelosis zweiter Versuch gescheitert, Donald Trump seines Amtes zu entheben.

Der J6-Ausschuss

Doch die Trump-Hexenjagd musste weitergehen. So beriefen die Demokraten am 19. Mai 2021 einen Untersuchungsausschuss im Abgeordnetenhaus zum 6. Januar ein und nannten ihn »J6-Ausschuss«.

Üblicherweise waren solche Untersuchungsausschüsse paritätisch mit Vertretern beider Parteien besetzt. Doch als die Republikaner Pro-Trump-Mitglieder wie Jim Jordan und Jim Banks ernannten, die laut Demokraten »die Wahl infrage gestellt« hatten, lehnte Pelosi diese ab. Fortan boykottierten die Republikaner den Untersuchungsausschuss. Pelosi ernannte stattdessen zwei abtrünnige Republikaner in den Ausschuss, die Trump hassten: Liz Cheney, die Tochter des

Irak-Kriegstreibers Dick Cheney, und Adam Kinzinger aus Illinois. Beide wurden 2022 von ihren Wählern abgewählt.

So wurde aus dem J6-Ausschuss ein Femegericht, bei dem die Demokraten unwidersprochen alle Beweise und Entlastungszeugen unterschlugen, die ihrem Narrativ entgegenliefen. Der Ausschuss befragte über tausend Zeugen und sichtete über eine Million Dokumente. Damit der Ausschuss manipulativ zusammengeschnittene Videos veröffentlichen konnte, die alle entlastenden Aussagen wegließen, fanden die Anhörungen im ersten Jahr hinter verschlossenen Türen statt. Beispielsweise veröffentlichte der Ausschuss ein Video von Trumps Berater **Jason Miller**, in dem dieser behauptete, der Datenanalyst Matthew Oczkowski habe Trump Ende 2020 gesagt, er werde die Wahl verlieren. Damit wollte der Ausschuss beweisen, dass Trump von seiner Wahlniederlage gewusst hatte, diese aber angezweifelt habe. Den Rest seiner Aussage habe man allerdings weggeschnitten, bezeugte Miller: »Ich habe dann gesagt, dass Trump nicht Matts Meinung war. Denn Trump erwartete, dass unsere juristischen Anfechtungen Erfolg haben würden.«[634]

Am 9. Juni 2022 eröffneten die Demokraten die öffentlichen Anhörungen mit einem manipulativ zusammengeschnittenen Video, das Donald Trumps Aussage wegließ, »friedlich und patriotisch« zum Kapitol zu gehen. Harvard-Jurist Alan M. Dershowitz nannte das Vorgehen des Ausschusses »unethisch« und gab zu Protokoll: »Sie haben alle entlastenden Aussagen herausgeschnitten. Wenn ein Staatsanwalt so etwas machen würde, würde er seine Zulassung verlieren.«[635]

Als die Demokraten merkten, dass die Bürger das Interesse verloren hatten und die Einschaltquoten in den Keller sanken, versuchten sie, die Anhörungen im Vorfeld der Kongresswahlen 2020 mit einer Überraschungszeugin aufzupeppen, und diese fanden sie in der 26-jährigen **Cassidy Hutchinson**, einer ehemaligen Mitarbeiterin von Trump-Stabschef Mark Meadows. Diese sagte am 29. Juni 2022 unter Eid vor dem Kongress aus, Präsident Trump habe am 6. Januar seinem Secret-Service-Leibgardisten »ins Lenkrad gegriffen«, damit er ihn nach seiner Rede zum Kapitol fahren würde. Als ihn dieser trotzdem ins Weiße Haus fuhr, sei Trump außer sich gewesen und habe versucht, den Fahrer zu würgen. Der Secret Service bestritt die absurden Vorwürfe umgehend.[636] Außerdem behauptete Hutchinson unter Eid, Trump sei am 6. Januar in dem gepanzerten Cadillac »The Beast« gefahren. Videos von diesem Tag zeigen aber, dass Trump in einem kugelsicheren Chevrolet Suburban unterwegs war, dessen Fahrgastraum überdies mit einer kugelsicheren Scheibe vom Fahrerraum abgetrennt ist. Es ist also gar nicht möglich, vom Fahrgastraum »ins Lenkrad zu greifen«.[637] Trump nannte Hutchinson »eine Lügnerin und Märchenerzählerin«, und der J6-Ausschuss geriet vollends zur Farce. Cassidy Hutchinson wurde nie wegen Meineids belangt.

Am 19. Dezember 2022 empfahl der rein demokratisch instrumentalisierte Ausschuss dem Justizministerium Donald Trumps Strafverfolgung wegen »Anstiftung zum Umsturz« und »Behinderung der Justiz«. Der Jurist Alan Dershowitz sagte, diese Empfehlung sei ein »wertloses Stück Papier« und »für die Mülltonne«. Hier werde ein »einseitiger Schauprozess ohne Anhörung der Gegenseite« versucht. Überdies habe der Kongress laut Verfassung keine Befugnis, dem Justizministerium Strafverfolgungen zu empfehlen. »Das Justizministerium sollte den Kongress dafür rügen, dies überhaupt versucht zu haben.«[638]

»Der J6 Ausschuss war ein reiner Schauprozess,« erklärte Trumps Berater **Steve Bannon** am 9. Mai 2024. »Es gab keine Beteiligung der Opposition oder Minderheitssprecher. Bei allen Untersuchungsausschüssen von Watergate bis zur Iran-Contra-Affäre erhielt die Opposition einen Sprecher und Rechtsbeistand, der Zeugen befragen konnte. Das gehört zu den Grundzügen unserer Rechtsordnung.« Der J6-Ausschuss lieferte laut Trumps Anwalt **Mike Davis** die Grundlage für die darauffolgenden Klagen gegen Trump: »Das ist eine kriminelle Verschwörung von Biden-Demokraten und Fake-Republikanern wie Liz Cheney und Adam Kinzinger, um Trump loszuwerden. Sie versuchen, eine ordnungsgemäß angemeldete Demonstration am 6. Januar, die außer Kontrolle geraten ist, zu instrumentalisieren, um Menschen wie Steve Bannon, Peter Navarro, Trumps Anwälte John Eastman und Jeff Clark und im Grunde die ganze Trump-Bewegung loszuwerden.«[639]

Razzia in Mar-a-Lago

Die Demokraten erreichten Haftanträge gegen Trump-Mitstreiter, die die Aussage vor dem J6-Ausschuss verweigerten. Trump-Berater Steve Bannon und Peter Navarro wurden wegen »Missachtung des Kongresses« zu 4-monatigen Haftstrafen verurteilt. Dabei waren Mitarbeiter des Präsidenten bisher eigentlich per »Exekutivprivileg« vor Strafverfolgung geschützt, um zu verhindern, dass diese von der Nachfolgeregierung verfolgt werden. Peter Navarro trat seine Haftstrafe am 19. März 2024 an und sitzt, während ich dies schreibe, im Bundesgefängnis in Miami. Bannon, Moderator des erfolgreichsten politischen Podcasts der USA trat seine Haftstrafe am 1. Juli 2024 an. Die üblichen Kämpfer für verfolgte Journalisten schwiegen dazu.

Stabschef Mark Meadows und Pressesprecher Dan Scavino wurde ebenfalls »Missachtung des Kongresses« vorgeworfen, es kam jedoch zu keiner Anklage. Die Demokraten instrumentalisierten in der Biden-Amtszeit das Justizministerium und die Staatsanwaltschaften gegen Trump-Mitarbeiter, kritische Journalisten und ganz normale Bürger wie J6-Demonstranten, Abtreibungsgegner und transgender-kritische Eltern (laut FBI »Inlandsterroristen«). Es gab FBI-Razzien bei James O'Keefe, Rudy Giuliani und seinen Mitarbeitern **Joe diGenova** und **Victoria Toensing** sowie bei dem Spendengeber **Mike Lindell**. Die Trump-Anwälte **Jenna Ellis**, John Eastman und Jeff Clark wurden entgegen jeder gängigen Rechtspraxis in westlichen Demokratien untersucht und angeklagt, weil sie Rechtsmittel gegen die Wahl 2020 eingelegt hatten. Linke Projekte wie Just Security verfolgten

Trump-Anwälte, veröffentlichten ihre Namen und Adressen und sorgten dafür, dass sie von Anwaltskammern ausgeschlossen wurden und ihre Zulassung verloren – ein in der Geschichte der USA beispielloser Verstoß gegen die Anwaltsimmunität und das Anwaltsgeheimnis.[640]

Am 8. August 2022 stürmten dreißig bis vierzig schwer bewaffnete FBI-Agenten Trumps Anwesen Mar-a-Lago in Palm Beach und durchsuchten es 9 Stunden lang. Sogar Melania Trumps Kleiderschrank wurde durchsucht. Der offizielle Grund für die Razzia waren Dokumente, die Trump aus seiner Amtszeit mitgenommen haben soll und die das Nationalarchiv angefordert hatte. Trump kooperierte jedoch seit Januar 2022 mit dem Nationalarchiv. Joe Biden und Barack Obama hatten wie jeder Präsident vor ihnen ebenfalls Zehntausende von teils vertraulichen Dokumenten aus ihrer Amtszeit mit nach Hause genommen, wurden jedoch nie dafür belangt. Der Richter Bruce Reinhart, der die Hausdurchsuchung angeordnet hat, ist ein ehemaliger Obama-Spender und Mitarbeiter des verurteilten und mittlerweile verstorbenen Pädophilen Jeffrey Epstein. Am 11. August bestätigte der US-Generalstaatsanwalt Merrick Garland, »persönlich die Entscheidung bewilligt zu haben, einen Durchsuchungsbeschluss zu erwirken«.

Letztlich waren der J6-Untersuchungsausschuss und die Razzia in Mar-a-Lago Angelausflüge nach möglichen Ansatzpunkten, um rechtlich gegen Donald Trump vorgehen zu können und zu verhindern, dass die Wähler 2024 vielleicht das Unvorstellbare taten: Trump zum dritten Mal zu wählen.

Die völlige Instrumentalisierung der Justiz: 4 Prozesse und 91 Anklagepunkte im Wahljahr 2024

Im Wahljahr 2024 besiegte Donald Trump bei den Vorwahlen alle republikanischen Herausforderer mit Leichtigkeit und lag gegen Ende der Vorwahlsaison in allen wichtigen Swings States vor Joe Biden. Die Wirtschaft schwächelte, die Haushaltsausgaben stiegen ins Unermessliche, der Ukrainekrieg verlief alles andere als erfolgreich, und im Gazakrieg gegen die Hamas konnte die Biden-Regierung es weder der Pro-Israel-Fraktion noch der Anti-Israel-Fraktion recht machen. Der einzige Weg, die Wiederwahl Donald Trumps am 9. November 2024 zu verhindern, schien die Kriegsführung mit rechtlichen Mitteln – »Lawfare« – zu sein.

So begann eine beispiellose Instrumentalisierung des US-Justizsystems durch das Justizministerium der Biden-Regierung und Staatsanwälte in demokratischen Bezirken, die oft Wahlkampfhilfe durch die Open Society Foundations erhalten hatten. In vier Bundesstaaten wurde Trump in 91 Punkten angeklagt. Die Demokraten erwarteten, dass der Präsidentschaftskandidat damit im Wahljahr lahmgelegt werden würde. Doch stattdessen boten sie ihm eine öffentliche Plattform, bei der die Hexenjagd für jeden offensichtlich wurde.

In **Washington, D. C.,** wurde Trump von Sonderermittler **Jack Smith** wegen seiner Anfechtung der Wahl vom 3. November 2020 und seiner Beteiligung an J6 angeklagt. Trump berief sich auf seine Immunität als Präsident. Der Fall wird vermutlich erst nach den Wahlen zur Verhandlung kommen. In **Florida** wurde Trump ebenfalls von Smith angeklagt, und zwar wegen angeblich unrechtmäßiger Handhabung vertraulicher Dokumente. Die von Trump nominierte Richterin Aileen Cannon enthüllte Dokumente, nach denen das Weiße Haus und das Justizministerium zusammen mit dem Nationalarchiv schon seit August 2021 nach einer Möglichkeit suchten, Trump anzuklagen.[641] Die Abgeordnete Elise Stefanik reichte am 30. April 2024 beim Justizministerium eine Ethikbeschwerde gegen den Sonderermittler ein, da es »für jeden offensichtlich ist, dass Jack Smith versucht, sich in die Wahl 2024 einzumischen und die amerikanischen Wähler daran zu hindern, Donald Trump zu wählen«.[642] Smith musste am 7. Mai 2024 zugeben, Beweise aus Mar-a-Lago manipuliert zu haben.[643] Richterin Cannon verschob den Verhandlungstermin und ordnete einen Termin zur Untersuchung der Ernennung und Finanzierung des Sonderermittlers an.

In **Atlanta, Georgia**, wurden Donald Trump und achtzehn andere Menschen, darunter Rudy Giuliani und Ex-Stabschef Mark Meadows, angeklagt, eine »kriminelle Verschwörung« gebildet zu haben, um die Wahl 2020 anzufechten. Der Fall geriet jedoch zum Spektakel, als bekannt wurde, dass Chefanklägerin Fani Willis ihren Liebhaber Nathan Wade als Ermittler beschäftigt, ihm 654 000 Dollar vom Staat Georgia bezahlt und das Gericht dazu belogen hatte. Der ehemals verheiratete Wade hat mit diesem Geld Kreuzfahrten, Kalifornien- und Karibikurlaube für sich und seine Chefin finanziert. Nathan Wade musste von dem Fall zurücktreten, und Willis droht ein Disziplinarverfahren.[644]

In **New York** wurde Trump angeklagt, der Pornodarstellerin Stormy Daniels 2016 Schweigegeld gezahlt und dieses als Wahlkampfausgabe abgesetzt zu haben.[645] Ankläger war der Staatsanwalt Alvin Bragg, dessen Wahlkampf 2021 von der NGO Color of Change finanziert worden war, die eine Millionen Dollar von George Soros erhalten hatte. Obwohl Soros selbst darüber in der *Wall Street Journal* geschrieben hat,[646] wird diese Tatsache von linken Möchtegern-Faktencheckern immer wieder in Abrede gestellt.[647] Die New Yorker Generalstaatsanwältin Letitia James, die einen zivilrechtlichen Prozess in New York gegen Trump wegen angeblich falscher Buchhaltung anstrengt, wurde ebenfalls von Soros und seiner Familie finanziert.[648]

Der dritthöchste Beamte im Biden-Justizministerium, Matt Colangelo, der 2018 für die Demokratische Partei gearbeitet hat, kündigte 2022 seinen hochrangigen Job in Washington, um in New York als gewöhnlicher Staatsanwalt zu arbeiten und den Fall gegen Trump zu führen. Vermutlich stecken also Colangelo und das Biden-Justizministerium hinter der Klage in New York. Dementsprechend verlas Colangelo und nicht Bragg am 22. April 2024 die Anklageschrift, die sich auf keine konkrete Straftat festlegen wollte.[649] Die Tochter des Richters Juan Merchan ist eine demokratische Lobbyistin, die mit dem Fall 93 Millionen Dollar an Spendengeldern eingetrieben hat.[650] Dieser Fall stützt sich im Wesentlichen auf die Aussagen des verurteilten Trump-Anwalts Michael Cohen und der Pornodarstellerin Stormy Daniels, die einer schriftlichen Erklärung von 2018 widersprach, keine Affäre mit Trump gehabt zu haben.[651] Cohen wurde 2018 wegen Betrugs und Meineids zu 3 Jahren Haft verurteilt. Im New Yorker Prozess gegen Trump gab er zu, diesen ohne dessen Einverständnis heimlich aufgenommen zu haben. Der Anwalt Alan M. Dershowitz nannte den Kronzeugen der Anklage, Cohen, einen »Lügner«.[652]

Am 30. Mai 2024 wurde Trump der »Fälschung von Geschäftsunterlagen« in 34 Fällen für schuldig befunden, was normalerweise keine Straftat, sondern nur ein Vergehen ist.

Es ist vielleicht kein Zufall, dass diese offensichtlich politisch motivierten Prozesse gegen Trump den Demokraten um die Ohren fliegen. Denn welcher anständige Jurist würde seine Karriere aufs Spiel setzen, um in einem Wahljahr die größte parteipolitische Hexenjagd der US-Geschichte gegen den Spitzenkandidaten durchzudrücken? Dafür scheinen nur fanatische Parteisoldaten und minderbemittelte Karrieristen in linken Hochburgen infrage zu kommen.

»In jedem einzelnen dieser Fälle haben sie Richter geholt, die vor nichts Halt machen, und die korruptesten Staatsanwälte, die sie finden konnten. Das ist genauso wie mit Andrew Weissmann bei der Mueller-Untersuchung«, sagte Präsidentensohn Donald Trump Jr. am 13. Mai 2024 zu Steve Bannon. »Das war ein Typ mit einem halbseidenen Hintergrund und ohne Moral oder Gewissen, der alles machen würde, ob legal oder nicht, ob verfassungsgemäß oder nicht.«[653]

Donald Trump, der als Präsident auf sein Gehalt verzichtete und durch die Anklagen und Angriffe massive finanzielle Einbußen hinnehmen musste, hätte sich nach seiner ersten Amtszeit einfach zur

Ruhe setzten und Golf spielen können. Doch »er konnte es nicht hinnehmen, dass sie unsere Demokratie zerstören«, erklärte Steve Bannon. »Er wusste, was auf ihn zukommt. Er wusste, dass sie versuchen würden, seinen Ruf zu zerstören, ihn zu ruinieren und einzusperren. Er wusste, dass sie versuchen würden, ihn umzubringen. Er hatte diese Entscheidung getroffen, um das Land zu retten.«

Donald Trump Jr. erinnert sich daran, wie er am 14. Juni 2015 im Trump Tower mit seinem Vater im Fahrstuhl hinunterfuhr, um dessen Kandidatur bekannt zu geben: »›Und jetzt finden wir heraus, wer unsere wahren Freunde sind‹, sagte mein Vater zu mir. Er wusste, was passieren würde. Er war nicht naiv. Und er hat es trotzdem getan. Weil wir darum kämpfen müssen, unser Land zu retten.«[654]

Bibliografie

Bokhari, Allum: *#Deleted: Big Tech's Battle to Erase the Trump Movement and Steal the Election*, Center Street 2021.

Bongino, Dan; McAllister, D. C.; Palumbo, Matt: *Spygate: The Attempted Sabotage of Donald J. Trump*, Post Hill Press 2018.

Bongino, Dan: *Exonerated: The Failed Takedown of President Donald Trump by the Swamp*, Post Hill Press 2019.

Bongino, Dan: *Follow the Money: The Shocking Deep State Connections of the Anti-Trump Cabal*, Post Hill Press 2020.

Breitbart, Andrew: *Righteous Indignation: Excuse Me While I Save the World!*, Grand Central Publishing 2011.

Dershowitz, Alan: *The Case Against Impeaching Trump*, Hot Books 2018.

Dershowitz, Alan: *Get Trump: The Threat to Civil Liberties, Due Process, and Our Constitutional Rule of Law*, Hot Books 2023.

Devine, Miranda: *Hunter Bidens Laptop from Hell: Die Zensur der Internet-Giganten und die schmutzigen Geheimnisse des Joe Biden*, Kopp Verlag 2022.

D'Souza, Dinesh: *2000 Mules: Sie dachten, wir würden ihnen nicht auf die Schliche kommen. Sie haben sich geirrt*, Kopp Verlag 2022.

Fitton, Tom: *A Republic Under Assault: The Left's Ongoing Attack on American Freedom*, Threshold Editions 2020.

Flynn, Michael T.; Leeden, Michael: *The Field of Fight: How We Can Win the Global War Against Radical Islam and Its Allies*, St. Martin's Press 2016.

Hemingway, Mollie: *Rigged: How the Media, Big Tech, and the Democrats Seized Our Elections*, Regnery 2021.

Hoft, Joe: *The Steal – Volume I: Setting the Stage: The Deep State, Big Tech, Big Media, China, Absentee Ballots, the USPS, Non-Profits, and Rallies*, Eigenverlag 2022.

Hoft, Joe: *The Steal – Volume II: The Impossible Occurs: Access Denied, Impossible Results, The Drop and Roll, Chain of Custody, Authenticity, System Compliance, System Issues, and RICO,* Eigenverlag 2022.

Hoft, Joe: *The Steal – Volume III: The Cover-Up: Zero Enforcement, Evidence Ignored, The Courts, Jan 6, The Audits, Hunter Biden's Laptop, The Censorship Complex, the Non-Election System Secret, and What's Next,* Eigenverlag 2024.

Horowitz, David: *The Shadow Party: How George Soros, Hillary Clinton and Sixties Radicals Seized Control of the Democratic Party,* Thomas Nelson 2010.

Horowitz, David: *Blitz: Trump Will Smash the Left and Win,* Humanix 2020.

Horowitz, David: *The Enemy Within: How a Totalitarian Movement is Destroying America,* Regnery 2021.

Horowitz, David: *I Can't Breathe: How a Racial Hoax Is Killing America,* Regnery 2021.

Horowitz, David: *Final Battle: The Next Election Could Be the Last,* Humanix 2023.

Jarrett, Gregg: *The Russia Hoax: The Illicit Scheme to Clear Hillary Clinton and Frame Donald Trump,* Broadside Books 2018.

Jarrett, Gregg: *Witch Hunt: The Story of the Greatest Mass Delusion in American Political History,* Broadside Books 2019.

Kelly, Julie: *January 6: How Democrats Used the Capitol Protest to Launch a War on Terror Against the Political Right,* Bombardier Books 2021.

Klein, Edward: *All Out War: The Plot to Destroy Trump,* Regnery 2017.

Lewandowski, Corey; Bossie, David: *Let Trump be Trump: The Inside Story of His Rise to the Presidency,* Center Street 2017.

Mac Donald, Heather: *The War on Cops: How the New Attack on Law and Order Makes Everyone Less Safe,* Encounter Books 2016.

McMahon, Collin: *George Soros' Krieg: Wie die Open Society Foundations die Welt an den Rand des Dritten Weltkriegs gebracht haben*, Kopp Verlag 2023.

McMahon, Collin: *Der Zensurkomplex: Wie Regierungen, Geheimdienste und NGOs ihre Bürger überwachen und politisch unerwünschte Meinungen bekämpfen*, Kopp Verlag 2023.

Palumbo, Matt: *The Man Behind the Curtain: Inside the Secret Network of George Soros*, Liberatio Protocol 2021.

Papadopoulos, George: *Deep State Target: How I Got Caught in the Crosshairs of the Plot to Bring Down President Trump*, Diversion Books 2019.

Patel, Kash Pramod: *Government Gangsters: The Deep State, the Truth, and the Battle for Our Democracy*, Post Hill Press 2023.

Schweizer, Peter: *Clinton Cash: The Untold Story of How and Why Foreign Governments and Businesses Helped Make Bill and Hillary Rich*, Harper 2016.

Schweizer, Peter: *Secret Empires: How the American Political Class Hides Corruption and Enriches Family and Friends*, Harper 2018.

Schweizer, Peter: *Profiles in Corruption: Abuse of Power by America's Progressive Elite*, Harper 2020.

Schweizer, Peter: *Red-Handed: How American Elites Get Rich Helping China Win*, Harper 2022.

Schweizer, Peter: *Blood Money: Why the Powerful Turn a Blind Eye While China Kills Americans*, Harper 2024.

Smith, Lee: *The Plot Against the President: The True Story of How Congressman Devin Nunes Uncovered the Biggest Political Scandal in U.S. History*, Center Street 2019.

Smith, Lee: *The Permanent Coup: How Enemies Foreign and Domestic Targeted the American President*, Center Street 2020.

Strassel, Kimberley: *Resistance (At All Costs): How Trump Haters Are Breaking America*, Twelve 2019.

Endnoten

Alle hier aufgeführten Links waren bei Redaktionsschluss online zugänglich. Möglicherweise haben Seitenbetreiber in der Zwischenzeit Links hinter einer Paywall versteckt. Dies liegt nicht im Verantwortungsbereich von Autor und Verlag. Für Links, die nach der Veröffentlichung von den Seitenbetreibern gelöscht oder verändert wurden, übernehmen Autor und Verlag keine Verantwortung. Manche nicht mehr verfügbaren Links können mithilfe der Wayback Machine im Internet Archive aufgefunden werden: *archive.org/web/.*

1   *https://www.nytimes.com/interactive/2016/upshot/presidential-polls-forecast.html.*

2   Zu Trumps Plan »to drain the swamp« siehe beispielsweise: *https://www.businessinsider.com/what-does-drain-the-swamp-mean-was-dc-built-on-a-swamp-2016-11, https://www.bbc.com/news/election-us-2016-37699073.*

3   »Im besiegten Deutschland baut die CIA das Netzwerk Stay Behind auf – und rekrutiert dafür Offiziere aus der NS-Zeit.«; siehe dazu die ZDF-Dokumentation »Die Schattenkrieger der NATO«: *https://www.zdf.de/politik/frontal/nato-schattenkrieger-stay-behind-geheimdienste-cia-nazis-youtube-100.html.*

4   *https://www.buzzfeednews.com/article/kenbensinger/these-reports-allege-trump-has-deep-ties-to-russia.*

5   *https://edition.cnn.com/2017/01/16/opinions/is-it-fake-news-dowling/index.html.*

6   *https://www.welt.de/politik/ausland/article161062515/Hat-Moskau-kompromittierendes-Material-ueber-Trump.html.*

7   Siehe Seite 28 und 33 sowie beispielsweise: *https://www.tagesschau.de/faktenfinder/us-aussenpolitik-russland-101.html.*

8 Siehe den Brief des Generalstaatsanwalts William Barr an den Justizausschuss des Senats und Abgeordnetenhauses vom 24. März 2019: *https://www.justice.gov/ag/page/file/1147981/download.*

9 *https://uacrisis.org/en/71966-joint-appeal-of-civil-society-representatives.*

10 *https://www.derstandard.de/story/2000121288213/nervositaet-vor-der-us-wahl-die-rote-fata-morgana-steht.*

11 *https://www.reuters.com/article/idUSKBN25L2HB/.*

12 Hier findet sich eine Spur zu diesem Video: *https://www.youtube.com/watch?v=hRCXUNOwOjw.*

13 *https://nypost.com/2021/10/13/mark-zuckerberg-spent-419m-on-nonprofits-ahead-of-2020-election-and-got-out-the-dem-vote/.*

14 D'Souza, Dinesh: *2000 Mules: Sie dachten, wir würden ihnen nicht auf die Schliche kommen. Sie haben sich geirrt.* Kopp Verlag 2022.

15 *https://nypost.com/2022/01/11/cruz-rips-fbi-on-capitol-riot-conspiracy-theory-at-senate-hearing/.*

16 *https://www.tagesspiegel.de/politik/trump-liefert-uberraschende-erklarung-fur-seinen-hautton-5703127.html.*

17 Patel, Kash Pramod: *Government Gangsters: The Deep State, the Truth, and the Battle for Our Democracy*, Post Hill Press 2023, Seite 39 f.

18 *https://www.archives.gov/milestone-documents/president-dwight-d-eisenhowers-farewell-address.*

19 Dieses Kennedy-Zitat findet sich beispielsweise in: *https://theintercept.com/2016/02/22/in-1974-call-to-abolish-cia-sanders-followed-in-footsteps-of-jfk-truman/.* Die Authentizität des Zitats ist umstritten, doch Robert F. Kennedy Jr. hat in der Ankündigung seiner Kandidatur dessen Echtheit bestätigt: *https://www.freiewelt.net/nachricht/robert-kennedy-jr-ich-*

werde-aus-den-usa-wieder-eine-demokratie-machen-10093029/;
https://www.youtube.com/watch?v=RVOCFci_3rM.

20   https://rumble.com/v4ub3pu-youll-going-to-get-killed-mike-
benz-exposes-cia-secrets-like-never-before-s.html.

21   https://www.politico.com/blogs/burns-haberman/2012/01/
soros-obama-exhausted-not-much-difference-with-
romney-112348.

22   http://german.people.com.cn/n3/2021/1109/c209052-9917447.
html.

23   https://www.spiegel.de/politik/ausland/donald-trump-
kandidiert-fuer-us-wahl-ich-ich-ich-a-1039159.html.

24   https://time.com/3923128/donald-trump-announcement-speech/.

25   Smith, Lee: *The Plot Against the President: The True Story of
How Congressman Devin Nunes Uncovered the Biggest Political
Scandal in U.S. History,* Center Street 2019, Seite 16.

26   https://www.wsj.com/articles/SB117674837248471543.

27   https://www.wsj.com/articles/SB122084290788909275.

28   https://freebeacon.com/uncategorized/fusion-gps-washington-
free-beacon/.

29   https://www.theguardian.com/uk-news/2017/apr/13/british-
spies-first-to-spot-trump-team-links-russia.

30   https://diehassrede.wordpress.com/2019/06/08/die-bundesregierung-
fusion-gps-doj-und-die-familie-ohr/; siehe auch: https://dip.
bundestag.de/vorgang/weitergabe-von-informationen-
%C3%BCber-mitarbeiter-der-trump-kampagne-an-akteure-
in/249109?f.deskriptor=Informationsaustausch&start=350&
rows=25&pos=366&ctx=d.

31   https://web.archive.org/web/20191008162230/https://www.
judicialwatch.org/wp-content/uploads/2019/07/JW-v-DOJ-
Ohr-Steele-Fusion-GPS-00490-pg-247-251.pdf.

32   https://thehill.com/opinion/white-house/440730-how-the-
obama-white-house-engaged-ukraine-to-give-russia-collusion/.

33   *https://www.washingtonexaminer.com/news/nellie-ohr-deleted-emails-sent-from-husbands-doj-account.*

34   Zu den hier beschriebenen Vorgängen siehe den Beitrag des Autors: *https://www.freiewelt.net/nachricht/sonderermittler-durham-clinton-kanzlei-hat-trump-gehackt-10088056/.*

35   *https://www.realclearpolitics.com/video/2017/05/17/cnns_dana_bash_warns_trump_if_you_cross_the_deep_state_they_will_get_back_at_you_even_if_youre_the_president.html.*

36   Smith, Lee: *The Plot Against the President: The True Story of How Congressman Devin Nunes Uncovered the Biggest Political Scandal in U.S. History,* Center Street 2019, Seite 18.

37   Ebd., Seite 46.

38   Patel, Kash Pramod: *Government Gangsters: The Deep State, the Truth, and the Battle for Our Democracy,* Post Hill Press 2023, Seite 37.

39   *https://www.politico.com/magazine/story/2016/04/donald-trump-2016-vladimir-putin-liars-213788.*

40   *https://nymag.com/intelligencer/2016/04/why-is-donald-trump-a-patsy-for-vladimir-putin.html.*

41   *https://slate.com/news-and-politics/2016/04/paul-manafort-isnt-a-gop-retread-hes-made-a-career-of-reinventing-tyrants-and-despots.html.*

42   Smith, Lee: *The Plot Against the President: The True Story of How Congressman Devin Nunes Uncovered the Biggest Political Scandal in U.S. History,* Center Street 2019, Seite 41.

43   *https://www.cbsnews.com/news/victoria-nuland-says-obama-state-dept-informed-fbi-of-reporting-from-steele-dossier/.*

44   *https://thefederalist.com/2019/01/17/top-mueller-officials-coordinated-with-fusion-gps-spouse-in-2016/.*

45   *https://www.washingtonexaminer.com/news/480731/mark-meadows-strzok-and-mccabe-knew-steele-dossier-not-credible-before-first-carter-page-fisa/.*

46   Klein, Edward: *All Out War: The Plot to Destroy Trump*, Regnery 2017, Seite 21 ff.

47   *https://time.com/5130772/nunes-memo-released-what-it-says/*.

48   https://edition.cnn.com/interactive/2017/03/politics/trump-putin-russia-timeline/.

49   *https://www.washingtonpost.com/blogs/post-partisan/ wp/2016/03/21/a-transcript-of-donald-trumps-meeting-with-the-washington-post-editorial-board/*.

50   *https://thehill.com/homenews/campaign/297599-trump-campaign-backs-away-from-adviser-suspected-of-ties-to-kremlin/*.

51   Klein, Edward: *All Out War: The Plot to Destroy Trump*, Regnery 2017, Seite 59–61.

52   Smith, Lee: *The Plot Against the President: The True Story of How Congressman Devin Nunes Uncovered the Biggest Political Scandal in U.S. History*, Center Street, 2019, Seite 69.

53   *https://www.nytimes.com/interactive/2017/07/11/us/politics/ donald-trump-jr-email-text.html*.

54   *https://www.foxnews.com/politics/russian-lawyer-at-center-of-trump-tower-meeting-dismisses-dossier-shared-with-fbi*.

55   Jarrett, Gregg: *The Russia Hoax: The Illicit Scheme to Clear Hillary Clinton and Frame Donald Trump*, Broadside Books 2018, Seite 176.

56   *https://dailycaller.com/2019/01/08/veselnitskaya-trump-tower-fusion/*.

57   *https://public.substack.com/p/cia-had-foreign-allies-spy-on-trump*.

58   *https://thehill.com/homenews/376858-australian-diplomat-whose-tip-prompted-fbis-russia-probe-has-tie-to-clintons/*.

59   Jarrett, Gregg: *Witch Hunt: The Story of the Greatest Mass Delusion in American Political History*, Broadside Books 2019, Seite 117–123.

60   Ebd.
61   *https://thehill.com/homenews/376858-australian-diplomat-whose-tip-prompted-fbis-russia-probe-has-tie-to-clintons/.*
62   *https://www.nytimes.com/2017/12/30/us/politics/how-fbi-russia-investigation-began-george-papadopoulos.html.*
63   Ebd.; siehe auch: *https://www.nzz.ch/international/was-hat-der-amerikanische-sonderermittler-durham-ueber-trumps-russland-verwicklungen-herausgefunden-ld.1738786.*
64   Bongino, Dan; Palumbo, Matt: *Spygate: The Attempted Sabotage of Donald J. Trump*, Post Hill Press 2018, Seite 8.
65   McMahon, Collin: *George Soros' Krieg: Wie die Open Society Foundations die Welt an den Rand des Dritten Weltkriegs gebracht haben*, Kopp Verlag 2023.
66   *https://www.judicialwatch.org/judicial-watch-obtains-emails-showing-podesta-groups-work-pro-russia-ukrainian-political-party/.*
67   Bongino, Dan; Palumbo, Matt: *Spygate: The Attempted Sabotage of Donald J. Trump*, Post Hill Press 2018, Seite 10 f.
68   *http://edition.cnn.com/2017/09/18/politics/paul-manafort-government-wiretapped-fisa-russians/.*
69   *https://www.politico.com/story/2017/01/ukraine-sabotage-trump-backfire-233446.*
70   *https://www.opensocietyfoundations.org/explainers/understanding-ukraines-euromaidan-protests.*
71   *https://web.archive.org/web/20191001191503/https://ukr-leaks.com/Inform/Investigations/Details/vmeshatelstvo-ukraini-v-vibori.*
72   *https://www.kyivpost.com/post/8934.*
73   *https://www.yahoo.com/news/trumps-campaign-chief-ducks-questions-about-214020365.html?guccounter=1&guce_referrer=aHR0cHM6Ly93d3cuZ29vZ2xlLmNvbS8&guce_referrer_sig=AQAAAHZgVjzzn3bkFKQyflIdBqt5buENxst7CnjUl1V*

UxIQ6NenZwatQSqr6Ts5SD2eb6lO41JXLDVWEV68UXHogX EaOKsmM8yxjmjIcDVoUG5wPuNfUbKJ8lMTzFHqd5XsMq3 tqTzvNiezR_Hc9XwrVzL25YOl-i-x3gK8u61CaxEtX.

74 *https://www.politico.com/story/2017/01/ukraine-sabotage-trump-backfire-233446.*

75 *https://web.archive.org/web/20160725192516/https://wikileaks.org/dnc-emails/emailid/3962.*

76 Bongino, Dan; Palumbo, Matt: *Spygate: The Attempted Sabotage of Donald J. Trump,* Post Hill Press 2018, Seite 10 f.

77 Smith, Lee: *The Plot Against the President: The True Story of How Congressman Devin Nunes Uncovered the Biggest Political Scandal in U.S. History,* Center Street 2019, Seite 18.

78 *https://www.wsj.com/public/resources/documents/AfghanistanMGFlynn_Jan2010.pdf.*

79 *https://www.washingtonpost.com/news/fact-checker/wp/2014/09/03/spinning-obamas-reference-to-isis-as-a-jv-team/.ith.*

80 *https://www.washingtonpost.com/world/national-security/head-of-pentagon-intelligence-agency-forced-out-officials-say/2014/04/30/ec15a366-d09d-11e3-9e25-188ebe1fa93b_story.html.*

81 *https://www.politico.com/magazine/story/2016/10/how-mike-flynn-became-americas-angriest-general-214362/.*

82 Flynn, Michael T.; Ledeen, Michael: *The Field of Fight: How We Can Win the Global War Against Radical Islam and Its Allies,* St. Martin's Press 2016.

83 *https://www.reuters.com/article/idUSKCN0VZ308/.*

84 *https://www.washingtonpost.com/politics/who-is-stefan-a-halper-the-fbi-source-who-assisted-the-russia-investigation/2018/05/21/22c46caa-5d42-11e8-9ee3-49d6d4814c4c_story.html.*

85 Smith, Lee: *The Plot Against the President: The True Story of How Congressman Devin Nunes Uncovered the Biggest Political Scandal in U.S. History,* Center Street 2019, Seite 24–28.

86 Ebd., Seite 29.

87 *https://www.youtube.com/watch?v=sGg8gpGqr-w.*

88 *https://de.scribd.com/document/558443477/US-v-Sussmann-GOVERNMENT-S-MOTION-TO-INQUIRE-INTO-POTENTIAL-CONFLICTS-OF-INTEREST.*

89 *https://www.wsj.com/articles/hillary-clinton-did-it-robby-mook-michael-sussmann-donald-trump-russia-collusion-alfa-bank-11653084709?mod=MorningEditorialReport&mod=djemMER_h.*

90 *https://justthenews.com/accountability/russia-and-ukraine-scandals/hillary-factor-evidence-now-shows-russia-collusion-lie.*

91 *https://www.dailymail.co.uk/news/article-10506599/Hillary-Clintons-campaign-paid-tech-firm-infiltrate-Trump-Tower-White-House-servers.html.*

92 Klein, Edward: *All Out War: The Plot to Destroy Trump*, Regnery 2017, Seite 55–57.

93 *https://www.reuters.com/world/uk/actor-kevin-spacey-acquitted-all-nine-sexual-offence-charges-london-trial-2023-07-26/.*

94 Siehe beispielsweise: *https://time.com/4486502/hillary-clinton-basket-of-deplorables-transcript/.*

95 *https://thehilltoponline.com/2016/11/11/column-i-knew-trump-would-win-how-didnt-you/.*

96 *https://abcnews.go.com/Politics/hillary-clinton-interview-21-revealing-quotes/story?id=24064953.*

97 Schweizer, Peter: *Clinton Cash: The Untold Story of How and Why Foreign Governments and Businesses Helped Make Bill and Hillary Rich*, Harper 2016; *https://www.imdb.com/title/tt5673884/.*

98 *https://vera-lengsfeld.de/2016/11/18/mussten-deutsche-steuerzahler-hillarys-wahlkampf-finanzieren/.*

99 *https://thehill.com/blogs/blog-briefing-room/news/297570-obama-used-pseudonym-in-emails-with-clinton/.*

100 https://www.abc15.com/news/region-phoenix-metro/central-phoenix/loretta-lynch-bill-clinton-meet-privately-in-phoenix.

101 Sign, Christopher: *Secret on the Tarmac,*
Crest Publishers 2020.

102 https://www.dailymail.co.uk/news/article-9684345/Christopher-Sign-committed-suicide-received-death-threats-Clinton-reporting.html.

103 Gregg, Jarrett: *The Russia Hoax: The Illicit Scheme to Clear Hillary Clinton and Frame Donald Trump*, Broadside Books 2018, Seite 38.

104 Ebd.

105 https://www.spiegel.de/politik/ausland/das-oeffentliche-drama-um-huma-abedin-und-anthony-weiner-a-1110737.html.

106 https://edition.cnn.com/2016/10/28/politics/fbi-reviewing-new-emails-in-clinton-probe-director-tells-senate-judiciary-committee/.

107 https://www.wsj.com/articles/clinton-ally-aids-campaign-of-fbi-officials-wife-1477266114.

108 https://www.foxnews.com/politics/fbi-lovers-latest-text-messages-obama-wants-to-know-everything.

109 Lewandowski, Corey; Bossie, David: *Let Trump be Trump: The Inside Story of his Rise to the Presidency*, Center Street, 2017, Seite 6–12.

110 Ebd., Seite 13.

111 Klein, Edward: *All Out War: The Plot to Destroy Trump*, Regnery 2017, Seite 68–70.

112 https://www.cnn.com/2016/11/09/politics/donald-trump-victory-speech/index.html.

113 https://www.rollingstone.com/politics/politics-features/meet-the-leaders-of-the-trump-resistance-124691/.

114 Strassel, Kimberly: *Resistance (At All Costs): How Trump Haters Are Breaking America*, Twelve 2019, Seite 8.

115 *https://www.sfchronicle.com/politics/article/Tips-for-improving-political-future-after-10611078.php.*

116 Klein, Edward: *All Out War: The Plot to Destroy Trump,* Regnery 2017, Seite 78.

117 *https://www.politico.com/story/2016/11/democrats-electoral-college-faithless-trump-231731.*

118 *https://www.washingtonpost.com/world/national-security/obama-orders-review-of-russian-hacking-during-presidential-campaign/2016/12/09/31d6b300-be2a-11e6-94ac-3d324840106c_story.html.*

119 *https://www.politico.com/story/2016/12/electors-under-siege-232774.*

120 *https://www.realclearpolitics.com/video/2016/12/19/woman_snaps_after_ohio_certifies_electoral_college_votes_for_trump_this_is_my_america.html.*

121 *https://www.latimes.com/opinion/op-ed/la-oe-raimondo-trump-derangement-syndrome-20161226-story.html.*

122 *https://www.bbc.com/news/entertainment-arts-38716714.*

123 *https://www.spiegel.de/panorama/leute/robert-de-niro-sagt-fuck-trump-bei-tony-awards-a-1212218.html#.*

124 *https://www.youtube.com/watch?v=hMgxXuAmZ-g.*

125 *https://www.wsj.com/articles/billionaire-george-soros-lost-nearly-1-billion-in-weeks-after-trump-election-1484227167.*

126 Siehe dazu: McMahon, Collin: *George Soros' Krieg: Wie die Open Society Foundations die Welt an den Rand des Dritten Weltkriegs gebracht haben,* Kopp Verlag 2023.

127 *https://www.politico.com/story/2016/11/democrats-soros-trump-231313.*

128 *https://vorwaerts.de/geschichte/hitlers-aufstieg-warum-spd-und-kpd-den-faschismus-nicht-gemeinsam-bekaempften.*

129 *https://www.discoverthenetworks.org/organizations/black-lives-matter-blm/.*

130 *https://nypost.com/2022/05/09/blms-patrisse-cullors-admits-using-6m-mansion-for-parties/.*

131 *https://www.usnews.com/news/articles/2016-12-15/anti-trump-activists-plan-road-blocking-clusterf-k-for-inauguration.*

132 *https://www.youtube.com/watch?v=xIjbkYLI1nY.*

133 *https://www.washingtontimes.com/news/2017/jan/20/police-arrested-activist-scott-ryan-charney-featur/.*

134 *https://www.dailymail.co.uk/news/article-4153404/Owner-limo-torched-DC-says-insurance-unlikely-pay.html.*

135 Strassel, Kimberly: *Resistance (At All Costs): How Trump Haters Are Breaking America*, Twelve 2019, Seite 8 f.

136 Klein, Edward: *All Out War: The Plot to Destroy Trump*, Regnery 2017, Seite 95 f.

137 Smith, Lee: *The Plot Against the President: The True Story of How Congressman Devin Nunes Uncovered the Biggest Political Scandal in U.S. History*, Center Street 2019, Seite 106.

138 *https://www.washingtonpost.com/world/national-security/obama-orders-review-of-russian-hacking-during-presidential-campaign/2016/12/09/31d6b300-be2a-11e6-94ac-3d324840106c_story.html.*

139 *https://www.nytimes.com/2016/12/09/us/obama-russia-election-hack.html.*

140 *https://www.nbcnews.com/news/us-news/u-s-officials-putin-personally-involved-u-s-election-hack-n696146.*

141 *https://www.cbsnews.com/news/kellyanne-conway-questions-obama-motives-response-over-russia-hack/.*

142 Smith, Lee: *The Plot Against the President: The True Story of How Congressman Devin Nunes Uncovered the Biggest Political Scandal in U.S. History*, Center Street 2019, Seite 107.

143 Fitton, Tom: *A Republic Under Assault: The Left's Ongoing Attack on American Freedom*, Threshold Editions 2020, Seite 37.

144 Smith, Lee: *The Plot Against the President: The True Story of How Congressman Devin Nunes Uncovered the Biggest Political Scandal in U.S. History*, Center Street 2019, Seite 108 f.

145 Ebd.

146 Ebd.

147 *https://internationalepolitik.de/de/das-obama-debakel*.

148 Klein, Edward: *All Out War: The Plot to Destroy Trump*, Regnery 2017, Seite 1–5.

149 Ebd.

150 *https://bigleaguepolitics.com/audio-seymour-hersh-states-seth-rich-wikileaks-source/*.

151 Ebd.

152 Ebd.

153 *https://www.washingtonpost.com/news/post-politics/wp/2017/01/03/the-democratic-party-builds-a-war-room-to-battle-trump/*.

154 Strassel, Kimberly: *Resistance (At All Costs): How Trump Haters Are Breaking America*, Twelve 2019, Seite 12 f.

155 *https://thefederalist.com/2018/04/27/confirmed-former-feinstein-staffer-hired-fusion-gps-christopher-steele/*.

156 *https://www.influencewatch.org/non-profit/democracy-integrity-project/*.

157 *https://www.washingtonpost.com/news/post-politics/wp/2017/01/03/the-democratic-party-builds-a-war-room-to-battle-trump/*.

158 *https://www.realclearinvestigations.com/articles/2019/03/11/trump-russia_20_dossier-tied_firm_sending_dc_journalists_daily_collusion_briefings.html*.

159 *https://nypost.com/2019/02/26/political-bias-is-destroying-peoples-faith-in-journalism/*.

160 *https://www.cjr.org/special_report/trumped-up-press-versus-president-part-1.php*.

161 Ebd.

162 Smith, Lee: *The Plot Against the President: The True Story of How Congressman Devin Nunes Uncovered the Biggest Political Scandal in U.S. History*, Center Street 2019, Seite 117 f.

163 Fitton, Tom: *A Republic under Assault: The Left's Ongoing Attack on American Freedom*, Threshold Editions 2020, Seite 39.

164 Ebd., Seite 48.

165 *https://www.washingtonexaminer.com/news/1525285/doj-inspector-general-found-all-four-carter-page-fisa-warrants-were-illegally-obtained-joe-digenova-says/*.

166 Fitton, Tom: *A Republic Under Assault: The Left's Ongoing Attack on American Freedom*, Threshold Editions 2020, Seite 49.

167 *https://www.grassley.senate.gov/news/news-releases/grassley-graham-uncover-unusual-email-sent-susan-rice-herself-president-trump-s*.

168 *https://www.foxnews.com/politics/susan-rice-email-declassified-release-is-imminent-source*.

169 *https://www.foxnews.com/politics/obama-knew-details-of-wiretapped-flynn-phone-calls-surprising-top-doj-official-new-docs-show*.

170 *https://thehill.com/homenews/senate/372722-fbi-official-texted-potus-wants-to-know-everything-were-doing-report/*.

171 *https://www.commentary.org/articles/eli-lake/michael-flynn-gets-railroaded-by-the-fbi/*.

172 *https://thehill.com/opinion/white-house/505737-flynns-prosecution-the-more-we-learn-the-worse-it-seems/*.

173 Fitton, Tom: *A Republic Under Assault: The Left's Ongoing Attack on American Freedom*, Threshold Editions 2020, Seite 47.

174 *https://www.dhs.gov/news/2017/01/06/statement-secretary-johnson-designation-election-infrastructure-critical.*

175 Siehe dazu: McMahon, Collin: *Der Zensurkomplex: Wie Regierungen, Geheimdienste und NGOs ihre Bürger überwachen und politisch unerwünschte Meinungen bekämpfen*, Kopp Verlag 2023.

176 *https://www.govinfo.gov/content/pkg/CHRG-116shrg41862/html/CHRG-116shrg41862.htm*

177 *https://x.com/TuckerCarlson/status/1758529993280205039.*

178 *https://www.dni.gov/files/documents/ICA_2017_01.pdf.*

179 Smith, Lee: *The Plot Against the President: The True Story of How Congressman Devin Nunes Uncovered the Biggest Political Scandal in U.S. History*, Center Street 2019, Seite 110.

180 *https://www.dni.gov/files/documents/ICA_2017_01.pdf.* (Hervorhebungen im Original)

181 Smith, Lee: *The Plot Against the President: The True Story of How Congressman Devin Nunes Uncovered the Biggest Political Scandal in U.S. History*, Center Street 2019, Seite 115.

182 Milius, Amanda: *The Plot Against the President*, Dokumentarfilm, 1AMDC Productions 2020.

183 Ebd.

184 Strassel, Kimberly: *Resistance (At All Costs): How Trump Haters Are Breaking America*, Twelve 2019, Seite 67.

185 *https://edition.cnn.com/2022/10/11/politics/steele-dossier-fbi-durham-danchenko/index.html.*

186 Smith, Lee: *The Plot Against the President: The True Story of How Congressman Devin Nunes Uncovered the Biggest Political Scandal in U.S. History*, Center Street 2019, Seite 119.

187 Strassel, Kimberly: *Resistance (At All Costs): How Trump Haters Are Breaking America*, Twelve 2019, Seite 66.

188 *https://www.washingtonpost.com/politics/trump-recorded-having-extremely-lewd-conversation-about-women-in-2005/2016/10/07/3b9ce776-8cb4-11e6-bf8a-3d26847eeed4_story.html.*

189 Smith, Lee: *The Plot Against the President: The True Story of How Congressman Devin Nunes Uncovered the Biggest Political Scandal in U.S. History*, Center Street 2019, Seite 199.

190 *https://www.cjr.org/special_report/trumped-up-press-versus-president-part-2.php.*

191 *https://thefederalist.com/2018/05/21/breaking-e-mails-show-fbi-brass-discussed-dossier-briefing-details-cnn/.*

192 *https://edition.cnn.com/2017/01/10/politics/donald-trump-intelligence-report-russia/index.html.*

193 *https://www.businessinsider.com/james-clapper-cnn-jake-tapper-steele-dossier-russia-2018-4.*

194 *https://www.forbes.com/sites/andygreenberg/2013/06/06/watch-top-u-s-intelligence-officials-repeatedly-deny-nsa-spying-on-americans-over-the-last-year-videos/.*

195 *https://www.washingtonpost.com/news/post-politics/wp/2017/05/08/full-transcript-sally-yates-and-james-clapper-testify-on-russian-election-interference/.*

196 *https://www.cjr.org/special_report/trumped-up-press-versus-president-part-2.php.*

197 *https://www.sueddeutsche.de/politik/usa-haette-putin-trump-in-der-hand-wegen-eines-sexvideos-1.3329730.*

198 *https://www.spiegel.de/panorama/golden-shower-bericht-ist-donald-trump-von-russland-erpressbar-a-00000000-0003-0001-0000-000001119532.*

199 *https://archive.is/k75Gk; gelöscht unter: https://www.tagesschau.de/ausland/trump-hexenjagd-101.html.*

200 *https://www.welt.de/politik/ausland/article161062515/Hat-Moskau-kompromittierendes-Material-ueber-Trump.html.*

201 *https://www.welt.de/politik/ausland/plus232562263/Russland-Der-Tag-an-dem-Putin-beschloss-Trump-zum-US-Praesidenten-zu-machen.html.*

202 Er lehnte am 11. Januar 2017 eine Frage des CNN-Reporters Jim Acosta mit den Worten ab: »You're fake news«; siehe: *https://www.youtube.com/watch?v=Vqpzk-qGxMU.*

203 *https://thefederalist.com/2020/09/24/trump-was-right-explosive-new-fbi-texts-detail-internal-furor-over-handling-of-crossfire-hurricane-investigation/.*

204 Ebd.

205 Ebd.

206 Ebd.

207 Fitton, Tom: *A Republic Under Assault: The Left's Ongoing Attack on American Freedom*, Threshold Editions 2020, Seite 162.

208 Jarrett, Gregg: *Witch Hunt. The Story of the Greatest Mass Delusion in American Political History*, Broadside Books 2019, Seite 14 f.

209 *https://www.foxnews.com/politics/read-fbis-strzok-page-texts-about-trump.*

210 *https://www.nbcnews.com/politics/politics-news/fbi-texts-obama-wants-know-everything-we-re-doing-n845531*; siehe Kapitel 4, Seite 81.

211 *https://www.foxnews.com/politics/read-fbis-strzok-page-texts-about-trump.*

212 *https://www.washingtonpost.com/opinions/why-did-obama-dawdle-on-russias-hacking/2017/01/12/75f878a0-d90c-11e6-9a36-1d296534b31e_story.html.*

213 *https://dailycaller.com/2019/09/17/comey-flynn-white-house-interview-ambush/.*

214 *https://nypost.com/2020/04/30/fbi-agents-tried-to-get-flynn-to-lie-to-get-him-fired-report/.*

215 *https://www.foxnews.com/transcript/journalists-john-solomon-and-sara-carter-following-the-facts-on-the-collusion-narrative.*

216 Flynn, Michael T.; Ledeen, Michael: *The Field of Fight: How We Can Win the Global War Against Radical Islam and Its Allies*, St. Martin's Press 2016, Seite 13.

217 Ebd., Seite 16.

218 Ebd., Seite 28.

219 *https://s3.us-east-1.amazonaws.com/files.cnas.org/hero/documents/AfghanIntel_Flynn_Jan2010_code507_voices.pdf.*

220 Milius, Amanda: *The Plot Against the President*, Dokumentarfilm, 1AMDC Productions 2020, TC 00:07:30.

221 Flynn, Michael T.; Ledeen, Michael: *The Field of Fight: How We Can Win the Global War Against Radical Islam and Its Allies*, St. Martin's Press 2016, Seite 62.

222 Ebd., Seite 76.

223 Ebd., Seite 175.

224 Ebd., Seite 176.

225 Milius, Amanda: *The Plot Against the President*, Dokumentarfilm, 1Amdc Productions, 2020, TC 00:12:53.

226 Ebd., TC 00:13:08.

227 *https://breakingdefense.com/2014/08/flynns-last-interview-intel-iconoclast-departs-dia-with-a-warning/.*

228 *https://nypost.com/2016/07/09/the-military-fired-me-for-calling-our-enemies-radical-jihadis/.*

229 *https://edition.cnn.com/2015/11/14/politics/paris-terror-attacks-obama-isis-contained/index.html.*

230 *https://www.politico.com/magazine/story/2016/10/how-mike-flynn-became-americas-angriest-general-214362/.*

231 *https://www.washingtonpost.com/news/the-fix/wp/2017/02/14/michael-flynns-speech-at-the-republican-national-convention-predicted-his-demise/.*

232 Jarrett, Gregg: *Witch Hunt. The Story of the Greatest Mass Delusion in American Political History*, Broadside Books 2019, Seite 336.

233 Ebd., Seite 337.

234 *https://www.timesofisrael.com/flynn-charged-with-lying-about-bid-to-stop-anti-israel-un-resolution/.*

235 *https://twitter.com/realDonaldTrump/status/814919370711461890.*

236 Jarrett, Gregg: *Witch Hunt. The Story of the Greatest Mass Delusion in American Political History*, Broadside Books 2019, Seite 337.

237 *https://www.dailymail.co.uk/news/article-5543129/Former-FBI-Agent-claims-Andrew-McCabe-slandered-filed-complaint.html.*

238 *https://web.archive.org/web/20131013002852/http://www.noquarterusa.net/blog/45617/david-ignatius-cias-senior-apologist-strikes-again/.*

239 *https://www.salon.com/2008/08/24/ignatius/.*

240 *https://www.foxnews.com/politics/fbi-agents-manipulated-flynn-file-as-clapper-urged-kill-shot-court-filing.*

241 Smith, Lee: *The Plot Against the President: The True Story of How Congressman Devin Nunes Uncovered the Biggest Political Scandal in U.S. History*, Center Street 2019, Seite 141.

242 Ebd.

243 Ebd., Seite 142.

244 Ebd., Seite 144.

245 *https://www.wsj.com/articles/trump-advisers-contact-with-russian-ambassador-draws-scrutiny-1484354032.*

246 *https://abcnews.go.com/Politics/timeline-michael-flynns-interactions-russia-cost-job/story?id=45456031.*

247 *https://www.nytimes.com/2017/01/19/us/politics/trump-russia-associates-investigation.html.*

248 *https://abcnews.go.com/Politics/timeline-michael-flynns-interactions-russia-cost-job/story?id=45456031.*

249 Jarrett, Gregg: *Witch Hunt. The Story of the Greatest Mass Delusion in American Political History*, Broadside Books 2019, Seite 342 f.

250 *https://nypost.com/2020/04/30/fbi-agents-tried-to-get-flynn-to-lie-to-get-him-fired-report/.*

251 Milius, Amanda: *The Plot Against the President,* Dokumentarfilm, 1AMDC Productions 2020, TC 00:22:55.

252 Jarrett, Gregg: *Witch Hunt. The Story of the Greatest Mass Delusion in American Political History,* Broadside Books 2019, Seite 342 f.

253 *https://de.scribd.com/document/395906943/Joe-Pientka-and-Peter-Strzok-Interview-of-Michael-Flynn-Redacted-FD-302.*

254 *https://www.commentary.org/articles/eli-lake/michael-flynn-gets-railroaded-by-the-fbi/.*

255 Milius, Amanda: *The Plot Against the President,* Dokumentarfilm, 1AMDC Productions 2020, TC 00:23:52.

256 Jarrett, Gregg: *Witch Hunt. The Story of the Greatest Mass Delusion in American Political History,* Broadside Books 2019, Seite 343 f.

257 Ebd., Seite 345.

258 *https://www.washingtonpost.com/world/national-security/national-security-adviser-flynn-discussed-sanctions-with-russian-ambassador-despite-denials-officials-say/2017/02/09/f85b29d6-ee11-11e6-b4ff-ac2cf509efe5_story.html.*

259 *https://www.reuters.com/article/idUSBRE82P0JI/.*

260 *https://www.foxnews.com/politics/records-raise-new-questions-about-fbis-michael-flynn-investigation.*

261 Jarrett, Gregg: *Witch Hunt. The Story of the Greatest Mass Delusion in American Political History,* Broadside Books 2019, Seite 346.

262 *https://www.wsj.com/articles/muellers-gift-to-obama-1544139166.*

263 Smith, Lee: *The Plot Against the President: The True Story of How Congressman Devin Nunes Uncovered the Biggest Political Scandal in U.S. History,* Center Street 2019, Seite 146 f.

264 https://www.dailymail.co.uk/news/article-8299165/Peter-Strzok-Lisa-Page-pushed-FBI-investigation-against-Michael-Flynn-open.html.

265 https://x.com/realDonaldTrump/status/837989835818287106.

266 https://www.bild.de/politik/ausland/donald-trump/abhoervorwurf-gegen-vorgaenger-obama-50709218.bild.html.

267 https://www.nationalreview.com/2020/04/explosive-revelations-in-the-flynn-case/.

268 https://www.bbc.com/news/world-us-canada-39866767.

269 https://www.reuters.com/article/idUSKBN1852MP/.

270 Jarrett, Gregg: *Witch Hunt: The Story of the Greatest Mass Delusion in American Political History*, Broadside Books 2019, S. 336.

271 https://web.archive.org/web/20191117040929/https://cryptome.org/2019/10/flynn-129-2.pdf.

272 https://www.nytimes.com/2019/02/14/us/politics/mccabe-trump.html.

273 https://trumpwhitehouse.archives.gov/briefings-statements/remarks-president-trump-press-conference-2/.

274 https://www.daserste.de/information/politik-weltgeschehen/us-wahl-2016/sendung/die-us-wahlnacht-im-ersten-100.html; https://www.faz.net/aktuell/feuilleton/medien/tv-kritik/tv-kritik-ard-wahlnacht-donald-trump-wird-us-praesident-14519714.html.

275 https://www.spiegel.de/politik/deutschland/angela-merkel-reagiert-auf-wahlsieg-von-donald-trump-a-1120489.html.

276 https://www.sueddeutsche.de/politik/us-wahl-steinmeier-nennt-trump-hassprediger-1.3108767.

277 https://www.t-online.de/nachrichten/ausland/usa/id_79498872/gabriel-donald-trump-will-zurueck-in-schlechte-alte-zeiten.html.

278 https://www.washingtonexaminer.com/news/1032057/huckabee-if-trump-walked-on-water-the-ny-times-would-say-he-cant-swim/.

279 https://shorensteincenter.org/news-coverage-donald-trumps-first-100-days/.

280 *https://www.cjr.org/special_report/trumped-up-press-versus-president-part-1.php.*

281 *https://www.thefp.com/p/npr-editor-how-npr-lost-americas-trust.*

282 *https://www.cjr.org/special_report/trumped-up-press-versus-president-part-1.php.*

283 *https://edition.cnn.com/2017/02/16/politics/donald-trump-news-conference-transcript/index.html.*

284 *https://www.welt.de/politik/ausland/article131363772/Der-Tag-an-dem-die-US-Polizei-mein-Feind-wurde.html.*

285 *https://www.welt.de/politik/ausland/article162149968/Trumps-Selbstenthuellungen-sind-schockierend.html.*

286 *https://edition.cnn.com/2017/02/16/politics/donald-trump-news-conference-transcript/index.html.*

287 *https://www.welt.de/politik/ausland/article164645836/In-Washington-faellt-das-Wort-Impeachment.html;*
https://web.archive.org/web/20170517164341/http://www.sueddeutsche.de/news/politik/regierung-trump-unter-schwerem-feuereine-praesidentschaft-in-gefahr-dpa.urn-newsml-dpa-com-20090101-170517-99-490753.

288 *http://www.breitbart.com/big-government/2017/05/17/donald-trump-vows-to-fight-on-no-politician-in-history-has-been-treated-worse-or-more-unfairly/.*

289 *http://www.breitbart.com/video/2017/05/19/limbaugh-russia-probes-watching-silent-coup-oust-duly-elected-president/.*

290 *https://www.breitbart.com/clips/2017/05/16/cnns-bash-nyt-report-deep-state-knows-get-back-even-youre-president/.*

291 *https://web.archive.org/web/20170202064524/https://www.dailywire.com/news/12936/journalist-calls-trumps-assassination-joseph-curl.*

292 *https://www.nationalreview.com/2017/03/trump-assassination-threats-investigate-prosecute/.*

293 *https://www.youtube.com/watch?v=-GZ6QJYk2sA.*

294 *https://www.breitbart.com/tech/2017/06/08/the-six-most-important-revelations-from-the-comey-hearing/.*

295 *https://www.tagesschau.de/multimedia/sendung/tt-5293.html.*

296 *https://twitter.com/DonaldJTrumpJr/status/88478941845 5953413.*

297 *https://www.breitbart.com/politics/2017/06/23/very-fake-news-cnn-pushes-refurbished-russia-conspiracy-inaccurately-claims-investment-fund-under-investigation/.*

298 *https://edition.cnn.com/2017/06/23/politics/editors-note/index. html;* das archivierte Original: *http://archive.fo/pXJdM.*

299 *https://money.cnn.com/2017/06/26/media/cnn-announcement-retracted-article/index.html.*

300 *https://twitter.com/DonaldJTrumpJr/ status/879506529464070144.*

301 *https://www.breitbart.com/the-media/2017/06/26/exclusive-donald-trump-jr-jeff-zucker-must-address-cnns-very-fake-news-scandal-in-on-camera-press-briefing/.*

302 *https://www.diepresse.com/5241762/cnn-journalisten-kuendigen-wegen-zurueckgezogenem-trump-russland-beitrag;* *https://www.derstandard.at/story/2000059846709/cnn-journalisten-kuendigen-nach-rueckzug-von-trump-recherche.*

303 *https://www.welt.de/politik/ausland/article171204999/US-Sender-beurlaubt-Reporter-wegen-schweren-Irrtums-in-Trump-Story.html.*

304 *https://twitter.com/realDonaldTrump/status/9371450253 59761408.*

305 *https://www.buzzfeednews.com/article/jasonleopold/trump-russia-cohen-moscow-tower-mueller-investigation.*

306 Hierzu erschien am 22. Januar 2019 in der *Epoch Times* ein Beitrag vom Autor des vorliegenden Buches, der die Falschmeldung der *Süddeutschen Zeitung* dokumentiert: *https://www.epochtimes.de/meinung/gastkommentar/peinlich-*

*sz-uebernimmt-buzzfeed-luege-ueber-trump-luege-a2772363.
html?ea_src=article&ea_pos=col-middle&ea_elmt=related-
articles&ea_cnt=1.*

307 *https://www.breitbart.com/the-media/2019/01/18/nolte-nine-
reasons-to-be-skeptical-of-buzzfeeds-cohen-report/.*

308 *https://archives.cjr.org/politics/jason_leopold_caught_sourceles.
php.*

309 *https://www.spiegel.de/politik/ausland/donald-trump-robert-
mueller-weist-buzzfeed-bericht-ueber-michael-cohen-zurueck-
a-1248866.html.*

310 *https://x.com/semaforben/status/1086434282921287680.*

311 *https://www.youtube.com/watch?v=LtTnizEnC1U.*

312 *https://www.youtube.com/watch?v=5IuJGHuIkzY.*

313 *https://www.breitbart.com/politics/2017/06/26/project-veritas-
undercover-investigation-cnn-producer-admits-network-hyping-
mostly-bullsht-trump-russia-scandal-for-ratings/.* Das besagte
Video ist auch direkt auf YouTube zu sehen: *https://www.
youtube.com/watch?v=jdP8TiKY8dE.*

314 *https://www.youtube.com/watch?v=l2G360HrSAs.*

315 Alle Informationen und Zitate in diesem Unterkapitel
stammen aus O'Keefes Dokumentation: *https://www.youtube.
com/watch?v=m7XZmugtLv4.*

316 Ebd.

317 Smith, Lee: *The Permanent Coup: How Enemies Foreign
and Domestic Targeted the American President,*
Center Street 2020.

318 Smith, Lee: *The Plot Against the President: The True Story of
How Congressman Devin Nunes Uncovered the Biggest Political
Scandal in U.S. History,* Center Street 2019, Seite 251.

319 *https://www.nbcnews.com/politics/politics-news/rep-waters-
draws-criticism-saying-trump-officials-should-be-harassed-
n886311.*

320 *https://edition.cnn.com/2018/07/05/politics/michael-avenatti-donald-trump-2020/index.html.*

321 *https://www.newsweek.com/stormy-daniels-lawyer-avenatti-blasts-michael-cohen-hush-money-trial-1901012.*

322 *https://www.ocregister.com/2017/01/29/seven-days-in-january-the-trump-presidency-begins/.*

323 *https://www.nytimes.com/2018/09/21/us/politics/rod-rosenstein-wear-wire-25th-amendment.html.*

324 Ebd.

325 *https://www.foxnews.com/politics/white-house-defends-bidens-claim-uncle-was-eaten-by-cannibals-we-should-not-make-jokes.*

326 *https://www.washingtonpost.com/politics/2017/live-updates/trump-white-house/trump-comey-and-russia-how-key-washington-players-are-reacting/brothers-in-arms-the-long-friendship-between-mueller-and-comey/.*

327 *https://www.politico.com/f/?id=00000171-ebc4-d2fd-a9f5-efe5ebf00000.*

328 *https://eu.usatoday.com/story/opinion/2017/06/14/mueller-should-recuse-himself-from-investigating-russia--comey-william-otis-column/102827924/.*

329 *https://dailycaller.com/2018/02/21/exclusive-zero-registered-republicans-mueller-lawyer/.*

330 Jarrett, Gregg: *Witch Hunt. The Story of the Greatest Mass Delusion in American Political History,* Broadside Books 2019, Seite 200–203.

331 *https://www.politico.com/news/2021/01/29/fbi-lawyer-trump-russia-probe-email-463750.*

332 *https://dailycaller.com/2017/11/20/meet-the-very-shady-prosecutor-robert-mueller-has-hired-for-the-russia-investigation/.*

333 *https://thehill.com/opinion/white-house/356253-judging-by-muellers-staffing-choices-he-may-not-be-very-interested-in/.*

334 Smith, Lee: *The Plot Against the President: The True Story of How Congressman Devin Nunes Uncovered the Biggest Political Scandal in U.S. History*, Center Street 2019, Seite 205 f.

335 *https://www.washingtonexaminer.com/news/316333/top-mueller-prosecutor-will-damage-trump-in-testimony-joe-dige-nova-says/*.

336 *https://x.com/realDonaldTrump/status/1119569774286135297*.

337 *https://x.com/ewarren/status/1119331296470237185*.

338 Smith, Lee: *The Plot Against the President: The True Story of How Congressman Devin Nunes Uncovered the Biggest Political Scandal in U.S. History*, Center Street 2019, Seite 162.

339 Milius, Amanda: *The Plot Against the President*, Dokumentarfilm, 1AMDC Productions 2020, TC 00:29:48.

340 *https://x.com/realDonaldTrump/status/837989835818287106*.

341 *https://en.wikipedia.org/wiki/Spygate_(conspiracy_theory)*.

342 Smith, Lee: *The Plot Against the President: The True Story of How Congressman Devin Nunes Uncovered the Biggest Political Scandal in U.S. History*, Center Street 2019, Seite 165.

343 Ebd.

344 *https://x.com/DevinCow?ref_src=twsrc%5Egoogle%7Ctwcamp%5Eserp%7Ctwgr%5Eauthor*.

345 *https://www.fresnobee.com/news/business/article210912434.html*.

346 Smith, Lee: *The Plot Against the President: The True Story of How Congressman Devin Nunes Uncovered the Biggest Political Scandal in U.S. History*, Center Street 2019, Seite 252 f.

347 Ebd., Seite 188.

348 Milius, Amanda: *The Plot Against the President*, Dokumentarfilm, 1AMDC Productions 2020, TC 00:34:02.

349 Smith, Lee: *The Plot Against the President: The True Story of How Congressman Devin Nunes Uncovered the Biggest Political Scandal in U.S. History*, Center Street 2019, Seite 179 f.

350 Ebd., Seite 177.

351 Patel, Kash Pramod: *Government Gangsters: The Deep State, the Truth, and the Battle for Our Democracy*, Post Hill Press 2023, Seite 37.

352 Ebd.

353 Smith, Lee: *The Plot Against the President: The True Story of How Congressman Devin Nunes Uncovered the Biggest Political Scandal in U.S. History*, Center Street 2019, Seite 214.

354 Ebd., Seite 217.

355 Ebd., Seite 220 f.

356 Ebd., Seite 222.

357 Ebd., Seite 224.

358 Ebd., Seite 224 f.

359 Ebd., Seite 231.

360 Ebd., Seite 226.

361 *https://www.washingtonpost.com/opinions/devin-nunes-is-investigating-me-heres-the-truth/2018/02/08/cc621170-0cf4-11e8-8b0d-891602206fb7_story.html.*

362 *https://www.mcclatchydc.com/news/politics-government/election/article102354777.html.*

363 *https://www.grassley.senate.gov/news/news-releases/justice-department-faces-challenges-registering-agents-foreign-entities-lobby-us.*

364 *https://www.focus.de/finanzen/boerse/interview-trump-ist-ein-hochstapler_id_6116235.html.*

365 *https://www.welt.de/debatte/kommentare/plus247286412/John-Kornblum-Die-Ukraine-muss-den-Krieg-nach-Russland-tragen-duerfen.html.*

366 *https://x.com/TheInsiderPaper/status/1574833511735103489?lang=de.*

367 Smith, Lee: *The Plot Against the President: The True Story of How Congressman Devin Nunes Uncovered the Biggest Political Scandal in U.S. History*, Center Street 2019, Seite 246.

368 *https://www.washingtonpost.com/powerpost/devin-nunes-targeting-mueller-and-the-fbi-alarms-democrats-and-some-republicans-with-his-tactics/2017/12/30/b8181ebc-eb02-11e7-9f92-10a2203f6c8d_story.html.*
369 *https://x.com/mtaibbi/status/1613589051470381056.*
370 *https://ago.mo.gov/wp-content/uploads/212-3-proposed-findings-of-fact.pdf.*
371 Smith, Lee: *The Plot Against the President: The True Story of How Congressman Devin Nunes Uncovered the Biggest Political Scandal in U.S. History,* Center Street 2019, Seite 252.
372 Ebd., Seite 255.
373 *https://intelligence.house.gov/uploadedfiles/memo_and_white_house_letter.pdf.*
374 Jarrett, Gregg: *The Russia Hoax: The Illicit Scheme to Clear Hillary Clinton and Frame Donald Trump,* Broadside Books 2018, Seite 151.
375 *https://www.sueddeutsche.de/politik/russland-affaere-trumps-mann-fuers-grobe-1.3851228.*
376 *https://www.welt.de/politik/ausland/article173161549/Russland-Affaere-Das-beruechtigte-Geheimdienst-Memo-ist-ein-Eigentor-der-Republikaner.html.*
377 *https://www.spiegel.de/politik/ausland/donald-trump-und-das-memo-zum-fbi-wie-belastbar-ist-das-geheimpapier-wirklich-a-1191249.html.*
378 *https://www.zeit.de/politik/ausland/2018-02/memo-donald-trump-usa-republikaner-memo-fbi.*
379 *https://apnews.com/article/trump-new-york-times-taxes-lawsuit-slapp-f39342501d9a2a5cfd36181f9f336215.*
380 *https://www.washingtonexaminer.com/opinion/2634870/the-russian-collusion-hoax-meets-unbelievable-end/.*
381 *https://www.documentcloud.org/documents/5955118-The-Mueller-Report.*

382 Mueller, Robert: *The Mueller Report: The Final Report of the Special Counsel*, Skyhorse Publishing, Seite 39; Jarrett, Gregg: *Witch Hunt. The Story of the Greatest Mass Delusion in American Political History*, Broadside Books 2019, Seite 474.

383 *https://en.wikipedia.org/w/index.php?title=File:AG_March_24_2019_Letter_to_House_and_Senate_Judiciary_Committees.pdf.*

384 Jarrett, Gregg: *Witch Hunt. The Story of the Greatest Mass Delusion in American Political History*, Broadside Books 2019, Seite 184.

385 Ebd., Seite 188.

386 *https://www.foxnews.com/politics/fbis-strzok-allegedly-dismissed-mueller-probe-no-big-there-there.*

387 *https://www.spiegel.de/politik/ausland/donald-trump-was-robert-mueller-wirklich-herausgefunden-hat-a-1263647.html.*

388 *https://www.zeit.de/politik/ausland/2019-03/robert-mueller-donald-trump-russland-ermittlungen-usa-verschwoerung.*

389 *https://www.rnd.de/politik/mueller-ermittlungen-bringen-trump-in-rage-ULZHSTN73YACCJKROIQAILUSRE.html.*

390 *https://www.sueddeutsche.de/politik/trump-mueller-bericht-demokraten-1.4381897.*

391 *https://www.tagesspiegel.de/politik/die-demokraten-stehen-vor-einem-debakel-5322001.html.*

392 *https://www.foxnews.com/entertainment/mainstream-media-celebrities-stunned-as-mueller-report-filed-with-no-new-indictments-planned.*

393 *https://en.wikipedia.org/wiki/Mueller_special_counsel_investigation.*

394 *https://twitter.com/realDonaldTrump/status/1116364182063132672.*

395 *https://www.foxnews.com/politics/nunes-sends-criminal-referral-notification-to-barr-alleges-several-potential-violations-in-russia-probe.*

396 https://twitter.com/trish_regan/status/1116494225787453440.

397 https://x.com/realDonaldTrump/status/1119341792460247040.

398 https://www.justice.gov/storage/120919-examination.pdf.

399 https://www.nbcnews.com/politics/justice-department/barr-thinks-fbi-may-have-acted-bad-faith-probing-trump-n1098986.

400 https://www.cruz.senate.gov/?p=press_release&id=4812.

401 https://www.foxnews.com/politics/trump-demands-update-durham-probe-fbi-russia-investigation.

402 https://www.nytimes.com/2010/11/10/world/10tapes.html.

403 https://www.politico.com/news/2021/01/29/fbi-lawyer-trump-russia-probe-email-463750.

404 https://edition.cnn.com/2022/10/18/politics/durham-investigation-igor-danchenko-trial/index.html.

405 https://www.theepochtimes.com/us/jury-finds-former-clinton-campaign-lawyer-not-guilty-of-lying-to-fbi-4502691; https://www.freiewelt.net/nachricht/clinton-anwalt-michael-sussmann-freigesprochen-10089366/.

406 https://www.foxnews.com/media/turley-jury-pool-michael-sussmann-trial-nightmare-prosecutors.

407 https://x.com/RepMattGaetz/status/1531803761324310528.

408 https://emeralddb3.substack.com/p/durham-played-you-for-a-fool.

409 https://seymourhersh.substack.com/p/russiagates-missing-pieces.

410 https://www.youtube.com/watch?v=2xglDpABkCA.

411 https://www.forbes.com/sites/melikkaylan/2013/07/15/an-injection-of-rule-of-law-for-ukrainian-business-oligarchs-lawsuit-could-help-improve-the-culture-of-business-dealings-in-the-post-soviet-space/.

412 Schweizer, Peter: Secret Empires: How the American Political Class Hides Corruption and Enriches Family and Friends, Harper 2018, Seite 57–59.

413 https://www.cfr.org/event/foreign-affairs-issue-launch-former-vice-president-joe-biden.

414 *https://web.archive.org/web/20190923013206/https://ukr-leaks.
com/Inform/Investigations/Details/vmeshatelstvo-ukraini-v-
vibori.*

415 *https://www.independent.co.uk/news/long_reads/is-the-fbi-s-
latest-probe-of-the-clinton-foundation-a-witch-hunt-or-
something-more-a8168531.html.*

416 *https://thehill.com/hilltv/rising/434875-top-ukrainian-justice-
official-says-us-ambassador-gave-him-a-do-not-prosecute/.*

417 *https://ti-ukraine.org/en/news/cpi-2018-second-worst-score-of-
all-neighbors-after-russia/.*

418 *http://uacrisis.org/53924-sergij-leshhenko-6.*

419 *https://www.zeit.de/news/2019-12/10/putin-zufrieden-mit-
erstem-selenskyj-treffen.*

420 *https://uacrisis.org/en/71966-joint-appeal-of-civil-society-
representatives.*

421 *https://www.youtube.com/watch?v=2xglDpABkCA.*

422 Ebd.

423 *https://www.crowdstrike.com/blog/bears-midst-intrusion-
democratic-national-committee/.*

424 *https://www.bpb.de/themen/europa/ukraine-analysen/297958/
dokumentation-memorandum-des-telefongespraechs-zwischen-
us-praesident-donald-trump-und-wolodymyr-selenskyj-vom-
25-juli-2019/.*

425 *https://www.youtube.com/watch?v=OvhxZfIupns.*

426 *https://thehill.com/opinion/campaign/463307-solomon-
these-once-secret-memos-cast-doubt-on-joe-bidens-
ukraine-story/.*

427 *https://www.dailymail.co.uk/news/article-7820293/Giuliani-
claims-U-S-embassy-not-stop-Ukraine-corruption-scheme-
funneling-money-Soros.html.*

428 *https://www.washingtonpost.com/national-security/trumps-
communications-with-foreign-leader-are-part-of-whistleblower-*

*complaint-that-spurred-standoff-between-spy-chief-and-
congress-former-officials-say/2019/09/18/df651aa2-da60-
11e9-bfb1-849887369476_story.html.*

429 *https://www.wsj.com/articles/trump-defends-conversation-with-
ukraine-leader-11568993176.*

430 *https://www.sueddeutsche.de/politik/trump-biden-giuliani-usa-
ukraine-1.4609939.*

431 *https://www.nzz.ch/international/whistleblower-affaere-um-
trump-telefonat-draengte-der-praesident-die-ukraine-zu-
ermittlungen-gegen-joe-bidens-sohn-ld.1510355.*

432 *https://edition.cnn.com/2019/09/20/politics/donald-trump-
whistleblower/index.html.*

433 *https://www.euronews.com/2019/09/21/ukraine-minister-denies-
trump-put-pressure-on-zelenskiy-during-call-report.*

434 *https://www.youtube.com/watch?v=6otQpT4p-HM.*

435 Siehe dazu: Devine, Miranda: *Hunter Bidens Laptop from Hell*,
Kopp Verlag 2022.

436 *https://www.youtube.com/watch?v=uXKuINC7JLE.*

437 *https://www.spiegel.de/wirtschaft/unternehmen/joe-biden-und-
die-ukraine-affaere-das-ist-hunter-bidens-gas-connection-
a-1288590.html.*

438 *https://de.scribd.com/document/427618359/Shokin-
Statement.*

439 *https://thehill.com/opinion/campaign/463307-solomon-
these-once-secret-memos-cast-doubt-on-joe-bidens-ukraine-
story/.*

440 *https://www.dailymail.co.uk/news/article-12449675/Former-
Ukrainian-prosecutor-Viktor-Shokin-unleashes-Bidens-
bombshell-interview.html.*

441 *https://www.realclearinvestigations.com/articles/2019/10/30/
whistleblower_exposed_close_to_biden_brennan_dnc_oppo_
researcher_120996.html.*

442 *https://www.realclearinvestigations.com/articles/2024/04/17/ impeachment_whistleblower_was_in_the_loop_of_biden- ukraine_affairs_that_trump_wanted_probed_1024937.html.*

443 Smith, Lee: *The Permanent Coup: How Enemies Foreign and Domestic Targeted the American President*, Center Street 2020, Seite 95.

444 Patel, Kash Pramod: *Government Gangsters: The Deep State, the Truth, and the Battle for Our Democracy*, Post Hill Press 2023, Seite 97.

445 *https://www.realclearinvestigations.com/articles/2024/04/17/ impeachment_whistleblower_was_in_the_loop_of_biden- ukraine_affairs_that_trump_wanted_probed_1024937.html.*

446 *https://www.congress.gov/116/meeting/house/110281/ documents/HHRG-116-JU00-20191204-SD1169.pdf.*

447 Ebd.

448 *https://www.washingtonexaminer.com/news/992886/dossier- critic-fiona-hill-introduced-main-source-to-steele-and-durham- says-pr-exec-1/.*

449 *https://www.brookings.edu/wp-content/uploads/2016/07/ fp_20170207_hill_cv.pdf.*

450 *https://www.politico.com/news/2019/11/21/impeachment- hearings-close-fiona-hill-072347.*

451 *https://www.theguardian.com/us-news/2019/nov/21/trump- impeachment-inquiry-fiona-hill-david-holmes-testimony.*

452 *https://www.foxnews.com/politics/trump-vindman- whistleblower-impeachment-byron-york-book-obsession- laura-ingraham-angle.*

453 *https://www.politico.com/news/2023/02/02/vindman-leads-new- push-to-send-military-contractors-to-ukraine-00081016.*

454 *https://x.com/realDonaldTrump/status/1207817078725578755.*

455 *https://www.nytimes.com/interactive/2019/12/20/us/politics/ senators-impeachment-reactions.html.*

456 https://www.realclearinvestigations.com/articles/2020/01/31/
     whistleblower_censorship_in_facebook_and_in_senate_
     122223.html.

457 https://x.com/mtaibbi/status/1610394284867436547.

458 https://x.com/TuckerCarlson/status/
     1758529993280205039?s=20.

459 https://twitter.com/TuckerCarlson/status/
     1758529993280205039?s=20.

460 https://newsbusters.org/blogs/nb/rich-noyes/2016/10/25/mrc-
     study-documenting-tvs-twelve-weeks-trump-bashing.

461 https://www.dailymail.co.uk/news/article-7178881/Undercover-
     video-shows-senior-Google-executive-vowing-prevent-Trump-
     situation.html.

462 https://freebeacon.com/wp-content/uploads/2017/01/media-
     matters-donor-pitch.pdf.

463 https://www.theguardian.com/news/2018/mar/17/cambridge-
     analytica-facebook-influence-us-election.

464 https://www.theguardian.com/world/2012/feb/17/obama-
     digital-data-machine-facebook-election.

465 https://www.youtube.com/watch?v=-CcPWvnlVBY
     #t=22m21s.

466 https://www.westernjournal.com/confirmed-facebooks-recent-
     algorithm-change-is-crushing-conservative-voices-boosting-
     liberals/.

467 https://www.youtube.com/watch?v=-CcPWvnlVBY#t=22m21s.

468 https://www.welt.de/wirtschaft/webwelt/article172870280/
     Rede-in-Davos-George-Soros-geisselt-Facebook-Google-und-die-
     CSU.html.

469 https://www.theguardian.com/business/2018/feb/15/eu-facebook-
     google-dominance-george-soros.

470 https://www.theguardian.com/technology/2017/may/07/the-
     great-british-brexit-robbery-hijacked-democracy.

471 *https://www.opendemocracy.net/mary-fitzgerald-peter-york-carole-cadwalladr-james-patrick/dark-money-deep-data-voicing-dissent.*

472 Dieses wie alle weiteren Zitate von Mike Benz in diesem Kapitel stammen aus dem einstündigen Gespräch mit Tucker Carlson vom 16. Februar 2024: *https://twitter.com/Tucker Carlson/status/1758529993280205039?s=20.*

473 Siehe Seite 13.

474 *https://twitter.com/TuckerCarlson/status/ 1758529993280205039?s=20.*

475 Ebd.

476 Ebd.

477 *https://twitter.com/TuckerCarlson/status/175852999328 0205039?s=20.*

478 *https://www.theepochtimes.com/article/former-special-forces-officer-warns-of-color-revolution-tactics-used-against-trump-3612952.*

479 *https://time.com/5936036/secret-2020-election-campaign/.*

480 Ebd.

481 Hemingway, Mollie: *Rigged: How the Media, Big Tech, and the Democrats Seized Our Elections*, Regnery 2021, Seite 62.

482 *https://www.documentcloud.org/documents/20793561-leopold-nih-foia-anthony-fauci-emails.*

483 *https://www.theepochtimes.com/us/emails-reveal-how-influential-articles-that-established-covid-19-natural-origins-theory-were-formed-3848832.* Siehe dazu: Kennedy, Robert F. Jr.: *Das wahre Gesicht des Dr. Fauci: Bill Gates, die Pharmaindustrie und der globale Krieg gegen Demokratie und Gesundheit*, Kopp Verlag 2022.

484 *https://journals.plos.org/plospathogens/article?id=10.1371/ journal.ppat.1006698; https://pubmed.ncbi.nlm.nih. gov/29190287/.*

485 *https://www.thelancet.com/journals/lancet/article/PIIS0140-6736(20)30418-9/fulltext.*

486 *https://rumble.com/vhkbdh-navarro-fauci-will-be-gone-within-90-days.html.*

487 *https://www.dailymail.co.uk/health/article-12308421/Anthony-Fauci-accused-perjury-Former-White-House-doctor-LIED-oath-funding-gain-function-research-China-feared-started-Covid-pandemic-Republican-Senator-claims.html.*

488 Hemingway, Mollie: *Rigged: How the Media, Big Tech, and the Democrats Seized Our Elections*, Regnery 2021, Seite 61.

489 *https://www.nytimes.com/2019/08/16/us/politics/biden-obama-history.html.*

490 *https://deadline.com/2020/11/barack-obama-stephen-colbert-president-third-term-1234635491/.*

491 *https://twitter.com/BarackObama/status/1248719432563732482?s=20.*

492 *https://www.techandciviclife.org/.*

493 *https://www.influencewatch.org/non-profit/new-organizing-institute/.*

494 *https://www.washingtonpost.com/news/the-switch/wp/2014/07/08/inside-the-democratic-partys-hogwarts-for-digital-wizardry/.*

495 *https://thenationalpulse.com/archive-post/revealed-emails-show-zuckerberg-funded-group-overruling-election-officials-accessing-mail-in-ballots-before-election/.*

496 Ebd.

497 Ebd.

498 *https://www.documentcloud.org/documents/20428534-hava-and-non-profit-organization-report-final-w-attachments-and-preface-121420.*

499 Hoft, Joe: *The Steal – Volume I: Setting the Stage: The Deep State, Big Tech, Big Media, China, Absentee Ballots, the USPS, Non-Profits, and Rallies*, Eigenverlag 2022, Seite 66 f.

500 *https://web.archive.org/web/20220302173516/https://legis.*
wisconsin.gov/assembly/22/brandtjen/media/1552/osc-second-
interim-report.pdf.

501 *https://www.newsweek.com/mark-zuckerbergs-millions-wont-*
part-this-round-elections-1697073.

502 *https://www.business-standard.com/world-news/us-elections-*
2024-wisconsin-voters-approve-ban-on-private-money-
support-124040300110_1.html.

503 *https://madison.com/news/local/govt-and-politics/split-state-*
supreme-court-rules-drop-boxes-are-illegal-voters-must-mail-or-
hand-deliver/article_5272cf95-873f-5d21-b5f6-955f0dfb5922.
html.

504 *https://twitter.com/realDonaldTrump/status/*
1275062328971497472.

505 *https://www.bakerinstitute.org/event/carter-baker-commission-*
16-years-later-voting-mail.

506 Alle Angaben und Zitate in diesem Kapitel stammen aus dem
Dokumentarfilm *2000 Mules* von 2022: *https://www.imdb.com/*
title/tt18924506/; siehe dazu: D'Souza, Dinesh: *2000 Mules: Sie*
dachten, wir würden ihnen nicht auf die Schliche kommen. Sie
haben sich geirrt. Kopp Verlag 2022.

507 »Der Begriff Geofencing bezeichnet eine Technologie, die GPS-
Koordinaten oder RFID-Signale verwendet, um eine virtuelle
Grenze im Raum zu ziehen und anhand dieser Grenze
bestimmte Aktionen auszulösen.« Siehe: *https://de.ryte.com/*
wiki/Geofencing.

508 *https://www.texastribune.org/2022/10/07/true-the-vote-lawsuit-*
texas-konnech/.

509 *https://edition.cnn.com/2017/08/14/politics/trump-condemns-*
charlottesville-attackers/index.html.

510 *https://www.express.co.uk/news/world/841752/Donald-Trump-*
press-conference-full-transcript-Charlottesville-news-latest.

511 Horowitz, David: *I Can't Breathe: How a Racial Hoax Is Killing America*, Regnery 2021, Seite 50–53.

512 *https://www.dailymail.co.uk/news/article-8614589/First-length-bodycam-footage-shows-George-Floyds-harrowing-final-moments-brutal-arrest.html.*

513 *https://www.youtube.com/watch?v=EjYIjtloz8s..*

514 *https://abc7.com/trump-george-floyd-twitter-tweets/6219017/.*

515 Hemingway, Mollie: *Rigged: How the Media, Big Tech, and the Democrats Seized Our Elections*, Regnery 2021, Seite 114 f.

516 *https://edition.cnn.com/2021/04/19/politics/maxine-waters-derek-chauvin-trial/index.html.*

517 *https://www.youtube.com/watch?v=-72Bm_VrILQ.*

518 *https://www.washingtonpost.com/politics/2020/09/03/kamala-harris-tweeted-support-bail-fund-money-didnt-just-assist-protestors/.*

519 Horowitz, David: *I Can't Breathe: How a Racial Hoax Is Killing America*, Regnery 2021, Seite 57.

520 Ebd., Seite 155 f.

521 Ebd., Seite 4.

522 *https://www.tag24.de/thema/blacklivesmatter/junge-mutter-sagt-all-lives-matter-wird-vor-verlobten-erschossen-usa-1577972.*

523 *https://thehill.com/homenews/media/513902-cnn-ridiculed-for-fiery-but-mostly-peaceful-caption-with-video-of-burning/.*

524 *https://researchfeatures.com/black-lives-matter-protests-spark-calls-defund-police/.*

525 *https://www.law.berkeley.edu/research/public-law-and-policy-program/events/past-events/when-race-trumps-merit/.*

526 Hemingway, Mollie: *Rigged: How the Media, Big Tech, and the Democrats Seized Our Elections*, Regnery 2021, Seite 129.

527 *https://edition.cnn.com/2020/06/01/politics/donald-trump-national-address-race/index.html.*

528 Trumps vollständige Rede vom 07.07.2020: *https://www. youtube.com/watch?v=mXD4zPY4Ai0*; siehe auch: *https://www. achgut.com/artikel/trumps_mount_rushmore_rede_auf_deutsch*.

529 *https://www.welt.de/politik/ausland/article211025599/Trump-nutzt-Unabhaengigkeitstag-fuer-Rede-zur-Spaltung-der-Nation. html*; siehe auch: *https://www.nytimes.com/2020/07/03/us/ politics/trump-coronavirus-mount-rushmore.html*.

530 *https://www.zeit.de/news/2020-07/04/trumps-patriotische-show-zum-unabhaengigkeitstag*; siehe auch: *https://www. washingtonpost.com/politics/trump-mount-rushmore-fireworks/2020/07/03/af2e84f6-bd25-11ea-bdaf-a129f921026f_story.html*.

531 *https://www.achgut.com/artikel/trumps_mount_rushmore_rede_ auf_deutsch*.

532 MacDonald, Heather: *The War on Cops: How the New Attack on Law and Order Makes Everyone Less Safe*, Encounter Books 2017.

533 Horowitz, David: *I Can't Breathe: How a Racial Hoax Is Killing America*, Regnery 2021, Seite 144 f.

534 Hemingway, Mollie: *Rigged: How the Media, Big Tech, and the Democrats Seized Our Elections*, Regnery 2021, Seite 135.

535 *https://www.rasmussenreports.com/public_content/archive/ white_house_watch_2020/white_house_watch_aug26*.

536 *https://time.com/5936036/secret-2020-election-campaign/*.

537 McMahon, Collin: *Der Zensurkomplex: Wie Regierungen, Geheimdienste und NGOs ihre Bürger überwachen und politisch unerwünschte Meinungen bekämpfen*, Kopp Verlag 2023.

538 *https://twitter.com/TuckerCarlson/status/175852999328 0205039?s=20*.

539 *https://www.washingtonpost.com/outlook/2020/09/03/trump-stay-in-office/?arc404=true*.

540 *https://www.youtube.com/watch?v=D08kGJqwllk*.

541 https://humanevents.com/2024/03/21/exclusive-the-investigation-into-the-transition-integrity-project-reveals-the-darkness-of-the-deep-power-structures-within-the-us-government.

542 https://paxsims.wordpress.com/wp-content/uploads/2020/08/preventing-a-disrupted-presidential-election-and-transition-8-3-20.pdf.

543 https://thenationalpulse.com/archive-post/establishment-election-interference/.

544 https://humanevents.com/2024/03/21/exclusive-the-investigation-into-the-transition-integrity-project-reveals-the-darkness-of-the-deep-power-structures-within-the-us-government.

545 Ebd.

546 https://thepostmillennial.com/scoop-house-oversight-committee-launches-investigation-into-transition-integrity-project-housed-at-georgetown-law-ahead-of-2024-election.

547 https://de.scribd.com/document/715777419/24-03-21-Letter-to-Dean-Brooks-re-TIP-2020-240321-123507.

548 https://thepostmillennial.com/scoop-house-oversight-committee-launches-investigation-into-transition-integrity-project-housed-at-georgetown-law-ahead-of-2024-election.

549 https://www.washingtonpost.com/opinions/2021/12/17/eaton-taguba-anderson-generals-military/.

550 https://www.nbcnews.com/news/amp/rcna129159.

551 https://www.theguardian.com/us-news/2020/oct/13/election-poll-biden-leads-trump-17-points.

552 https://www.c-span.org/video/?477710-1/president-trump-remarks-election-status.

553 https://www.thegatewaypundit.com/2020/12/unbelievable-mother-along-daughter-handled-counted-ballots-alone-hours-georgia-ruby-freeman-caught-running-batch-ballots-tabulator-three-times/.

554 https://www.youtube.com/watch?v=hRCXUNOwOjw.

555 *https://www.youtube.com/watch?v=u5ZP_HpBKos,*
TC 03:40:00.

556 Hemingway, Mollie: *Rigged: How the Media, Big Tech, and the Democrats Seized Our Elections,* Regnery 2021, Seite 288 f.

557 *https://www.fox5atlanta.com/news/jan-6th-committee-releases-full-testimony-of-fulton-county-election-workers.*

558 *https://twitter.com/joehenke/status/1323851215118151682.*

559 *https://sos.ga.gov/sites/default/files/2023-06/SEB2020-059%20 ROI%20redacted.pdf.*

560 *https://x.com/CollinRugg/status/1788954532124455368.*

561 Hemingway, Mollie: *Rigged: How the Media, Big Tech, and the Democrats Seized Our Elections,* Regnery 2021, Seite 20–23.

562 *https://www.thegatewaypundit.com/2020/11/huge-exclusive-michigan-ag-dana-nessel-sends-cease-desist-order-journalist-demanding-erase-detroitleaks-video-showing-voter-fraud-training-face-criminal-prosecution/.*

563 Hoft, Joe: *The Steal – Volume II: The Impossible Occurs: Access Denied, Impossible Results, The Drop and Roll, Chain of Custody, Authenticity, System Compliance, System Issues, and Collusion,* Eigenverlag 2022, Seite 23–25.

564 *https://www.thegatewaypundit.com/2021/02/exclusive-tcf-center-election-fraud-newly-recovered-video-shows-late-night-deliveries-tens-thousands-illegal-ballots-michigan-arena/.*

565 *https://www.thegatewaypundit.com/2020/11/will-kick-ass-detroit-gop-poll-challenger-threatened-violence-offering-check-35000-ballot-dump-middle-night-tcf-center-video/.*

566 *https://www.youtube.com/watch?v=QSQXgBUcIE4; https://www.phillyvoice.com/president-donald-trump-bad-things-happen-philadelphia-presidential-debate/.*

567 *https://www.washingtonpost.com/politics/biden-fracking-unions-pennsylvania/2020/10/22/447d31de-12cf-11eb-ad6f-36c93e6e94fb_story.html.*

568 *https://twitter.com/matthewtyrmand/status/1324786382733254
     658?s=21&fbclid=IwAR12XlX7qgUNtYCZrMhHzIRR6vbQyp
     2GPgFwM-CYflLZ2to-zS9Pf1ixiz8.*

569 *https://twitter.com/JackPosobiec/status/1324409681163538432.*

570 *https://twitter.com/SteveGuest/status/1324404658660659201.*

571 *https://www.supremecourt.gov/orders/courtorders/110620zr_
     g31i.pdf.*

572 *https://twitter.com/mikeroman/status/1324858704722792448.*

573 *https://twitter.com/JamesOKeefeIII/status/132478724313
     5938570.*

574 *https://www.thegatewaypundit.com/2020/11/breaking-
     pennsylvania-whistleblower-goes-public-confirms-federal-
     investigators-spoken-postmasters-order-backdate-ballots-
     nov-3rd/.*

575 *https://www.thegatewaypundit.com/2020/12/driving-completed-
     ballots-ny-pennsylvania-decided-speak-update/.*

576 *https://www.youtube.com/watch?v=cRfF5WePmRo&feature=
     emb_logo.*

577 *https://documentcloud.adobe.com/link/track?uri=urn%3Aaaid
     %3Ascds%3AUS%3A9f9ba0f6-1e36-40e1-ab2c-309c14a9f5f01.*

578 *https://www.cruz.senate.gov/newsroom/press-releases/sen-
     cruz-urges-us-supreme-court-to-hear-emergency-appeal-on-
     pennsylvania-election-challenge.*

579 *https://www.nytimes.com/2022/01/28/us/politics/pennsylvania-
     mail-voting-law-unconstitutional.html.*

580 *https://voterga.org/wisconsin-email-ryan-chew-elections-group-
     to-claire-woodall-vogg/.*

581 *https://twitter.com/billmiston/status/132391000062080
     6144?s=20; https://www.thegatewaypundit.com/2020/11/
     developing-milwaukee-elections-chief-lost-elections-flash-
     drive-morning-hours-november-4th-democrats-miraculously-
     found-120000-votes-joe-biden/.*

582 https://www.wpr.org/news/milwaukee-elections-director-replaced-paulina-gutierrez-claire-woodall.

583 https://www.youtube.com/watch?v=jzSMWZ-r2EI.

584 https://www.freiewelt.net/nachricht/wahlpruefung-in-arizona-findet-53305-illegale-stimmen-10086451/.

585 https://thehill.com/homenews/state-watch/3261513-arizona-attorney-general-finds-vulnerabilities-but-says-no-mass-fraud-in-2020-election/.

586 https://peternavarro.com/the-navarro-report/.

587 Ebd.

588 https://web.archive.org/web/20210124173706/http://wiseenergy.org/Energy/Election/2020_Election_Cases.htm.

589 https://www.rev.com/blog/transcripts/trump-lawyers-rudy-giuliani-jenna-ellis-testify-before-michigan-house-oversight-committee-transcript.

590 https://www.rev.com/blog/transcripts/pennsylvania-senate-republican-lawmaker-hearing-transcript-on-2020-election.

591 https://www.newsweek.com/donald-trump-rudy-giuliani-fani-willis-nathan-wade-fulton-county-atlanta-indictment-georgia-election-1888851.

592 https://www.achgut.com/artikel/trumps_rede_zum_thema_wahlbetrug_auf_deutsch; https://reitschuster.de/post/trump-wir-haben-die-beweise-die-wahl-zu-kippen/; im O-Ton siehe: https://www.youtube.com/watch?v=720O_yBLrTs.

593 https://www.texasattorneygeneral.gov/sites/default/files/images/admin/2020/Press/SCOTUSFiling.pdf.

594 https://apnews.com/article/2022-midterm-elections-technology-georgia-election-2020-a746b253f3404dbf794349df498c9542.

595 https://judiciary.house.gov/sites/evo-subsites/republicans-judiciary.house.gov/files/evo-media-document/EIP_Jira-Ticket-Staff-Report-11-7-23-Clean.pdf.

596 https://www.cnn.com/2023/12/15/politics/rudy-giuliani-verdict-pay-defamed-election-workers/index.html.

597 https://www.atlantanewsfirst.com/2024/05/07/fulton-county-used-improper-procedures-2020-vote-recount-investigation-finds/.

598 https://www.cruz.senate.gov/newsroom/videos/watch/sen-ted-cruz-grills-fbi-and-doj-about-january-6th.

599 https://www.vox.com/policy-and-politics/2016/12/16/13920444/electoral-college-trump-hamilton-electors.

600 https://www.npr.org/2017/01/06/508562183/biden-to-democrats-objecting-to-electoral-college-results-it-is-over.

601 https://www.npr.org/2021/02/10/966396848/read-trumps-jan-6-speech-a-key-part-of-impeachment-trial.

602 https://www.achgut.com/artikel/trumps_rede_zum_thema_wahlbetrug_auf_deutsch.

603 https://www.pbs.org/newshour/politics/read-pences-full-letter-saying-he-cant-claim-unilateral-authority-to-reject-electoral-votes.

604 https://www.rules.senate.gov/imo/media/doc/Testimony_Sund.pdf.

605 https://www.cruz.senate.gov/newsroom/videos/watch/sen-ted-cruz-grills-fbi-and-doj-about-january-6th.

606 https://www.dailymail.co.uk/news/article-10347577/Ex-Marine-accused-FBI-plant-sent-incite-Jan-6-riot-pictured-ranch.html.

607 https://rumble.com/v17h6qx-the-truth-of-january-6th.html.

608 https://rumble.com/vq7rts-becivilguy-takes-down-cartharttwasp-as-crowd-yells-to-stop.html.

609 https://twitter.com/TuckerCarlson/status/1689783814594174976?s=20.

610 https://www.rnd.de/politik/bewaffnete-trump-anhanger-belagern-auch-parlamente-anderer-us-staaten-O7APTL5JS6BVUSFG76L6IJ7MFQ.html.

611 https://www.politico.com/news/2021/02/16/judge-ban-riot-twitter-and-facebook-469219.

612 *https://edition.cnn.com/2021/02/10/politics/brian-sicknick-investigation/index.html.*

613 *https://www.washingtonexaminer.com/news/299359/new-york-times-quietly-updates-report-on-fire-extinguisher-striking-capitol-police-officer/.*

614 *https://nypost.com/2023/03/05/house-speaker-kevin-mccarthy-gives-tucker-carlson-unfettered-footage-of-jan-6-riot/.*

615 Ein QAnon ist ein 4chan-Nutzer, der Trump unterstützt.

616 *https://medium.com/happy-brain-club/the-shaman-who-stor-med-the-capitol-represents-a-small-side-psychedelic-healing-we-must-stay-aware-e6410d62dc3a.*

617 *https://web.archive.org/web/20240105161139/https://www.telegraph.co.uk/world-news/2024/01/05/jan-6-capitol-riot-qanon-shaman-jacob-chansley/.*

618 *https://web.archive.org/web/20230308060252/https://www.youtube.com/watch?v=5LWsvmi6guE; https://rumble.com/v2cd2kk-tucker-carlson-tonight-full-episode-wednesday-march-8.html.*

619 https://twitter.com/elonmusk/status/163433282986 0646914?s=20.

620 *https://web.archive.org/web/20240105161139/https://www.telegraph.co.uk/world-news/2024/01/05/jan-6-capitol-riot-qanon-shaman-jacob-chansley/.*

621 *https://www.theguardian.com/us-news/video/2023/mar/07/bald-faced-lie-chuck-schumer-attacks-fox-news-for-shameful-use-of-january-6-footage-video.*

622 *https://www.youtube.com/watch?v=sAOsUf44iSI.*

623 *https://www.theepochtimes.com/us/jan-6-arrests-running-at-nearly-double-the-rate-of-2023-and-2022-report-5644863.*

624 *https://twitter.com/TuckerCarlson/status/1689783814594174976.*

625 Patel, Kash Pramod: *Government Gangsters: The Deep State, the Truth, and the Battle for Our Democracy*, Post Hill Press 2023, Seite 186 f.

626 *https://americanmilitarynews.com/2021/01/pics-21500-troops-now-on-the-ground-in-dc-for-biden-inauguration/.*

627 *https://www.usnews.com/news/national-news/articles/ 2021-01-14/national-guard-at-capitol-authorized-to-use-lethal-force-in-aftermath-of-mob.*

628 *https://www.nbcwashington.com/news/national-international/ fbi-vetting-guard-troops-in-dc-amid-fears-of-insider-attack/2544704/.*

629 *https://x.com/SecDef/status/1357163616361996288?ref_ src=twsrc%5Etfw%7Ctwcamp%5Etweetembed%7Ctwterm%5E1 357163616361996288%7Ctwgr%5E502220b9c804349fa412a 0fd7c443e3c62d85973%7Ctwcon%5Es1_&ref_ url=https%3A%2F%2Fwww.vanityfair.com%2Fnews% 2F2021%2F02%2Fbiden-secretary-of-defense-moving-to -purge-the-military-of-white-supremacists.*

630 *https://www.vanityfair.com/news/2021/02/biden-secretary-of-defense-moving-to-purge-the-military-of-white-supremacists.*

631 *https://www.washingtonpost.com/powerpost/republicans-joint-chiefs-chairman-critical-race-theory-congress/2021/06/23/84654c 34-d451-11eb-9f29-e9e6c9e843c6_story.html.*

632 *https://www.washingtonexaminer.com/news/50791/space-force-officer-relieved-of-post-after-denouncing-marxist-ideology-and-critical-race-theory-in-military-report/.*

633 *https://thehill.com/opinion/judiciary/537282-the-house-impeachment-brief-endangers-freedom-of-speech/.*

634 *https://www.dailymail.co.uk/news/article-10923853/Trump-adviser-Jason-Miller-tears-January-6-committee-taking-answers-context.html.*

635 *https://www.thegatewaypundit.com/2022/06/unethical-doctored-tape-defrauded-viewers-trump-committed-no-crimes-attorney-dershowitz-primetime-jan-6-hearing-video/.*

636 *https://x.com/PeterAlexander/status/1541910389289635841.*

637 *https://www.axios.com/2022/06/29/secret-service-cassidy-hutchinson-jan6.*

638 *https://www.washingtontimes.com/news/2022/dec/19/alan-dershowitz-dismisses-jan-6-committees-trump-r/.*

639 *https://warroom.org/episode-3596-vacate-the-speakership/.*

640 *https://www.justsecurity.org/90509/trumps-lawyers-face-sanctions-discipline-and-indictment-how-should-the-legal-profession-respond/.*

641 *https://www.foxnews.com/politics/federal-judge-postpones-trumps-classified-records-trial-indefinitely.*

642 *https://justthenews.com/government/federal-agencies/elise-stefanik-files-complaint-against-special-counsel-jack-smith.*

643 *https://www.foxnews.com/politics/house-judiciary-committee-investigates-alteration-evidence-seized-fbi-trump-classified-records-probe.*

644 *https://www.thegatewaypundit.com/2024/02/revealed-nathan-wade-attorney-terrence-bradleys-text-messages/.*

645 *https://apnews.com/article/stormy-daniels-donald-trump-trial-takeaways-f34f094124fc7ec455d6a73cbb6eec21.*

646 *https://www.wsj.com/articles/why-i-support-reform-prosecutors-law-enforces-jail-prison-crime-rate-justice-police-funding-11659277441.*

647 *https://www.heritage.org/crime-and-justice/commentary/washington-post-fact-checker-should-try-checking-facts-about-soros.*

648 *https://www.foxnews.com/politics/soros-family-other-high-profile-megadonors-helped-fuel-political-career-new-york-ag-suing-trump.*

649 *https://nypost.com/2024/05/06/us-news/trump-hush-money-prosecutor-matthew-colenagelo-was-political-consultant-for-dnc-ex-obama-donor/.*

650 *https://nypost.com/2024/03/30/us-news/dem-clients-of-daughter-of-judge-in-trump-trial-raised-90m-off-case/.*

651 *https://www.reuters.com/article/idUSL1N3621O6/.*

652 *https://nypost.com/2024/05/13/us-news/michael-cohen-testifies-he-once-secretly-recorded-trump/.*

653 *https://warroom.org/episode-3604-wasteful-spending-to-just-buy-votes/.*

654 Ebd.

Index

A

Abedin, Huma, 57, 60, 173
Achse des Guten, Die, 224, 247
Acosta, Jim, 123
Ağalarov, Emin und Araz, 38
Ahmad, Zainab, 151
Alfa-Bank, 50, 51
Alito, Samuel, 242
Alliance for Global Justice, 66
Alliance for Securing Democracy (ASD), 156, 229
Amistad Project, 214
Andrew, Christopher, 48
Anti-Corruption Action Center (AntAC), 177
Antifaschistische Aktion (Antifa), 65, 67, 207, 217, 223, 225, 230, 231, 256, 257, 263
Applebaum, Anne, 154, 157
Ashraf, Muhammad, 66
Aspen Institute, 227
Association of Community Organizations for Reform Now (ACORN), 129
Atlantic Council, 154, 201, 203, 229
Atwal, Nadja, 119
Austin, Lloyd, 264
Avenatti, Michael, 136, 137
Ayers, William »Bill«, 65

B

Babbitt, Ashli, 257, 258
Baker, James, 96, 172
Ball, Molly, 208, 226, 227

Bannon, Stephen Kevin »Steve«, 17, 59, 198, 200, 267, 268, 272
Barr, William »Bill«, 30, 35, 63, 66, 163–165, 167–170, 180, 183, 192, 241
Bartiromo, Maria, 160, 186, 188
Bash, Dana, 31, 126, 160
Bassin, Ian, 228
Bataclan, 103
Bensinger, Ken, 88, 89, 153
Benz, Mike, 82, 195, 196, 201, 204, 227, 229, 230, 231
Berggruen Institute, 228
Berggruen, Nicolas, 16, 228
Berliner, Uri, 121
Bernstein, Carl, 87
Best, Carmen, 223
Bidder, Benjamin, 187
Biden, Hunter, 15, 96, 176, 181, 184, 186, 187, 189, 194, 197, 227
Biden, Joe 13, 15–19, 51, 78, 81, 138–140, 176, 177, 184–189, 191, 212, 216, 217, 221, 225, 229, 230, 233, 234, 238–241, 243–246, 253–255, 263, 264
Black Lives Matter (BLM), 65, 221–224, 230, 257, 263
Blake, Jacob, 224, 225
Blumenthal, Sidney, 153, 154
Bondi, Pamela, 241
Bongino, Dan, 46
Bonifield, John, 130
Boot, Max, 232
Bossie, David, 59, 60
Bowser, Muriel, 263

Boyland, Rosanne, 258
Bragg, Alvin, 271
Branton, Michelle, 237
Brazile, Donna, 73, 233
Breitbart News, 128, 160
Bress, Stefan, 29, 30
Brnovich, Mark, 244
Brock, David, 64, 74, 75
Brooks, Rosa, 228, 231, 232
Browder, William »Bill«, 37, 38
Burisma Holdings, Limited,
    15, 176, 184, 186, 187
Bush, Billy, 86
BuzzFeed, 13, 87–90, 108, 128,
    129, 153
Bystron, Petr, 29

C

Cadwalladr, Carole, 198, 200
Cambridge Analytica, 197, 198,
    200
Cambridge Security Initiative,
    (CSI) 48
Cannon, Aileen, 270,
Capitol Hill Autonome Zone
    (CHAZ), 223
Carlson, Tucker 172, 195, 196,
    201, 214, 227, 258, 259, 261
Carnegie Endowment for
    International Peace, 191, 201
Carrefour, Legba, 68
Carter, Jimmy, 215
Carter, Sara, 98
Center for an Informed Public,
    University of Washington, 203
Center for Civic Design (CCD), 243
Center for Tech and Civil Life
    (CTCL), 213, 243
Chalupa, Alexandra, 43, 45–46,
    178, 189

Chan, Elvis, 156
Chansley, Jacob, 258–260
Charney, Scott Ryan, 66
Chauvin, Derek, 61, 219–221
Cheely, Bob, 237
Cheney, Elizabeth Lynne »Liz«,
    265, 268
Cheney, Richard Bruce »Dick«,
    266
Chesno, 178
Chew, Ryan, 243
Churchill, Winston, 223
CIA (Central Intelligence
    Agency), 13
Ciaramella, Eric, 188-195
CISA (Cybersecurity and Infra-
    structure Security Agency), 160
Clapper, James, 47, 50, 69, 78, 83,
    85, 88, 96, 102, 108, 169, 181
Clark, Jeff, 268
Clinesmith, Kevin, 142, 169, 171
Clinton Foundation, 41, 55, 58,
    142, 177
Clinton, Hillary Diane Rodham,
    17, 28, 38–42, 44, 4, 50, 51, 53–
    59, 61, 62, 64, 68, 69, 73, 84, 91,
    93, 94, 104, 117, 119, 125, 127,
    143, 154, 163, 165, 169, 172–
    174, 177, 180, 181, 201, 247
Clinton, William Jefferson »Bill«,
    25, 53–56, 62, 74, 194
CNN (Cable News Network), 14,
    31, 64, 69, 87–89, 92, 96, 103,
    117, 119, 122, 123, 126–131,
    136, 137, 160, 185, 188, 222,
    225, 257
Cohen, Ezra, 112, 145
Cohen, Michael, 128, 137, 187,
    272,
Colangelo, Matt, 271

Colbert, Steven, 212
Color of Change, 271
Columbia Journalism Review,
    120, 129
Comey, James, 50, 56, 57, 84, 85,
    93, 94, 96, 98, 102, 104, 117,
    125, 126, 137, 138, 141, 148,
    152, 158, 169, 189
Conway, Kellyanne, 59, 60, 68
Cooper, Anderson, 69
Cooper, Chris, 172
Coronavirus, 209, 211
Correctiv, 64, 74, 89, 178, 197, 213
Council of Foreign Relations, 176
Crossfire Hurricane, 31, 42, 70,
    86, 91, 104, 141, 142, 148,
Crossfire Razor, 81, 92, 104, 111
CrowdStrike Holdings, 182
Cruz, Ted, 19, 94, 170, 242, 251,
    255
Cullors, Patrisse, 65, 222
Cuomo, Chris, 225

D

D'Souza, Dinesh, 215, 217
Danchenko, Igor, 28, 171, 193
Daniels, Stormy, 136, 137, 271,
    272
Daszak, Peter, 210
Davis, Mike, 267
De Niro, Robert, 63
Dearlove, Sir Richard, 40, 48, 105
Defense Intelligence Agency
    (DIA), 47, 101, 112
Demirjian, Karoun, 155
Democracy Alliance, 64
Democracy Integrity Project,
    The (TDIP), 74, 75
Dennings, Mike, 66
Deripaska, Oleg, 42

Dershowitz, Alan, 164, 265, 267
Detector Media, 180
Devine, Miranda, 274
diGenova, Joe, 143, 268
diGenova, Joseph, 105, 117
DiResta, Renée, 203
Disrupt J20, 66
DNI (Director of National
    Intelligence), 47, 70, 78
Dogg, Snoop, 126
Dole, Robert »Bob«, 27, 121, 143,
    144, 153, 237
Dorn, David, 222
Doty-Whitaker, Jessica, 222
Downer, Alexander, 41, 155
Drosten, Christian, 210
Durham, John, 50, 168, 171, 173
Durkan, Jenny, 223

E

Eagles of Death Metal, 103
Earnest, Josh, 68
Eastman, John, 268
Eaton, Paul D., 232
EcoHealth Alliance, 210
Eisen, Norm, 208–209, 226
Eisenberg, John, 112
Eisenhower, Dwight D., 24
Election Integrity Partnership
    (EIP), 202–204, 227, 248
Elections Group, 243
Elias, Marc E., 16, 28, 51, 62, 150,
    208, 211, 217
Ellis, Jenna, 244, 268
Ellison, Keith, 64, 220
Emerson, John B., 119
Engelbrecht, Catherine, 215–217
Entous, Adam, 68
Epoch Times, The, 160, 207
Epps, Ray, 19, 252, 255–256

Epstein, Jeffrey, 173, 269
Euromaidan Press

F
Facebook,18, 151, 197–200,
 203–204, 213–214, 246, 258
Fairbanks MacDonald, Cassandra,
 240
Farbrevolution, 203, 207–209, 211,
 213, 215, 217, 219, 221, 223,
 225, 229–231
Farrar, Jeremy, 210–211
Fauci, Anthony, 210–211
FBI (Federal Bureau of
 Investigation), 13–15, 19, 23,
 28–29, 31, 34–37, 42–43, 50–51,
 56–58, 68, 70, 73–74, 78–79,
 81–87, 91–93, 95–98, 102–105,
 107, 110–115, 117, 120, 124–
 126, 130, 137–145, 148–149,
 151–153, 155–159, 163, 165,
 167–174, 177, 180, 188–190,
 202, 247, 251–252, 255–256,
 262, 268–269
Feinstein, Dianne, 74, 156
FIFA (Fédération Internationale
 de Football Association),
 28, 151
Fitton, Tom, 43, 79, 82
Floyd, George, 16, 219–221
Flynn, Mike, 37, 40, 46, 79, 81,
 91, 96–101, 103–105, 107–109,
 111–113, 115–117, 127, 145,
 167, 254
Foer, Franklin, 33
Foreign Intelligence Surveillance
 Act (FISA), 31, 35, 38, 155, 169
Foreign Intelligence Surveillance
 Court (FISC), 34–37, 43, 79,
 142, 148, 158,

Fox News, 75, 98, 131, 160, 180,
 186, 235, 258, 260–261
Franken, Al, 62
Freeman, Ruby, 236–238
Freeny, Kyle, 142
Frum, David, 229, 232
Fusion GPS, 14, 27–30, 32–33,
 37–39, 45, 75, 85, 149–150,
 155, 158, 165–166, 171

G
Gableman, Michael, 214
Gabriel, Sigmar, 120
Gaetz, Matt, 172
Garifoli, Joe, 61
Garland, Merrick, 269
Gates, Robert, 100
Gateway Pundit, 160
Gennai, Jen, 197
Georgetown University,
 228, 231–232
Georgischer Traum, 154
German Marshall Fund of the
 United States, 156, 201, 229
Gerth, Jeff, 120, 122
Giacobazzi, Braden, 240
Gillibrand, Kirsten, 64
Gilman, Nils, 228
Giuliani, Rudolph »Rudy«, 17, 19,
 177, 182–185, 187, 238, 247,
 253, 268, 271
Global Disinfomation Index
 (GDI), 197
Global Engagement Center
 (GEC), 201
Goldstone, Rob, 38–39
Google, 197, 200, 213, 245, 248
Gorka, Sebastian, 100
Gotti, John, 184
Gowdy, Trey, 156

Graham, Lindsey, 131, 186, 198
Graphika, 203
Grassley, Charles E. »Chuck«, 154
Graw, Ansgar, 123
Gray, Freddie, 65
Greenwald, Glenn, 76, 108
Greeson, Kevin, 258
Griffin, Kathy, 63
Gritz, Robyn, 107
Guardian, The, 29–30, 193, 198, 200, 234

H

Halper, Stefan, 40–42, 48–49
Hangley, Michele, 241
Hannity, Sean, 180, 184
Hansen, Eric T., 119
Harbour, David, 63
Harris, Kamala, 221
Harris, Shane, 185
Harrison, Mitchell, 237
Heimatschutzministerium (United States Department of Homeland Security, DHS), 13, 202
Hemingway, Mollie, 209, 211, 214
Henke, Joe, 238
Herridge, Catherine, 39, 160
Hersh, Seymour, 173–174
Heusgen, Christoph, 71
Heyer, Heather, 218
Hill, Fiona, 190, 193
Hobbs, Katie, 244
Holder, Eric, 124
Hoover, J. Edgar, 140–141
Hopkins, Richard, 242
Horowitz, David, 275
Horowitz, Michael, 167–170
House of Cards, 53

Huckabee Sanders, Sarah, 136
Huckabee, Mike, 120
Hutchinson, Cassidy, 266–267

I

Ignatius, David, 96, 107–109, 145
Institute for Mass Information, 180
Institute for Strategic Dialogue, 201
Intelligence Community Assessment (ICA), 68, 82
International Renaissance Foundation, 178
Isaacson, Mike, 66
Isikoff, Michael, 45–46, 153, 158
Islamischer Staat (IS), 14
IWF (Internationaler Währungsfonds), 176–177, 187, 196

J

Jacoby, Mary, 151
Jaenicke, Hannes, 119
James, Letitia, 271
Janukowytsch, Wiktor, 42–44, 230
Jarrett, Gregg, 39, 117, 159–160
Jarrett, Valerie, 71, 73, 212
Jefferson, Thomas, 218–219, 222
Joffe, Rodney, 50
Johnson, Jeh, 82
Jones, Daniel, 74,
Jones, Van, 64, 129–130
Jones, Ralph, 236
Judicial Watch, 29, 43, 79
Justizministerium, US-, 27, 29
Just Security, 268

K

Kagan, Robert, 28

Karamo, Kristina, 239
Kasich, John, 94
Kasraie, Saghar Erica, 256
Kassam, Raheem, 228
Kelly, Mike, 242
Kendi, Ibram X., 222
Kennedy, John F., 24
Kenosha, Wisconsin,
    222, 224–225
Kinzinger, Adam, 266, 268
Kirk, Charlie, 184
Kisljak, Sergej, 14, 49, 80,
    105–111, 114–115
Klein, Edward, 34, 60, 70–71
Kline, Phil, 242
Knight, India, 126
Kolomojskyj, Ihor, 15, 175, 186
Kommunistische Partei
    Deutschlands (KPD), 65
Kornblum, John, 152–154
Kościuszko, Tadeusz, 222
Kramer, David, 88, 153
Kristol, William »Bill«, 28, 229,
    232
Kushner, Jared, 37–38, 59

L
Lake, Kari, 244
Lancet, The, 210
Langer, Jack, 109, 145, 149, 157,
    161
Lehming, Malte, 166
Lemon, Don, 160, 225
Leschtschenko, Serhij, 44, 45, 178
Levy, Joshua, 148
Lewandowski, Corey,
    59, 60, 168, 241
Limbaugh, Rush, 126
Lincoln, Abraham, 219, 222
Lindell, Mike, 268

Logan-Gesetz, 80, 81, 109, 113
Logan, Lara, 75
Lohmeier, Matthew, 264
Lokhova, Svetlana, 48, 49
Lubkivsky, Danylo, 180
Luce, Edward, 232
Lukaschenko, Alexander, 231
Luthe, Marcel, 245
Luzenko, Jurij, 177, 184
Lynch, Loretta, 27, 36, 56, 57

M
MacDonald, Heather, 222, 224
Maddow, Rachel, 12, 78, 159, 167
Magnitski, Sergei, 38
Maher, Bill, 167
Maidan, 33, 43, 44, 152–154, 195
Manafort, Paul, 27, 33, 37, 38, 40,
    42, 43, 45, 46, 104, 110, 153,
    167, 177, 178
Mann, Eric, 85
Mar-a-Lago, 268–270
Martin, Trayvon, 85
Maté, Aaron, 76
McCabe, Andrew, 34, 56, 58, 79,
    81, 86, 87, 93, 96, 107, 108,
    110–114, 116, 117, 124, 137,
    138, 142, 148, 150, 152, 153,
    155, 158, 180, 190
McCain, John, 25, 27, 42, 88, 153
McChrystal, Stanley, 46, 100, 103
McClatchy Company, The,
    75, 147
McConnell, Mitch, 84, 195
McCord, Mary, 232
McFaul, Michael, 203
McGahn, Don, 113
McGowan, Charlene, 249
McMurray, Patty, 239
Meadows, Mark, 266, 268, 271

Media Matters for America,
64, 74, 75, 197
Medwedew, Dmitri, 114
Mercer, Robert, 198
Merchan, Juan, 272
Merkel, Angela, 56, 119, 182, 201
Michaelis, Andreas, 29, 30
Mifsud, Joseph, 40, 41
Milius, Amanda, 84, 102, 112, 145
Miller, Greg, 68, 185
Miller, Jason, 36, 266
Miller, Stephen, 59, 136
Milley, Mark A., 264
Mook, Robby, 50, 51, 59, 172
Morgan, Jesse, 242
Morrell, Jennifer, 243
Moss, Wandrea »Shaye«, 236
Mount Rushmore, 223
MoveOn, 83, 147
Mueller, Robert Swan III., 46, 96,
116, 117, 121, 128, 129, 139–
142, 163, 165, 166, 181, 182
Murdoch, Rupert, 260
Musk, Elon, 156, 260

N

Nakashima, Ellen, 88, 185
National Endowment for
Democracy (NED), 25, 44, 178,
201, 25, 179
National Institute of Allergy and
Infectious Diseases (NIAID),
210
National Institutes of Health
(NIH), 211
National Security Agency (NSA),
35–37, 70, 78, 83–85, 88, 94,
100, 103, 140
Nationales Antikorruptionsbüro
der Ukraine (NABU), 44, 177, 178

Navarro, Peter, 17, 19, 210, 245,
246, 268
Netzwerkdurchsetzungsgesetz
(NetzDG), 201
Neue Zürcher Zeitung, 185
Neville, Nick, 131
New Organizing Institute, 213
New York Times, 37, 42, 68, 90,
92, 110, 116, 125, 155, 160,
188, 224, 242, 257
Nielsen, Kirstjen, 136
Niemann, Stefan, 127
Nordstream-Pipeline, 154
NPR (National Public Radio),
121
Nuland, Victoria, 33, 34, 44, 153,
154, 189
Nunes, Devin, 26, 69, 83, 84, 105,
108, 115, 143, 144, 147, 149, 150,
159, 161, 162, 168, 171, 186

O

O'Keefe, James, 66, 129–131, 242,
268
Obama, Barack, 13, 14, 24, 25,
27, 29–31, 33–37, 45–47, 49,
50, 54, 56, 58, 60, 64, 65, 67–
74, 76, 78–86, 88, 90–92, 96,
98, 101–109, 111, 114, 116,
119, 124, 129, 131,142, 145–
147, 153, 155, 157, 165, 169,
172, 177–179, 181, 184, 187,
198, 199, 201–203, 207–209,
211–213, 220, 226, 228, 229,
232, 269
Obama, Michelle, 67, 71, 72
Ocasio-Cortez, Alexandria, 172
Oczkowski, Matthew, 266
Ohr, Bruce, 26–32, 34, 85, 143,
150, 151, 153, 155, 158

Ohr, Nellie, 28, 30, 32, 45, 85, 150–152
Olbermann, Keith, 126
Omidyar, Pierre, 178, 213
Open Democracy, 200
Open Society Foundations, 15, 152, 228, 231, 270
Open Ukraine Foundation, 180

P

Page, Carter, 35–37, 40, 104, 110, 142, 148, 169, 171
Page, Lisa, 34, 56, 58, 81, 93, 94, 97, 142, 151, 165
Papadopoulos, George, 36, 40, 41, 42, 48, 155, 167
Partei der Regionen, 43, 44, 178, 179
Patel, Kashyap Pramod »Kash«, 23, 26, 31, 32, 68, 138, 145, 148, 150, 161, 185, 190, 263
Paul, Rand, 211
Paxton, Ken, 247
Pelosi, Nancy, 64, 175, 185, 194, 260, 263–265
Pence, Mike, 109, 114, 254
Pennsylvania Convention Center, 241
Perkins Coie (Kanzlei), 28, 33, 51, 150, 165, 171, 172
Petraeus, David, 100, 103
Phillips, Gregg, 215, 217
Phillips, Benjamin, 258
Pick, Jacki, 18, 236
Pientka, Joe, 110, 112, 152
Pintschuk, Wiktor, 177
Poarch, Cary, 130, 131
Podesta, John, 43, 58, 62, 72, 74, 130, 229, 230, 232
Podesta, Tony, 43

POLITICO, 33, 43-45, 63-64, 193, 257
Poroschenko, Petro, 15, 44, 176, 178, 184, 187, 189
Powell, Sidney, 108, 116, 143
Priestap, Bill, 96, 113, 117, 138
Pritzker, Jay Robert, 61
PrivatBank, 176
Project Veritas, 129, 242
Protect Democracy Project, 228
Prystajko, Wadym, 186
Pulitzerpreis, 160
Putin, Wladimir, 15, 27, 32, 33, 35, 37, 38, 41, 42, 47, 49, 52, 62, 68, 71, 83, 84, 91, 101–103, 107, 137, 138, 147, 152, 154, 160, 163, 165, 190, 198
Pyatt, Geoffrey, 189

R

Raimondo, Justin, 63
Refuse Fascism, 65, 66
Reiner, Rob, 74
Reinhart, Bruce, 269
Reitschuster, 247
Reuters, 47, 75
Rhee, Jeannie, 142
Rhodes, Ben, 24, 142, 255
Rice, Susan, 70, 71, 78, 102, 107, 146
Rittenhouse, Kyle, 225
Robinson, Emerald, 173
Rogers, Mike, 78, 85, 103
Roman, Mike, 242
Romney, Mitt, 25, 194
Rosenstein, Rod, 57, 117, 138–141, 189
Ross, Brian, 128
Rubio, Marco, 94
Rucker, Philip, 75
Russia Today (RT), 48, 103, 105, 107

Ryan, Fred, 36
Ryan, Paul, 84

S

Saban, Haim, 61
Sanborn, Jill, 19, 251, 252
Sarsour, Linda, 64
Scaramucci, Anthony, 127
Scavino, Dan, 268
Schatz, Brian, 168
Schiff, Adam, 121, 144, 147, 155,
    156, 160, 175, 185, 190, 191,
    192, 194, 195
Schokin, Wiktor, 176, 177, 183,
    184, 187, 188, 189
Schönenborn, Jörg, 119
Schumer, Charles E. »Chuck«,
    12, 78, 260
Schweizer, Peter, 55, 176
Selenskyj, Wolodymyr, 15, 170, 175,
    176, 178, 179, 180, 181, 182, 183,
    184, 185, 190, 191, 193
Sessions, Jeff, 117, 118, 124
Sessions, Pete, 232
Shaheen, Jeanne, 167, 168
Shakur, Assata, 65
Shapiro, Ben, 199, 234
Shearer, Cody, 153
Shellenberger, Michael, 197
Shi, Zhengli, 210
Sicknick, Brian, 257, 258
Sierra, Christian, 131
Sign, Christopher, 57
Sikorski, Radosław »Radek«, 154
Simpson, Glenn, 26, 27, 28, 32,
    36, 37, 38, 39, 87, 127, 143,
    151, 153, 165
Singer, Paul, 28
Slotschewski, Mykola, 188
Smash Racism DC, 66

Smith, Ben, 88, 89, 129,
Smith, Jack, 270
Smith, Lee, 32, 46, 69, 76, 88, 132,
    135, 148, 152
Soros, George, 25, 38, 61, 64, 74,
    152, 177, 178, 185, 198, 200, 271
Spacey, Kevin, 53, 54
Sperry, Paul, 75, 160, 188, 189,
    195
Spicer, Sean, 58, 109, 122
Spiegel, Der, 26, 90, 159, 166, 186,
    187, 188
Spitzer-Rubenstein, Michael,
    213, 214
St. John's Church, Washington,
    D. C., 16, 223
Stamos, Alex, 203
Stanford Internet Observatory,
    203
Starbird, Kate, 203
State Farm Arena, 18, 236–238
Steele-Dossier, 13, 26, 31–34, 50,
    69, 79, 82–85, 87–89, 92, 96,
    108, 120, 143, 151, 153, 155,
    157–158, 171, 193
Steele, Christopher, 26–28, 31, 33,
    75, 85, 87, 108, 120, 131, 143,
    148–149, 151, 153, 158, 165, 193
Steele, Michael, 232
Stefanik, Elise, 270
Steinmeier, Frank-Walter, 120, 154
Stelter, Brian, 160
Steyer, Tom, 64, 74
Stone, Roger, 31, 37–40, 61, 110,
    137, 160, 167
StopFake,180
Strassel, Kimberley, 61, 66, 86, 160
Strzok, Peter, 14, 56, 58, 81, 93–
    97, 104, 110–112, 116–117, 120,
    138, 142, 148, 151, 165, 169, 180

Sturm auf das Kapitol, 19, 138, 251, 253, 255, 257, 259, 261
Sturm, Daniel Friedrich, 224
Süddeutsche Zeitung, 89–90, 125, 127–129
Sullivan, Jake, 51, 228
Sullivan, John, 257
Sund, Steven, 255–257, 263
Sussmann, Michael, 50, 171–172
Sytnyk, Artem, 44, 178

T
Tagesschau, Die, 90
Tagesspiegel, Der, 166
Tagesthemen, Die, 126
Taibbi, Matt, 75–76, 160, 195
Tapper, Jake, 87–88, 160
TCF-Wahlzentrum, Detroit, Michigan, 238–240
Thälmann, Ernst, 65
Tichys Einblick, 245, 248
Time Magazine, 184, 208–209, 226–227
Toensing, Victoria, 268
Transition Integrity Project (TIP), 16, 17, 227–228, 231, 248
Transparency International, 177
Trejo, Shane, 239–240
Trepak, Viktor, 44
True the Vote, 215–216
Truman National Security Project, 228
Trump, Donald J., 12
Trump, Donald Jr., 37–38, 127, 150, 253, 272–273
Trump, Eric,
Trump, Ivana Marie »Ivanka«, 59
Trump, Lara, 75, 253
Trump, Melania, 24, 59, 67, 86–87, 269

Turk, Azra, 41
Turley, Jonathan, 172, 190
Turning Point USA, 184

U
Ukraine Crisis Media Center (UCMC), 16, 178, 180
Ukrainska Prawda, 44
UN-Resolution 233

V
Vickers, Michael, 47, 102–103
Vindman, Alexander, 190, 193
Vindman, Yevgeny, 195

W
Wade, Nathan, 247, 271
Wall Street Journal, The, 26, 61, 64, 66, 86, 109, 115, 117, 153, 160, 185–186, 271
Wallace, Nicole, 111
Warren, Elizabeth, 64, 144
Washington Post, The, 68, 70, 75, 86, 96, 107, 109, 114–115, 136, 145, 153, 155, 160, 185, 188, 213, 224, 228, 232, 241
Washington, George, 218–219, 222
Weather Underground, 65
Weiner, Anthony, 57
Weissmann, Andrew, 115, 143, 151, 166, 272
Wellcome Trust, 210
Welt, Die, 123, 200
Wergin, Clemens, 14, 90–91, 159
Wesselnizkaja, Natalia, 37–39, 127, 150
West, Cornel, 66
Wetzel, Hubert, 89, 159, 185

Wikileaks, 45
Wikipedia, 50, 146, 161, 167, 248,
    257, 260
Willis, Fani, 247, 271
Winer, Jonathan, 153,
Wisconsin Spotlight, 213–214
Woodall-Vogg, Claire, 243
Woodward, Bob, 121
World Economic Forum (WEF),
    200
Wray, Christopher, 172
Wuhan Institut für Virologie
    (WIV), 210

Y

Yahoo! News, 44, 153, 158
Yates, Sally, 79–80, 113–114, 143
York, Byron, 193
Yovanovitch, Marie, 117, 183

Z

Zamperoni, Ingo, 127
Zapata, Kimberly, 243
Zebley, Aaron, 142
Zucker, Jeff, 127, 131,
Zuckerberg, Mark, 18, 198–199,
    213–214, 243